道德經

도/덕/경

譯者 이 명 재 (松坡, 李明在 1935년~)

1935년 서울 송파(당시 경기 광주) 출생, 1954년 서울고 졸업(6회),
1958년 서울대 상대 졸업, 1961년 미국 테네시 주립대 경영학 수학,
1964년 귀국 후 공무원(중앙선관위), 외국인 회사, 대기업 해외 파견근무 등의 국내 생활을 접고,
1972년 도미(渡美)하여 뉴욕에서 개인 사업을 시작으로 40여 년 넘게 미국에 거주(현재 애틀란타 거주).

• 《도덕경》은 공자가 찾아와 예를 갖추고 가르침을 청했다는 기록이 있을 정도로 훌륭한 위인이었던 노자에 의해서 5천여 자의 한자로 쓰인 경(經)이다.

그런데 《도덕경》이 중국인 자기네들의 글로 쓰였음에도 불구하고 중국인 자신들이 읽고도 무슨 뜻인지 이해할 수 없을 정도로 어려운 글이다. 그래서 근 2,600여 년 동안 많은 학자들이 저마다 이해하기 쉽게 주석을 해왔고 아직도 하고 있다. 그러나 그런 주석들도 이해하기가 어렵기는 마찬가지여서 큰 도움이 되지 못하고 있다. 그래서 어떤 이들에 의해서는 《도덕경》은 신비한 글이라고까지 여겨지고 있다.

어떻게 이럴 수가 있을까? 곰곰이 생각하고 생각한 끝에 역자는 다음과 같은 결론에 도달하게 된다. 후에 도덕경이 난해한 이유를 설명하는 데서 자세히 언급하겠지만 노자가 사용한 한자의 뜻이 현재 보편적으로 사용되는 한자의 뜻과는 판이하게 다른 의미로 사용된 것이 많다는 것이다.

그래서 역자는 이제까지 그 많은 석학들이 현재에 통용되는 한자의 뜻을 사용하는 구태의연한 방법에서 벗어나 노자가 사용한 원래의 뜻을 찾아내 사용하는 새로운 어프로치(approach)로, 분명치 못하거나 터무니없는 번역으로 이해할 수 없게 만들었던 구절들을 하나하나 바로잡고, 과연 '《도덕경》이 이러한 것이었구나 할 수 있는 번역을 하기 위해 혼신의 노력을 기울였음을 감히 밝혀 두고자 한다. _

2015년 10월 9일에

松坡 李明在

일러두기

- 역자의 번역본은 왕필(王弼)의 통행본 가운데 R. L. WING의 본인 《THE TAO OF POWER》 (originally published in 1986 by Doubleday)를 저본으로 했으며 약간의 수정을 가했음을 밝혀 둔다.

각 장의 편성은 다음과 같은 순으로 구성하였다.

첫째 : 제일 먼저 한글토를 단 한자 원문을 기재했다.

둘째 : 모든 번역은 각 절마다 원문을 먼저 기록하고 그 밑에 직역(直譯)해 놓았다. 그리고 한자의 의미가 보편적으로 쓰인 뜻과 다르게 노자의 뜻으로 특유하게 쓰인 때는 해석 밑에 주를 달고 그 뜻을 기재했다.

셋째 : 둘째에서 각 절마다 따로 해 놓은 번역을 한데 모았다.

넷째 : 각 장마다 그 장의 모든 한자의 뜻을 번역에서 쓰인 대로 그 뜻을 해석했다.

다섯째 : 두 번째의 직역을 의역(意譯)했다.

여섯째 : 역자가 첨언(添言)을 했으면 하는 장에 대해서는 약설(略設)과 부언을 첨부했다. _

序言 1　노자(老子)와 도덕경(道德經)

노자(老子)

● 노자는 주(周)의 춘추시대 인물로 알려져 있다. 노자에 대해서는 한(漢)나라 무제(武帝 : B.C. 2세기) 때의 역사가인 사마천(司馬遷)이 쓴 사기(史記)의 노자열전(老列子傳)에 기록된 것이 있다. 그 기록에 의하면 "노자는 초(楚)나라 고현(苦縣) 술향(術鄕) 곡인리(曲仁里), 즉 지금의 하남성(河南省) 사람으로 성(姓)은 이(李)고, 이름은 이(耳), 자는 백양(伯陽), 시호는 담(聃)이라 했다. 주(周)의 수장실(守藏室) 사관(史官)으로 있던 때, 주가 쇠망해 가는 것을 보고 주를 떠나 진(秦)으로 가던 중, 길목인 함곡관(函谷關)에 이르렀을 때 관소(關所)의 감독관인 윤희(尹喜)가 그가 세상을 등지고 영영 은둔하러 떠나는 것을 알고 그의 가르침을 글로 써 줄 것을 부탁하였다. 이에 오천 자(五千字)에 이르는 글을 써 주고 서쪽으로 떠났는데, 그 후 그가 어디로 가서 어떻게 되었는지에 대해서는 알려진 것이 없다"고 기록되어 있다. 이러한 것을 생각해 보면, 함곡관에서 서쪽으로 떠났다는 것은 인도 쪽을 향해서 떠난 것이라고 생각할 수 있다. 그래서 아마도 이러한 사실이 후에 어떤 학자들이 노자가 인도로 갔고 그의 사상이 불교에 영향을 주었다는 설을 주장하게 하는 이유가 되지 않았는가 하는 생각이 든다.

또한 사마천은 그의 사기에서 "공자(B.C. 552 ~ B.C. 479)가 젊었을 때 자기보다 나이가 위인 노자를 찾아가 예(禮)에 대해서 물었는데, 노자는 공자에게 '그대가 옛 성현이라고 숭배하는 이들은 이미 그 형체와 뼈가

썩어 버리고 남아 있는 것은 공허한 말 뿐이다. 참된 군자는 외모가 어리석어 보여도 덕이 있다. 그대도 교만과 욕심을 버려라. 그러한 것은 그대에게는 아무 소용도 없는 것이다'라고 하고 '그 외에는 다른 할 말이 없다'고 했다고 기록하고, 이에 처서에 돌아온 공자는 제자들에게, '달리는 놈은 덫을 놓아 잡을 수 있고, 헤엄치는 고기는 그물로 잡을 수 있고, 나는 놈은 화살을 쏘아 잡을 수 있으나 그는 바람과 구름을 타고 하늘로 오르내리면서 변하는 용과 같아서 추측을 할 수 없으니 나로서는 알 수가 없다'라고 했다"고 기록되어 있다.

사마천은 또 "초(楚)나라 때에 도(道)의 사상에 대해서 15권의 책을 저술한 노래자(老來子)라는 공자 때의 사람이 있었고, 또 주나라의 태사(太史)이고 유명한 점성술가인 담(儋)이 진(秦)의 헌공(獻公)을 만났다는 기록이 있는데, 어떤 사람들은 이 노래자와 담을 바로 노자라고 하고 어떤 사람들은 그렇지 않다고 한다"고 기록하면서 노자와 동일시되는 다른 인물들에 대해서도 언급하고 있다. 그리고 사마천은 사기의 노자열전에서 이와 같은 기록들은 단지 전설로 전해져 내려오는 것을 기록하고 있는 것이라 밝히고 있어서, 기원전 백여 년(B.C. 100년경)경에 벌써 노자는 확실하게 역사적 기록으로 남겨질 수 없는 미궁에 빠진 오리무중의 인물이 되어 있었던 것을 우리는 미루어 알 수 있다.

아마도 이러한 불확실성 때문인지, 일부 학자들 간에는 노자를 실존 인물이 아니라고 주장하는 이가 있기도 하다. 그러나 돌이켜 보면 역사적 기록이 시작되기 전 시대에는 모든 중요한 일들이 전설화되어서 입에서 입으로 전해져 내려올 수밖에 없었는데, 사마천의 사기 같은 신빙성이 있는 사서(史書)에서 노자에 대한 전설들을 비교적 상세히 기록해 놓고 있는 것을 볼 때, 비록 전설로 전해져 내려오고 있는 것을 기록해 놓은 것이라 하더라도 노자가 실존 인물이 아니라고 단정하기는 어렵지 않을까 생각된다. 그리고 실제로 사기에 나오는, 은(殷)나라의 왕대기록(王代記錄)은 많은 학자들에 의해서 신빙성이 없는 것으로 의심되던 것이 후에 갑골문자가 출토되고 해독되면서 사기의 집필 시기로부터 약 천사백 년 전의 사건들이 사실로 입증됨으로써 사기의 기록들이 더 많은 신빙성을 갖게 해 주고 있다. 그래서인지 역자에게는 노자에 대한 사마천의 기술들이 정확한 사실에 근거하고 있는 것처럼 굳게 믿어진다.

《도덕경》(道德經)

위에서 사마천이 노자에 대해서 설명하면서, 그가 주나라를 떠나 서쪽으로 갈 때 함곡관(函谷關)에서 관소의 감독관인 윤희의 요구에 따라 약 오천 자에 달하는 글을 써 주었다고 했는데, 바로 그 글이 현재 《도덕경》(道德經)으로 알려진 글이다. 《도덕경》에 관해서는 전국시대 말기 한(韓)나라의 공자(公子)였던 한비(韓非 B.C. 280 ~ B.C.233)와 그의 후학들에 의해 집단적으로 저작된 총 55편으로 이루어져 있는 한비자(韓非子)에도 기록이 나온다. 이때 기록된 《도덕경》의 배열은 왕필본의 《도덕경》 배열과는 달리 덕편(德篇)이 앞에 나와 있어서 덕도경(德道經)의 형식으로 되어 있었다. 이러한 《도덕경》은 한(漢 B.C. 202 ~ 220)의 초기까지는 노자의 이름을 따서 노자(老子)로 불리었다. 그 후 위(魏)나라 때의 왕필(王弼 A.D. 226 ~ 249)이라는 젊은 사상가가 나와 노자를 주석했는데, 그때 도(道)에 관한 37장을 앞에 두고 도편(道篇)이라고 칭하고, 덕(德)에 관한 44장을 뒤에 놓고 덕편(德篇)이라 하면서 이를 합쳐서 《도덕경》(道德經)이라고 칭하게 되었다. 이러한 《도덕경》을 왕필본(王弼本) 또는 왕본(王本)이라고 하는데, 이 판본이 우리가 현재 일반적으로 사용하고 있는 통행본이다.

　참고로 이에 앞서 하상공(河上公)이라는 한의 문제(文帝) 때의 학자가 왕필본의 판본과 배열이 똑같게 전체를 81장으로 하고 전후편을 도편과 덕편으로 구분해 주석했다는 기록이 있다. 이를 하상공본(河上公本) 또는 하상공장구(河上公章句)라 하는데, 이러한 이유로, 현재 사용되고 있는 왕필본의 편제는 실제로 하상공에 의해서 먼저 이루어진 것이라고 일부 학자들에 의해서는 주장되고 있기도 하다.

　이러한 《도덕경》은 전해져 내려오는 사적자료에만 의존해서 연구가 행해져 오고 있던 중, 1900년대 후반에 중국의 한대(漢代)와 춘추전국시대의 묘에서 《도덕경》을 연구하는 데 중요한 자료가 될 귀중한 유물들이 발굴되면서 많은 의문점을 갖고 있는 《도덕경》의 연구에 새로운 계기가 되고 있다.

　먼저 1973년에, 중국 호남성(湖南省) 마왕퇴(馬王堆)에 있는 한문제(漢文帝) 시대의 것으로 알려진 묘를 발굴했는데, 그때 3호 분묘에서 각기 다른 서체와 문형으로 《도덕경》을 기록한 백서(帛書)가 나왔다. 백서란 비단에 먹글씨로 적어놓은 서(書)를 말하는데, 이때 발굴된 백서가 현재 통용되고 있는 금본(今本)의 80%정도이고 그 내용도 현재의 통행본과 거의 일치한다는 사실도 밝혀졌다. 그래서 한(漢)의 문제(文帝) 당시, 즉 B.C. 2세기에 이미 현재 우리가 지금 보고 있는 것과 거의 같은 《도덕경》이 존재하고 있었다는 사실을 확인할 수 있게 되었다.

　그 후 1993년에 호북성(湖北省), 사양구(沙洋區)의 곽점촌(郭店村)에서 B.C. 4세기 후반(최저 B.C. 300년 이전)의 것으로 추정되는 묘를 또 하나 발굴했는데 이곳에서 800여 개에 달하는 죽간(竹簡)이 나왔다. 죽간이란 대나무를 다듬어서 글을 새겨 넣고 이를 줄로 묶어서 만든 것을 말하는데, 이때 발굴된 곽점죽간본(郭店竹簡本 : 곽점촌에서 발굴됐다고 해서 곽점죽간본이라 칭함) 중에서 61개가 노자의 《도덕경》을 기록한 것이고 그 61개에 기록되어 있는 글자의 수는 1,700여 자에 달해서 현재 통용되고 있는 금본의 3분의 1에 해당하는 숫자가 된다. 그리고 그 내용이 갑(甲), 을(乙), 병(丙)의 세 개의 다른 본으로 분류되어 있는데 그 3개의 본이 극소수의 부분을 제외하고는 백서본과는 달리 서로 중복되지 않고 또한 그러한 사실과 더불어 문자의 표현 방법도 다르다는 사실도 밝혀졌다.

하지만 이러한 고분 발굴에서 발견된 새로운 사적자료에도 불구하고 현재 우리가 사용하고 있는 통행본에 획기적인 수정을 가해야 할 만한 특별한 의미를 찾지는 못하고 있는 것으로 평가되고 있다. _

《도덕경》이 난해한 이유

• 왜 오천 자에 불과한 《도덕경》의 주석이 이처럼 오랜 동안 아직도 확고하게 정립되지 못하고, 중국은 물론 한국과 일본을 포함한 한자의 영향권 내에 있는 동양의 다른 여러 나라들에서 끊임없이 계속해서 이어져 나오고 있는 것일까? 역자는 다음과 같은 이유들이 《도덕경》을 그렇게 번역하기 어렵게 만드는 이유라고 생각한다.

첫째 : 한문(漢文)의 특성

한자는 단철어(單綴語 또는 고립어(孤立語)라고도 한다)여서 글로 쓰일 때 실제 말에서와 같이 어미의 변화가 없으며 또한 과거와 현재, 미래를 구분하는 시제(時制)도 없을 뿐 아니라 품사(品詞)의 구별도 없어서 문장 해석을 하는 데 상당한 혼돈을 가져올 수 있게 한다.

둘째 : 띄어쓰기

고대 중국 글의 문장 구성은 띄어 쓰지 않고 붙여 쓰여 있어서 읽는 이가 어떻게 끊어 가며 읽느냐에 따라 전혀 다른 의미의 해석을 할 수 있게도 한다.

한 좋은 예를 들어 본다. 구한말 그러니까 조선이 일본에 강제 합방을 당하기 얼마 전에 실제로 있었던 일이다. 일본의 이토 히로부미가 조선의 대신들에게 조선의 모든 권한을 일본에 위임하는 것이 좋지 않겠느냐고 회의에서 물은 적이 있었다. 이때 총리대신이었던 한규설이 '不可不可'라고 분명히 대답했다. 즉 그러한 일은 절대로 있을 수 없다는 뜻이었다. 그런데 이러한 분명한 대답이 이 4자를 어떻게 띄어 쓰느냐에 따라서 엉뚱한 뜻으로 해석될 수도 있다는 것이다. 즉 '不可不可'를 不可와 不可로 띄어서 '不可 不可'로 하면 '가능하지 않다 가능하지 않다'고 거듭 강조하는 뜻이되 절대로 불가하다는 의미가 되지만, 不可不과 可로 띄어서 '不可不可'로 하면 '할 수 없이 그렇게 할 수 있다'는 의미로 해석할 수도 있다. 이러한 현상은 일반적으로 다른 고전들의 해석에서도 마찬가지로 일어날 수 있는 현상이긴 하지만 《도덕경》은 워낙 난해한 글이어서 그 글의 뜻 자체의 이해가 어렵기 때문에 문장을 어떻게 끊어 가며 해석해야 할지를 더욱 어렵게 하고 따라서 해석 자체를 난해하게 한다.

셋째 : 시형(詩形)으로 된 《도덕경》

원래 시(詩)란 명확성보다는 아름답게 운을 맞추어 가면서 간결하게 감상적으로 표현하는 것이다. 그런데 《도덕경》은 운이 잘 맞는 훌륭한 시형(詩形)을 갖추고 있다. 그래서 시의 형식으로 쓰여서 글이 간략하면서 아름다운 글이긴 하지만, 때문에 서술적으로 상세히 표현되어야 할 심오한 철학사상의 내용이 압축되었다. 이는 후에 《도덕경》을 해석하는 이들이 그 압축된 뜻을 다시 확대해석하는 과정에서 나름대로 각기 다른 해석을 할 수도 있는 문제점이 생기게 했다.

넷째 : 하나의 한자(漢字)의 의미를 둘 또는 그 이상의 다른 여러 의미로도 사용

노자는 한 자(字)의 뜻을 하나가 아닌, 둘이나 또는 그 이상의 여러 다른 뜻으로 사용한 자들이 많다. 그래서 그 글을 해석하는 이들로 하여금 혼돈을 일으키게 해 어려움을 겪게 한다. 예를 들면, 쓰인 자(字)들 중 도(道)나 명(名) 또는 위(爲) 같은 자들은 둘 아니면 그 이상의 다른 의미로 사용되었다는 사실이다. 이렇게 쓰인 자의 수가 이외에도 상당히 많아서 독자들이 앞으로 이 책을 읽어 가면서 이러한 예를 도처에서 직접 접하게 될 터인데 이러한 사실은 혼란을 가져와서 해석을 어렵게 한다.

다섯째 : 노자가 사용한 한자의 뜻이 공자의 것과 달랐다.

중국 최고의 철학사상가로 알려진 성인이며 학자인 공자(B.C. 552년 ~ B.C. 479)가 노자를 찾아가 가르침을 청했다는 사기의 기록으로 미루어 볼 때 노자와 공자는 동시대의 인물이었음을 알 수 있는데, 이 두 성현이 각기 공자는 동북부의 산동성 지역에 위치한 노나라 출신이고 노자는 양자강 중류 지역의 남쪽인 중원에 위치한 초나라 출신으로 서로 멀리 떨어진 이질성을 띤 나라에 살고 있었다. 이질성을 띤 나라라 함은 당시의 주(周)는 각 지역을 제후를 봉해 다스리는 정치체제를 갖고 있어서 제후들은 각기 자율적인 통치를 행하고 있었고 따라서 각 제후국들은 제각각 다른 형벌이나 세제 및 화폐제도를 사용하고 있었음을 의미한다. 그런데 그러한 지역적인 이질성을 띤 통치 때문인지 아니면 각 지역에서 한자의 발전과정에 기여해 온 지역학자들의 성향이 서로 달라서였는지 한자의 서체(書體)도 각 지역에 따라 제각기 달랐었다.

만약 당시의 현상이 그러했다면 이는 서체뿐만이 아니라 자의(字意)까지도 다르게 쓸 수 있었다는 짐작을 할 수 있게 한다. 따라서 이러한 사실은 서로 멀리 떨어진 지역에 있던 노자와 공자 간에 같은 자(字)를 놓고도 서로 다른 의미로 쓸 수 있었다고 생각할 수 있게 한다. 노자와 공자의 시대로부터 약 3백년 뒤에 진시황이 천하를 통일한 후에 여러 다른 한자체가 사용되어 중앙집권적 통치에 주는 불편이 있어 이를 없애기 위해 소전체로 서체를 법으로 통일해 사용하게 했다는 역사적 기록은 이러한 생각을 뒷받침해 준다.

여섯째 : 노자는 자신의 사상이나 학문을 후대에 전승하려 노력한 흔적이 없다.

　노자는 공자와는 전혀 다른 유형의 철인이었다. 공자는 제자들을 모아 자신의 학문을 가르치려고 노력을 기울인 철인이었다. 한때는 그의 제자가 3,000명까지 달했다고 알려져 있기도 하다. 그리고 그러한 가르침은 제자에서 제자로 이어져서 널리 번지면서 고스란히 전승되어 오늘에 이르고 있다. 따라서 그의 사상은, 물론 그가 사용한 한(漢)자 하나하나의 뜻도 그가 사용한 그대로 전승되어 일반적으로 사용되고 이러한 과정을 통해서 현재 통용되고 있는 한자의 의미도 정립되었다고 볼 수 있다. 따라서 그러한 한자의 의미를 활용하면 논어나 여타의 중국고전들을 읽고 이해하는 데 아무런 어려움이 없다.

　그러나 노자는 공자와는 달랐다. 그는 기울어져 가는 주(周)를 떠나 서쪽으로 가던 중 함곡관을 통과할 때 관장인 윤희의 요청에 따라 《도덕경》을 써 주었다고 알려져 있는데, 이렇게 5,000여 자로 된 글을 써 준 것 외에는 다른 역작이 없고, 또한 그 글에 대한 아무런 설명도 없었을 뿐 아니라 그의 글을 세상에 알리려는 노력을 한 여하한 흔적도 찾아볼 수 없다.

　이는 바꾸어 말하면 노자는 공자와는 달리 그의 학문을 제자들을 두어 가르치지 않아 그 글 자체 이외에는 그의 사상이나 그가 사용한 자의 의미 등 아무 것도 후대에 전승된 것이 없다는 말이다. 때문에 노자가 사용한 한자의 뜻을 모르면서, 현재 통용되고 있는 보편적인 한자의 뜻으로는 《도덕경》의 주석이나 번역을 노자가 원래 뜻한 대로 한다는 것이 힘들게 되었다는 말이다.

　위에서 《도덕경》을 해석하기 어려운 여섯 가지 이유를 들었는데, 이 중 첫 번째와 두 번째의 이유는 비단 《도덕경》의 번역만을 어렵게 하는 것이 아니고 모든 고전들의 번역을 힘들게 하는 이유이기도 하지만, 여타의 네 가지 이유는 특별히 《도덕경》의 번역을 힘들게 하는 이유들이다.

그리고 그중에서도 네 번째의 이유, 즉 한 재一字를 둘 또는 그 이상의 여러 다른 이유로 사용했다는 점을 지적했는데, 그렇게 사용된 자들 중에서도 참으로 《도덕경》을 어렵게 한 자(字)가 있다. 바로 '도(道)'가 그 자이다. '도'는 노자가 직접 쓰지는 않았지만 표제에도 나오고 또 《도덕경》 팔십일 장을 통해서 76번이나 나올 만큼 중요한 자이다. 그 '도'자를 노자는 두세 가지 이상의 다른 의미로 사용한 것이다.

실례를 보면, '도'자는 '마음, 무위자연의 이치, 인간이 마땅히 행해야 할 도리 그리고 또 머리(두뇌)' 등 여러 다른 의미로 사용하고 있다. 그런데 이 중 특히 '마음'은 그것이 행할 수 있는 능력의 한계가 없어 보인다. 보이는데 보이지도 않고, 들리는데 소리가 나지도 않으며, 있는데 만져지지도 않는다. 그뿐이 아니다. 마음은 미치지 못하는 데가 없다. 주위의 구석구석은 물론 지구의 어느 한 곳 못 미치는 데가 없고 심지어는 달나라 화성을 넘어 은하계까지 그 상상력이 못 미치는 데가 없다. 그래서 제4장에서 '하느님과 같다(象帝 之先)'고 하고 있기도 하다.

그러면 무위자연의 이치란 무엇인가? 무위자연, 즉 온 세상 만물의 이치는 만물이 존재하고 작동하게 하는 이치, 즉 근본이다. 그러니 '도'가 지니고 있는 뜻은 한계를 말할 수가 없다.

그런데 노자는 이러한 '도(道)' 자를 76번이나 《도덕경》에서 사용하고 있으니, 《도덕경》에서 쓰인 '도'자의 의미가 얼마나 폭넓게 사용된 글자인지 독자들도 가히 짐작이 갈 것이다. 그래서 이러한 도가 품고 있는 넓은 의미를 이해하지 못하고는 도덕경을 제대로 주석이나 번역한다는 것이 불가능하다고 할 수밖에 없다. _

목차

덕편(德篇)

도덕경 | 道 篇

第1章

●

道可道 非常道

....

道可道 非常道
도가도 비상도

名可名 非常名
명가명 비상명

無名天地之始 有名萬物之母
무명천지지시 유명만물지모

故常無欲 以觀基妙
고상무욕 이관기묘

常有欲 以觀基徼
상유욕 이관기요

此兩者 同出而異名
차양자 동출이이명

同謂之玄 玄之又玄
동위지현 현지우현

衆妙之門
중묘지문

| 직역 |

道可道 非常道

마음은 다른 생각들을 할 수 있어서 항상 같은 마음이 아니고,

註 _ 道 : 마음, 생각.

名可名 非常名

이름은 명성을 이루어 나가서 항상 같은 이름이 아니다.

註 _ 名 : 이름, 명성을 쌓다.

無名天地之始 有名萬物之母

명성없이 세상을 시작하는데, 모든 일에서 명성을 얻기를 바란다.

註 _ 名 : 명성, 有 : 얻다, 萬物 : 모든 일, 母 : 바라다.

故常無欲 以觀基妙

그런데 욕심을 부리지 않으면 (세상만사를) 바르게 생각하게 되고,

註 _ 常 : 부리다, 妙 : 올바르게.

常有欲 以觀基徼

욕심을 부리면 그르게 생각하게 된다.

註 _ 徼 : 그르게.

此兩者 同出而異名

이 둘(바른 생각과 그릇된 생각)은 같은 마음에서 나왔지만 다르게 나타난 것이다.

註 _ 同 : 같은 데서, 名 : 나타나다 又 표현되다.

同謂之玄 玄之又玄

같은 데서라고 말하는 것은 묘하다. 묘하고도 묘하다.

衆妙之門

진실로 묘한 것이 (사람의) 마음이다.

| 직역모듬 |

마음은 다른 생각을 할 수 있어서 항상 같은 마음이 아니고,

이름은 명성을 이루어 나가서 항상 같은 이름이 아니다.

명성없이 세상을 시작하는데 모든 일에서 명성을 얻기를 바란다.

그런데 욕심을 부리지 않으면 (사물을) 바르게 보게 되고,

욕심을 부리면 만사를 그르게 보게 된다.

이 양자(바른 생각과 그릇된 생각)는 같은 데(같은 마음)서 나왔지만

다르게 나타난 것이다.

같은 데서라고 말하는 것은 묘하다. 묘하고도 또한 묘하다.

진실로 묘한 것이 (사람의) 마음이다.

| 한자의 뜻 |

道 : 마음. / 可 : 할 수 있다. / 道 : 다른 생각들. / 非 : 아니다. /
常 : 늘 같은, 항상 같은. / 道 : 마음.

名 : 이름. / 可 : 성취해 나아가다. / 名 : 명성. / 非 : 아니다. /
常 : 항상 같은. / 名 : 이름.

無 : 없이. / 名 : 명성. / 天 : 하늘. / 地 : 땅. (天地 : 세상) /
之 : 어조사(영어에서의 be 동사에 해당. '~이다'의 의미).

始 : 시작. / 有 : 얻다, 취하다. / 名 : 명성. / 萬 : 모든. /
物 : 일. (萬物 : 만사, 모든 일). / 之 : 어조사. / 母 : 바라다.

故 : 그런데. / 常 : 부리다. / 無 : 아니하다. / 欲 : 욕심. / 以 : 하다. /
觀 : 보다, 생각하다. / 其 : 그(위의 萬物, 즉 萬事를 뜻함). / 妙 : 바르게, 옳게.

常 : 부리다. / 有 : 이루다, 성취하다. / 欲 : 욕심. / 以 : 하다. /
觀 : 보다, 생각하다. / 其 : 지물지사. / 徼 : 잘못, 그르게.

此 : 이. / 兩 : 두. / 者 : 것, 현상. / 同 : 같은 데서, 같은 곳으로부터. /
出 : 나오다. / 而 : 어조사(~하지만). / 異 : 다르게. / 名 : 표현되다.

同 : 같은 데서. / 謂 : 말하다. / 之 : 어조사. / 玄 : 의미심장하다.

玄 : 이해하기 힘든 깊은 뜻. / 之 : 어조사. / 又 : 거듭, 또한. / 玄 : 의미심장한.

衆 : 진실로. / 妙 : 묘한. / 之 : 어조사. / 門 : 마음.

의 역

인간의 마음은 여러 가지 다른 생각들을 할 수 있어서,

항상 같은 생각을 하는 것은 아니고,

이름은 같은 이름일지라도 명예를 쌓아감에 따라 이름의 품위가 계속
높아져서 늘 같은 이름이 아니다.

인간은 처음 아무런 명성도 없이 태어나서 세상을 시작하는데,

무슨 일을 하든 일을 하면서 그 하는 일에서 명성을 얻기를 바란다.

그런데 명성을 얻고자 하는 욕심을 부리지 않으면, 세상만사를 바르게
생각하게 되고,

욕심을 부리면 삼가야 할 잘못된 생각을 하게 된다.

바르게 하는 생각과 잘못 생각하는 이 두 다른 생각은 같은 마음에서 나오지만, 다르게 표현돼서 나오는 것이다.

같은 마음에서 다른 생각이 나온다는 것은 참으로 깊은 뜻을 지니고 있는 말이다.

깊고도 깊은 뜻을 지니고 있는 말이다.

대단히 묘한 것이 (사람의) 속마음이다.

第2章

●

天下皆知美之爲美

....

天下皆知 美之爲美 斯惡已
천하개지 미지위미 사오이

皆知善之爲善 斯不善已
개지선지위선 사불선이

故有無相生 難易相成
고유무상생 난이상성

長短相形 高下相傾
장단상현 고하상경

音聲相和 前後相隨
음성상화 전후상수

是以聖人 處無爲之事
시이성인 처무위지사

行不言之敎 萬物作焉而不辭
행불언지교 만물작언이불사

生而不有 爲而不恃 功成而弗居
생이불유 위이불시 공성이불거

夫唯弗居 是以不去
부유불거 시이불거

天下皆知美之爲美 斯惡已

세상 사람들이 진정한 미와 거짓된 미를 같은 것으로 알고 있는데 그것은 잘못된 것이고,

註 _ 皆 : 같은 것으로. 爲 : 허위로 조작한. 惡 : 옳지 않은 又 잘못된.

皆知善之爲善 斯不善已

진정한 선과 거짓된 선을 같은 것으로 알고 있는데 그것은 잘못된 것이다.

故有無相生

왜냐하면 유와 무는 서로 바뀌어 생기는 것이고,

註 _ 相 : 서로 바뀌어.

難易相成

어려움과 쉬움은 서로 바뀌어 이루어지는 것이며,

長短相形

긴 것과 짧은 것은 서로 바뀌어 형성되고,

高下相傾

높은 것과 낮은 것은 서로 바뀌어 기울게 되며,

音聲相和

소리와 노래는 서로 바뀌어 조화를 이루고,

前後相隨

앞과 뒤는 서로 바뀌어 따라가게 되기 때문이다.

是以聖人處無爲之事

그래서 성인은 거짓이 없이 일을 처리하고,

註 _ 爲 : 거짓.

行不言之敎

위압적인 칙령을 시행하지 아니하며,

註 _ 言 : 위압적인 又 고자세의. 敎 : 칙령 又 왕명,

萬物作焉而不辭

모든 일을 이루어지는 대로 사양하지 않고 받아들인다.

生而不有

산출해 내는 것을 거두어들이지 않으며,

註 _ 有 : 거두어들이다.

爲而不恃

거짓이면 그것에 의지하지 않고,

功成而弗居

공을 이루어도 차지하지 않는다.

夫唯弗居 是以不去

그저 차지하지 않으니 잃을 것이 없다.

| 직역모듬 |

세상 사람들이 진정한 미와 거짓된 미를 같은 것으로 알고 있는데 그것은 잘못된 것이고,

진정한 선과 거짓 선을 같은 것으로 알고 있는데 그것은 잘못된 것이다.

왜냐하면 유와 무는 서로 바뀌어 생기는 것이고,

어려움과 쉬움은 서로 바뀌어 이루어지는 것이며,

길고 짧은 것은 서로 바뀌어 형성되고,

높은 것과 낮은 것은 서로 바뀌어 기울게 되며,

소리와 노래는 바뀌어 서로 조화를 이루고,

앞서 가는 것과 뒤따라 가는 것은 서로 바뀌어 따라가게 되기 때문이다.

그래서 성인은 거짓이 없이 일을 처리하고,

위압적인 칙령을 시행하지 아니하며,

모든 일을 이루어지는 대로 사양하지 않고 받아들인다.

산출해 내는 것을 거두어들이지 않으며,

거짓을 꾸미는 행동이면 그것에 의지하지 않고,

공을 이루어도 차지하지 않는다.

그저 차지하지 않으니 잃을 것이 없다.

| 한자의 뜻 |

天 : 하늘. / 下 : 땅. (天下 : 온 세상 사람들). / 皆 : 똑같이, 똑같은 것으로. /
知 : 알다. / 美 : 아름다움. / 之 : ~과. / 爲 : 거짓, 조작, 허위로 꾸미다. /
美 : 아름다움. / 斯 : 이, 이러한 것. / 惡 : 잘못된, 옳지 않은. / 已 : ~이다.

皆 : 똑같이. / 知 : 알다. / 善 : 선함. / 之 : ~과. / 爲 : 거짓, 조작. /
善 : 선함. / 斯 : 이러한 것. / 不 : 아니다. / 善 : 잘 할. / 已 : ~이다.

故 : 왜냐하면. / 有 : 있음. / 無 : 없음. / 相 : 바꾸다. / 生 : 생기다.

難 : 어려움. / 易 : 쉬워지다. / 相 : 바뀌다. /
成 : 이루어지다(쉬움이 이루어지다 = 쉬워지다).

長 : 긴 것. / 短 : 짧다. / 相 : 바뀌다. / 形 : 모양이 되다.

高 : 높은. / 下 : 낮아지다. / 相 : 바뀌다. / 傾 : 기울다.

音 : 소리. / 聲 : 노래. / 相 : 바뀌다. / 和 : 화답해서 곡조를 이루다.

前 : 앞. / 後 : 뒤. / 相 : 바뀌다. / 隨 : 따라가다.

是 : 이. / 以 : 까닭에, 때문에(是以 : 그래서). / 聖 : 지극한 임금. /
人 : 사람. (聖人 : 성군=聖君). / 處 : 처리하다. / 無 : 없이. /
爲 : 거짓 행하다. / 之 : 어조사. 事 : 일.

行 : 행하다. / 不 : 아니. / 言 : 위압적인, 고압적인. / 之 : 어조사. /
教 : 교령. / 萬 : 모든. / 物 : 일. (萬物 : 세상만사). / 作 : 하다. /
焉 : 하는 대로 받들다. / 而 : 하면서. / 不 : 아니. / 辭 : 사양하다.

生 : 의로운 마음을 갖다. / 而 : 하면서. / 不 : 아니. / 有 : 거두어들이다.

爲 : 꾸미다, 허위로 조작하다. / 而 : 이면. / 不 : 아니. /
恃 : 의지하다, 추구하다, 따르다.

功 : 애써서. / 成 : 이루다, 성취하다. / 而 : 그러할지라도. /
弗 : 아니하다. / 居 : 차지하다, 맡다.

夫 : 무릇, 헤아려 생각건대. / 唯 : 오직, 다만, 단지, 오로지. /
弗 : 아니하다. / 居 : 쌓다, 차지하다.

是 : 이, 이러한. / 以 : 까닭. (是以 : 그래서, 이러한 까닭으로). /
不 : 아니. / 去 : 잃어버리다.

의 역

세상 사람들이 진정한 아름다움과 꾸며 놓은 거짓된 아름다움을
같은 것으로 알고 있는데 그것은 잘못된 것이고,

선함과 허위로 꾸며 놓은 거짓된 선함을

착각해서 같은 것으로 생각하는데 그것도 잘못된 것이다.

왜냐하면 있음과 없음은 바꾸어 놓으면, 있던 것은 없어지고 없던 것은 생기며,

어려운 것과 쉬운 것은 바꾸어 놓으면, 어려운 것은 쉬워지고 쉬운 것은 어려워지며,

긴 것과 짧은 것은 바꾸어 놓으면, 긴 것은 짧아지고 짧은 것은 길어지며,

높은 것과 낮은 것은 바꾸어 놓으면, 높은 것이 낮은 것에 기울게 되고 낮은 것은 높은 것에 기울게 되며,

노래와 소리는 바꾸어 놓으면, 소리가 화답해 곡조를 이루어 노래가 되고 노래는 소리가 되며,

앞뒤는 바뀌면, 앞서가던 것이 뒤따라가게 되고 뒤따르던 것이 앞서게 되기 때문이다.

그래서 성인은 허위로 일을 처리하지 아니하고,

위엄을 과시하는 고압적인 왕명을 억지로 시행하지 않으며,

세상만사를 백성들이 행하는 대로 마다하지 않고 그대로 받아들인다.

백성들이 산출해 내는 것을 거두어들이지 아니하며,

거짓을 꾸미는 행동이면 좇지 않고,

공을 이루어도 차지하지 않는다.

그저 차지하지 않으니 잃을 것이 없다.

第3章

●

不尙賢 使民不爭

....

不尙賢 使民不爭
불상현 사민부쟁

不貴難得之貨 使民不爲盜
불귀난득지화 사민불위도

不見可欲 使民心不亂
불견가욕 사민심불난

是以聖人之治
시이성인지치

虛其心 實其腹 弱基志 彊其骨
허기심 실기복 약기지 강기골

常使民無知無欲
상사민무지무욕

使夫智者不敢爲也
사부지자불감위야

爲無爲 則無不治
위무위 즉무불치

不尙賢 使民不爭

　남보다 나은 것을 높이지 않으면 백성들을 다투지 않게 하고,

　　註 _ 賢 : 남보다 나은.

不貴難得之貨 使民不爲盜

　양식이 귀해서 얻기 힘들게 하지 않으면 백성들이 도적질을 하지 않게 되며,

　　註 _ 貨 : 양식 又 식량.

不見可欲 使民心不亂

　욕심이 나는 마음을 보이지 않으면 백성들의 마음을 혼란하게 하지 않는다.

　　註 _ 可 : 바(所) 又 것 .

是以聖人之治

　그래서 성군의 다스림은,

虛其心 實其腹

　바라는 마음을 비우고 너그럽게 베푸는 마음을 갖추고,

　　註 _ 實 : 갖추다. 腹 : 너그러운 마음.

弱其志 强其骨

　하고자 하는 뜻은 버리고 인격을 강건하게 하고,

　　註 _ 骨 : 인격 又 풍도(風度 : 풍채와 태도).

常使民無知無欲

　백성들이 서로 비교하지 않게 해 욕심을 갖지 않게 하며,

　　註 _ 知 : 비교하다.

使夫智者 不敢爲也

측근 관리들이 감히 거짓을 행하지 못하게 하는 것이다.

註 _ 智 : 가까운 신하.

爲無爲 則無不治

거짓이 없이 다스리면 다스리지 못할 것이 없는 법이다.

註 _ 爲 : 다스리다. 無爲 : 거짓을 행하지 않고.

| 직역모듬 |

남보다 나은 자를 높이지 않으면 백성들을 다투지 않게 하고,

양식이 귀해서 얻기 힘들게 하지 않으면 백성들이 도적질을 하지 않게 되며,

욕심이 나는 마음을 보이지 않으면 백성들의 마음을 힘들게 하지 않는다.

그러므로 성군의 다스림은,

바라는 마음을 비우고, 너그럽게 베푸는 마음을 갖추고,

이루고자 하는 뜻은 버리고, 올바른 인격을 강하게 하고,

항상 백성들이 서로 비교하지 않게 해 욕심을 갖지 않게 하며,

측근 관리들이 감히 거짓을 꾸미지 못하게 하는 것이다.

거짓이 없이 다스리면 다스리지 못할 것이 없는 법이다.

그저 차지하지 않으니 잃을 것이 없다.

| 한자의 뜻 |

不 : 마라. / 尙 : 높이다. / 賢 : 남보다 나은, 더 잘하는. / 使 : 하게 하다. /
民 : 사람들, 백성. / 不 : 아니하다. / 爭 : 경쟁하다, 다투다.

不 : 마라(하지 마라의 마라). / 貴 : 귀하게. / 難 : 어렵게. /
得 : 얻기, 얻는 것. / 之 : 어조사. / 貨 : 곡식, 식량.

使 : 하게 하다. / 民 : 백성. / 不 : 아니. / 爲 : 하다. / 盜 : 도적질.

不 : 마라(하지 마라의 마라). / 見 : 보이다. / 可 : 바(所), 것 . /
欲 : 욕심(可欲 : 욕심이 나는 것).

使 : 을 하게 하다. / 民 : 백성. / 心 : 마음. / 不 : 을 하지 않게. /
亂 : 혼란하게, 어렵게.

是 : 이런. / 以 : 까닭에. (是以 : 그래서, 이런 까닭에). / 聖 : 성스러운. /
人 : 사람. (聖人 : 성군, 훌륭한 임금). /
之 : 어조사(영어에서의 전치사 of 에 해당). / 治 : 다스림, 정치.

虛 : 비우다. / 其 : 지물지사(그의, 자신의). / 心 : 바라는 마음. /
實 : 갖다, 갖추다. / 其 : 지물지사. / 腹 : 후하게 베푸는 마음.

弱 : 버리다. / 其 : 지물지사. / 志 : 욕망, 희망, 이루고자 하는 뜻. /
强 : 굳건히 하다. / 其 : 그의. / 骨 : 훌륭한 인격, 기개(氣槪),

常 : 항상. / 使 : ~을 하게 하다. / 民 : 백성. / 無 : 못하다. /
知 : 비유하다. / 無 : 못하다. / 欲 : 욕심내다.

使 : ~을 하게 하다. / 夫 : 그저. / 智 : 측근. / 者 : 사람, 자. / 不 : 못하게. /
敢 : 감히. / 爲 : 조작하다, 꾸미다. /
也 : 결정사(決定辭 : '~이다' 라는 끝맺는 말).

爲 : 다스리다. / 無 : 아니. / 爲 : 거짓. (無爲 : 거짓없이, 정직하게).

則 : 법이다. / 無 : 있을 수 없는. / 不 : 잘못된. / 治 : 다스리다.

의역

왕이 더 잘 하는 사람을 치켜 세우지 않으면
백성들 간에 서로 싸우지 않게 된다.
왕이 식량을 너무 거두어들여서 구하기 어렵게 하지 않으면 백성들이 도적질을 하지 않게 된다.

왕이 욕심을 내는 마음을 드러내 보이지 않으면

백성들의 마음을 힘들게 하지 않는다.

그래서 성군의 다스림은

욕심을 버리고 백성들에게 후하게 베푸는 마음을 가지며,

업적을 성취하려는 욕망은 버리고 인격을 갖춘 기개(氣慨)를 굳건히 하고,

항상 서로 비교하지 않게 하여 욕심을 내지 않게 하며,

측근 신하들이 감히 조작해서 거짓을 행하지 못하게 하는 것이다.

거짓을 행하지 않고 오로지 백성들만을 위하는 올바른 정치를 하면

모든 것이 바르게 다스려지는 법이다.

第4章

●

道冲而用之或不盈

....

道冲而用之 或不盈
도충이용지 혹불영

淵兮 似萬物之宗
연혜 사만물지종

挫其銳 解其粉
좌기예 해기분

和其光 同其塵
화기광 동기진

湛兮 似或存
잠혜 사혹존

吾不知誰之字
오부지수지자

象帝之先
상제지선

| 직역 |

道冲而用之 或不盈

마음은 너무나 깊어서 아무리 깨달아 받아들여도 이상하게도 넘치지 않는다.

註 _ 用 : 깨달아(통달해) 받아들이다. 或 : 이상하게.

淵兮 似萬物之宗

대단하구나! 세상만사의 근원인 것 같다!

註 _ 淵 : 대단하다. 宗 : 근원.

挫基銳

날카로워지면 유하게 하고,

解基紛

번잡해지면 풀어 주며,

和基光

갈등이 일어나면 화합해 주고,

註 _ 光 : 대립하는, 갈등하는.

同基塵

번뇌하게 되면 편안하게 해 준다.

註 _ 同 : 편안하게 하다. 塵 : 번뇌.

湛兮 似或存

숨어 있어서 안 보이는구나! 괴이하게도 있는 것 같은데,

吾不知誰之子

나는 무엇이 생각을 나게 하는지 알 수가 없구나!

註 _ 子 : (생각을) 나게 하다.

象帝之先

하느님의 형상과 같다.

註 _ 先 : 같다, 가깝다.

| 직역모음 |

마음은 너무나 깊어서 아무리 깨달아 받아들여도 이상하게도 넘치지 않는다.

대단하구나! 세상만사의 근본인 것 같다!

날카로워지면 유하게 하고,

번잡해지면 풀어 주며,

갈등이 일어나면 화합해 주고,

번뇌하게 되면 편안하게 해 준다.

숨어 있어서 안 보이는구나! 괴이하게도 있는 것 같은데!

나는 무엇이 생각을 나게 하는지 알 수가 없구나!

하느님의 형상과 같다.

| 한자의 뜻 |

道 : 마음. / 冲 : 깊은, 넓은. / 而 : ~하더라도. /
用 : 통달해(깨우쳐)서 받아들이다, 배워서 축적하다. /
之 : 어조사. / 或 : 이상하게. / 不 : 없다. / 盈 : 넘치다, 한계가 넘치다.

淵 : 대단하다, 매우 깊은. /
兮 : 어조사 혜. (淵兮 : 대단히 깊구나, 대단하구나).

以 : ~같다. / 萬 : 모든. / 物 : 일. (萬物 : 세상만사). /

之 : 어조사. / 宗 : 주관하다.

挫 : 쓰다듬다, 안정시키다. / 基 : 지물지사 그(여기에서는 앞의 마음을 지칭). /
銳 : 날카로워진.

解 : 풀어 주다. / 基 : 지물지사 그(여기에서는 앞의 마음을 지칭). /
紛 : 뒤섞인, 혼잡해진.

和 : 조화를 이루게 해 주다. / 基 : 지물지사, 그. /
光 : 억갈리는, 갈등하는.

同 : 편안하다. / 基 : 지물지사 그(여기에서는 앞의 마음을 지칭). /
塵 : 번뇌(煩惱), 시달려서 괴로운 마음.

湛 : 숨어 있다, 잠겨 있다. / 兮 : 어조사. /
似 : ~인 것 같다. / 或 : 괴이하게, 의심스럽게. / 存 : 있다.

吾 : 나. / 不 : 못한다. / 知 : 알다. / 誰 : 무엇이 어떻게. /
之 : 어조사, ~이다. / 子 : 생각이 나게 하다.

象 : 본뜨다, 형상을 본뜨다. / 帝 : 하느님, 상제(제일 높은 신). /
之 : 어조사, ~이다. / 先 : 가깝다, 같다, 비교가 된다.

의역

마음(두뇌)은 쓸 수 있는 용량이 너무나 커서
아무리 많은 생각을 해서 깨달은 것을 저장해도
이상하게도 용량이 모자라서 더 받아들이지 못하고 넘치는 일이
없다.
한없이 크구나 ! 세상의 모든 일들을 맡아서 관장하는 근본인 것같

다!

예민해진 마음이 느긋해지고,

흐트러져 번잡해진 마음이 풀려서 가지런해지며,

갈등을 일으키던 마음이 풀어져서 수그러지고,

괴로워진 마음은 어루만져 편안하게 해 준다.

숨어 있구나! 이상하게도 꼭 있는 것 같은데!

나는 무엇이 생각을 솟아나게 하는지 알 수가 없구나!

마음이 하는 일은 하느님의 형상과 비슷하다.

第5章

●

天地不仁 以萬物爲芻狗

....

天地不仁 以萬物爲芻狗
천지불인 이만물위추구

聖人不仁 以百姓爲芻狗
성인불인 이백성위추구

天地之間 其猶橐籥乎
천지지간 기유탁약호

虛而不屈 同而愈出
허이불굴 동이유출

多言數窮 不如守中
다언삭궁 불여수중

| 직역 |

天地不仁 以萬物爲芻狗

천지는 (주인이) 개에게 밥을 주듯이 만물을 거북하게 하지 않는다.

註 _ 仁 : 거북하게 하다. 芻 : 먹이를 주다.

聖人不仁 以百姓爲芻狗

성인은 (주인이) 개에게 밥을 주듯이 백성들을 거북하게 하지 않는다.

天地之間 其猶橐籥乎

하늘과 땅 사이의 공간은 마치 풀무와도 같아서,

虛而不屈 動而愈出

비어 있지만 일그러지지 않고 작동해 가면서 산출해 낸다.

多言數窮

너무 많은 위압적인 고(告)함은 이치에 막혀서,

註 _ 言 : 위압적인 말로 고(告)하는 것. 數 : 이치. 窮 : 막히다.

不如守中

마음속에 간직하는 것만 같지 못하다.

註 _ 守 : 간직하다. 中 : 마음속에.

| 직역모듬 |

천지는 (주인이) 개에게 밥을 주듯이 만물을 거북하게 하지 않는다.
성인은 (주인이) 개에게 밥을 주듯이 백성들을 거북하게 하지 않는다.
하늘과 땅 사이의 공간은 마치 풀무와도 같아서,
비어 있지만 일그러지지 않고 작동해 가면서 산출해 낸다.

너무 많은 위압적인 고함은 이치에 막혀서,

마음속에 간직하는 것만 같지 못하다.

│ 한자의 뜻 │

天 : 하늘. / 地 : 땅. (天地 : 세상, 우주). / 不 : 않는다. / 仁 : 거북하게 하다.

以 : ~처럼. / 萬 : 모든. / 物 : 일(萬物 : 모든 일, 세상만사). / 爲 : 행하다. /
芻 : 먹이다, 먹이를 주다. / 拘 : 개.

聖 : 성스러운. / 人 : 사람(聖人 : 성인) / 不 : 아니하다. /
仁 : 거북하게 하다. / 以 : ~처럼. / 百 : 모든, 많은. / 姓 : 백성. (百姓 : 백성). /
爲 : 하다. / 芻 : 먹이다, 먹이를 주다. / 拘 : 개.

天 : 하늘. / 地 : 땅. (天地 : 세상). / 之 : 어조사, ~의. / 間 : 공간. /
基 : 지물지사 그것. / 猶 : ~처럼 서서히 하는 것과 같다. / 橐 : 풀무. /
籥 : 불다. / 乎 : 감탄사, 아 !

虛 : 비어 있다. / 而 : ~이지만. / 不 : 아니하다. / 屈 : 부서지다. /
動 : 움직이다. / 而 : ~하면서. / 愈 : 더 많이. / 出 : 산출해 내다, 토해 내다.

多 : 많은. / 言 : 칙령, 왕명. / 數 : 이치(理致). / 窮 : 맞지 않다.

不 : 못하다. / 如 : 같다. / 守 : 간직하다. / 中 : 마음속에.

의역

　우주는 주인이 개에게 밥을 줄 때 귀찮게 하지 않고 편안히 먹게 내버려 두듯이 세상 만물이 스스로 돌아가게끔 간섭하지 않는다.

　주인이 개에게 밥을 줄 때 귀찮게 하지 않고 편안하게 먹게 내버려 두듯이, 성인도 백성들의 삶을 그들의 뜻대로 살아가게끔 귀찮게 간섭하지 않는다.

천체의 텅 비어 있는 공간은 마치 그것이 바람을 불어 내는 풀무와 같아서,

비어 있지만 일그러지지 않고 움직여 가면서 빛과 바람과 비같은 것을 계속 만들어 간다.

왕이 많은 고압적인 칙령을 만들어 내 백성들을 귀찮게 간섭하는 것은 이치에 어긋나니,

마음대로 편안하게 살 수 있도록 백성들을 힘들게 하는 그러한 법령같은 것들은 그저 마음속에 간직해 두는 것만 같지 못하다.

第6章

●

谷神不死 是謂玄牝

....

谷神不死
곡신불사

是謂玄牝
시위현빈

玄牝之門
현빈지문

是謂天地根
시위천지근

緜緜若存
면면약존

用之不勤
용지불근

谷神不死

　낳아서 키우려는 마음을 그치지 않는데,

　　註 _ 谷 : 낳아서 키우다. 神 : 정신 又 마음. 死 : 끊어지다.

是謂玄牝

　이를 일러 신비한 암컷이라 한다.

玄牝之門

　(이러한) 신비한 암컷의 마음을 일러,

　　註 _ 門 : 마음.

是謂天地根

　세상의 근본이라 이른다.

緜緜若存

　줄줄이 이어 가면서 오래 보존해 가는데

　　註 _ 若 : 오래. 存 : 보존하다. 用 : 행하다. 勤 : 맡겨진 일.

用之不勤

　이를 행하는 것은 누가 맡겨서 하는 일이 아니다.

　　註 _ 勤 : 맡은 일.

　낳아서 키우려는 마음을 그치지 않는데,

　이를 일러 신비한 암컷이라 한다.

　이러한 신비한 암컷의 마음을 일러,

세상의 근본이라 이른다.
줄줄이 이어 가면서 오래 보존해 가는데,
이를 행하는 것은 누가 맡겨서 하는 일이 아니다.

| 한자의 뜻 |

谷 : 낳아서 키우다. / 神 : 마음, 정신. / 不 : 않는. /
死 : 끊이다. (不死 : 끊임없이).

是 : 이를. / 謂 : ~이라 말한다. / 玄 : 현묘한. / 牝 : 여성, 암컷.

玄 : 신비한. / 牝 : 암컷. / 之 : 어조사(~의). / 門 : 마음.

是 : 이를. / 謂 : ~이라 이른다. / 天 : 하늘. / 地 : 땅. (天地 : 세상). / 根 : 근본.

緜 : 끊기지 않을. / 緜 : 이어 가다. / 若 : 오래. / 存 : 보존하다.

用 : 행하다. / 之 : 어조사, ~이다. / 不 : 않은. /
勤 : 직분. 맡겨진 일. 시켜서 하는 일.

의역

새끼를 낳아서 키우려는 마음을 끊이지 않고 이어 가는데
이를 일러 현묘한 암컷이라 한다.
이러한 신비한 암컷의 마음을 세상을 이루는 이치라 이른다.
대가 끊이지 않게 이어 가며 보전해 가는데,
이렇게 하는 것은 누가 시켜서 하는 짓이 아니고
저절로 우러나는 천성으로 이뤄지는 것이다.

第 7 章

●

天長地久

⋯⋯⋯⋯⋯⋯

天長地久
천장지구

天地所以 能長且久者 以其不自生
천지소이 능장차구자 이기부자

故能長生
생고능장생

是以聖人 後其身 而身先
시이성인 후기신 이신선

外其身 而身存
외기신 이신존

非以其無私邪
비이기무사야

故能成其事
고능성기사

| 직역 |

天長地久

하늘은 오래가고 땅도 오래간다.

天地所以 能長且久者

세상이 오래갈 수 있다고 하는 것은,

以其不自生

그것이 제 마음대로 스스로 생겨난 것이 아니기 때문이다.

註 _ 自 : 제 마음대로.

故能長生

그렇기 때문에 오래갈 수 있는 것이다.

是以聖人

그래서 성인은,

後其身而身先

자신이 (백성의) 뒤를 따르면 자신이 앞서서 이끌게 되고,

外其身而身存

그 자신을 돌보지 않고 제쳐 놓으면 오히려 그 몸이 보존되는 것이다.

註 _ 外 : 돌보지 않고 버리다. 存 : 보존하다.

非以其無私邪

그렇게 하는 것은 사사로운 득을 보는 것이 아니지 않느냐?

註 _ 私 : 사사로이 은혜를 받다.

故能成其私

　그러나 그렇게 하는 것이 자신에게 은혜로워지는 것이다.

| 직역모음 |

　하늘은 오래가고 땅도 오래간다.
　세상이 오래갈 수 있다고 하는 것은,
　그것이 제 마음대로 스스로 생겨난 것이 아니기 때문이다.
　그래서 오래갈 수 있는 것이다.
　그래서 성인도 자신의 몸을 남의 뒤를 따르게 해서 자신이 앞서게 되고,
　그 자신을 제쳐 놓음으로써 오히려 그 몸이 보존되는 것이다.
　그렇게 하는 것은 사사로운 득을 보는 것이 아니지 않느냐?
　그러나 그렇게 하는 것이 자신에게 은혜로워지는 것이다.

| 한자의 뜻 |

　天 : 하늘. / 長 : 변함없다. / 地 : 땅, 지구. / 久 : 오래가다.

　天 : 하늘. / 地 : 땅. (天地 : 세상, 우주). / 所 : ~라는. /
　以 : 까닭이다. (所以 : ~이라는 까닭이다). / 能 : ~할 수 있는. / 長 : 오래, 길게. /
　且 : 아직 탈 없이. / 久 : 오래가다. / 者 : ~는 것.

　以 : ~때문이다. / 基 : 그것. / 不 : 아니. / 自 : 제 마음대로. / 生 : 생기다.

　故 : 그래서. / 能 : ~할 수 있다. / 長 : 오래 있다. / 生 : 생존해 나아가다.

　是 : 이. / 以 : 같이. (是以 : 그래서). / 聖 : 거룩한. / 人 : 사람. (聖人 : 성군).

　後 : 뒤에서 돌보다. / 基 : 그. / 身 : 자신. / 而 : ~하면. / 身 : 자신.
　先 : 앞세우다, 이끌게 되다.
　外 : 제쳐 놓다, 무시하다, / 基 : 그. / 身 : 몸, / 而 : ~하면. / 身 : 자신. /

存 : 보존되다, 현명하게 살펴지다.

非 : 않다. / 以 : ~이다. / 其 : 그렇게 하는 것. / 無 : 못한. /
私 : 사사로운 득을 보다, 사사로이 은혜를 받다. / 邪 : ~지 않으냐?

故 : 그러나 ~이다. / 能 : 가능하다. / 成 : 이루다. / 其 : 그렇게 하는 것. /
私 : 스스로 득을 보다, 사사로이 은혜를 받다.

의역

하늘과 땅은 오래간다.
천지가 별일 없이 오래가는 까닭은,
그것이 제 마음대로 스스로 생겨난 것이 아니고
하늘의 뜻에 따라 생겨났기 때문이다.
그렇기 때문에 오래오래 지속될 수 있는 것이다.
그래서 성인도 자신을 내세우지 않고 뒤에서 백성들을 돌봐서
오히려 그 몸이 추대되어 백성을 이끌어 가게 되고,
자신을 무시하고 백성을 중히 여겨,
오히려 그 몸이 현명하게 보살펴지게 되는 것이다.
그렇게 하는 것은 자신에게 은혜로운 것이 아니지 않느냐?
그러나 그렇게 함으로써 오히려 자신에게 은혜로워지는 것이다.

第 8 章

●

上善若水

....

上善若水
상선약수

水善利萬物 而不爭
수선이만물 이부쟁

處衆人之所惡
처중인지소오

故幾於道
고기어도

居善地 心善淵
거선지 심선연

與善仁 言善信
여선인 언선신

正善治 事善能
정선치 사선능

動善時
동선시

夫唯不爭 故無尤
부유부쟁 고무우

| 직역 |

上善若水

훌륭한 선은 물과 같은 것이다.

水善利萬物 而不爭

물의 좋은 점은 만물을 이롭게 하면서도 다투지 않고,

處衆人之所惡

모든 사람들의 더러운 곳을 깨끗하게 처리해 준다.

註 _ 處 : 처리하다.

故幾於道

그래서 도에 가깝다.

居善地

백성을 잘 거느리고,

註 _ 居 : 거느리다. 地 : 백성.

心善淵

마음가짐은 지극히 깊게 하고,

與善仁

인자하게 잘 베풀고,

言善信

칙령은 지극히 신뢰할 수 있게 하고,

註 _ 言 : 칙령 又 칙명.

正善治

바르게 잘 다스리고,

事善能

맡은 일은 능력껏 잘하고,

動善時

일을 일으키는 것은 때를 잘 가려서 한다.

夫唯不爭 故無尤

오직 생각해 보건대 다투지 않으니 허물이 없다.

註_ 夫 : 생각해 보건대.

| 직역모음 |

훌륭한 선은 물과 같은 것이다.
물의 좋은 점은 만물을 이롭게 하면서도 다투지 않고,
모든 사람들의 더러운 곳을 깨끗하게 처리해 준다.
그래서 도에 가깝다.
백성을 잘 거느리고,
마음가짐은 지극히 깊게 하고,
인자하게 잘 베풀고,
칙령은 지극히 신뢰할 수 있게 하고,
바르게 잘 다스리고,
맡은 일은 능력껏 잘하고,
일을 일으키는 것은 때를 잘 가려서 한다.
오직 생각해 보건대 다투지 않으니 허물이 없다.

| 한자의 뜻 |

上 : 가장. / 善 : 좋은, 훌륭한. / 若 : 같은 . / 水 : 물.

水 : 물. / 善 : 좋은. / 利 : 이롭게 하다. / 萬 : 많은. /
物 : 일, 것. (萬物 : 세상만사).

而 : ~하면서. / 不 : 아니. / 爭 : 다투다.

處 : 처리하다, 치워주다. / 衆 : 많은. / 人 : 사람. (衆人 : 모든 사람). /
之 : ~의. / 所 : 곳, 것. / 惡 : 더러운.

故 : 그래서. / 幾 : 가깝다, 거의 같다. / 於 : ~에. / 道 : 도.

居 : 거느리다. / 善 : 잘. / 地 : 백성.

心 : 마음가짐. / 善 : 대단히. / 淵 : 깊다, 지극하다.

與 : 베풀다. / 善 : 잘. / 仁 : 인자하게.

言 : 왕명을 고하다, 칙령을 고하다. / 善 : 잘. / 信 : 믿다.

正 : 바르게. / 善 : 잘. / 治 : 다스리다.

事 : 맡은 일. / 善 : 잘. / 能 : 능력껏 행하다, 최선을 다하다.

動 : 일을 벌이다. / 善 : 잘. / 時 : 때를 가리다.

夫 : 생각해 보건대. / 唯 : 오직, 그저. / 不 : 않다. / 爭 : 다투다.
故 : 그래서. / 無 : 없다. / 尤 : 허물, 원망.

최고의 선이란 마치 물과 같은 것이다.

물의 훌륭한 점은 세상의 모든 것들을 이롭게 하면서 다투지 않고,

세상 사람들이 사는 곳의 더러운 것들을 깨끗하게 처리해 준다.

그래서 도에 가깝다.

백성을 잘 거느리고,

마음가짐을 지극히 하고,

백성들을 아끼면서 잘 베풀고,

법령은 백성들이 이해하고 믿을 수 있게 잘 만들어 고하고,

거짓이 없이 백성을 잘 보살피고,

맡은 직분은 최선을 다해서 잘 행하고,

큰 일을 벌이는 것은 백성들의 사정을 고려해서 시기를 잘 선택해 행한다.

그저 생각해 보건대 다투지 않고 백성의 뜻을 따르면 원망 들을 일이 없다.

第9章

●

持而盈之

....

持而盈之 不如其已
지이영지 불여기이

揣而梲之 不可長保
단이절지 불가장보

金玉滿堂 莫之能守
금옥만당 막지능수

富貴而驕 自遺其咎
부귀이교 자유기구

功遂身退 天之道
공수신퇴 천지도

持而盈之 不如其已

    채워서 갖고 있으려는 것은 그리하지 아니함만 못하고,

揣而梲之 不可長保

    거두어들여서 차지하는 것은 오래갈 수 없으며,

    註_ 揣 : 거두어들이다. 梲 : 차지하다.

金玉萬堂 莫之能守

    금과 옥으로 가득찬 궁궐은 지킬 수 있는 것이 아니다.

富貴而驕 自遺其咎

    부귀하다고 교만하면 오히려 뒤에 미움이 남게 되니,

功成身退 天之道

    공을 이루고 나선 스스로 물러나는 것이 하늘의 이치다.

| 직역모듬 |

    채워서 갖고 있으려는 것은 그리하지 아니함만 못하고,
    거두어들여서 차지하는 것은 오래갈 수 없으며,
    금과 옥으로 가득찬 궁궐은 지킬 수 있는 것이 아니다.
    부귀하다고 교만하면 오히려 뒤에 미움이 남게 되니,
    공을 이루고 나선 스스로 물러나는 것이 하늘의 이치다.

| 한자의 뜻 |

    持 : 갖다. / 而 : ~해서. / 盈 : 채우다. / 之 : 어조사.

不 : 못하다. / 如 : 같다. / 其 : 그렇게 하는 것. / 已 : 그치는 것만.

揣 : 거두어들이다. / 而 : ~해서. / 梲 : 갖다, 차지하다. / 之 : 어조사.

不 : 못하다. / 可 : 가능. / 長 : 오래. / 保 : 보존하다, 지니다.

金 : 금. / 玉 : 옥. / 滿 : 가득차다. / 堂 : 궁전.

莫 : 아니다. / 之 : 어조사. / 能 : 할 수 있는. / 守 : 지키다.

富 : 부유하다. / 貴 : 고귀하다. / 而 : ~하다고. / 驕 : 교만하다.

自 : 오히려, 스스로. / 遺 : 남기다, 끼치다. / 其 : 어조사. / 咎 : 미움, 재앙, 화.

功 : 업적. / 遂 : 이루다. / 身 : 몸. / 退 : 물러나다.

天 : 하늘, 자연. / 之 : 어조사. / 道 : 이치.

의역

가득 채운 상태로 그대로 유지하려 하면
그렇게 아니하는 것만 못하고,
백성들이 산출해 내는 것을 지나치게 거두어들여 쌓아 두는 것은
오래가지 않으며,
금과 옥으로 가득 채워진 궁궐은
그대로 유지하는 것이 불가능한 것이다.
임금으로서 부귀영화를 누리고 있다고 오만하면
백성들로부터 마음을 사게 된다.
공들여 업적을 쌓고 나면 스스로 물러나는 것이 하늘의 이치다.

第10章

●

載營魄抱一

....

載營魄抱一 能無離乎
재영백포일 능무이호

專氣致柔 能嬰兒乎
전기치유 능영아호

滌除玄覽 能無疵乎
척제현람 능무자호

愛民治國 能無爲乎
애민치국 능무위호

天門開闔 能無雌乎
천문개합 능무자호

明白四達 能無知乎
명백사달 능무지호

生之畜之 生而不有
생지축지 생이불유

爲而不恃 長而不宰
위이불시 장이부재

是謂玄德
시위현덕

| 직역 |

載營魄抱一　能無離乎

다스리는 지역 안에 있는 넋들을 다 같이 품어 안고 떠나지 않게 할 수 있느냐?

註 _ 載 : 가득찬. 營 : 다스리는 지역(나라). 魄 : 넋. ㅡ : 다 같이.

專氣致柔 能嬰兒乎

제각각인 마음들을 화합하게 해 방글방글 웃는 아이들처럼 만들 수 있느냐?

註 _ 專 : 저대로인, 제각각의. 氣 : 마음. 致 : 마음이 맞게 하다. 柔 : 화합하다.

滌除玄覽 能無疵乎

깨끗하게 다스리고 두루 살피는 데 흠없이 할 수 있느냐?

註 _ 滌 : 깨끗이 하다. 除 : 다스리다. 覽 : 두루 보살피다. 疵 : 흠.

愛民治國 能無爲乎

백성을 아끼면서 나라를 다스리는 데 거짓 없이 할 수 있느냐?

註 _ 爲 : 거짓.

天門開闔 能無雌乎

하늘의 뜻을 바로 갖추고 펼쳐서 (나라가) 흐트러지지 않게 할 수 있느냐?

註 _ 天 : 하늘의. 門 : 뜻. 開 : 펼치다. 闔 : 바로 갖추다. 雌 : 흐트러지다.

明白四達 能無知乎

분명하게 백성들이 사방에서 흐트러지는 데 깨닫지 못할 수 있느냐?

註 _ 明 : 분명하게. 白 : 백성. 達 : 흩어지다.

生之 畜之

(백성들이) 가축을 양육하고 농사를 지으며 산출해 내는데,

生而不有

산출해 내는 것을 거두어들이지 않으며,

註 _ 有 : 거두어들이다.

爲而不恃

거짓이면 따르지 않고,

註 _ 恃 : 좇다, 따르다.

長而不宰

우두머리가 되어도 다스리지 않는다.

是謂玄德

이러한 것을 일러 지극한 덕이라 이른다.

| 직역모듬 |

다스리는 지역 안에 있는 넋들을 다 같이 품어 안고 떠나지 않게 할 수 있느냐?

제각각인 마음들을 화합하게 해 방글방글 웃는 아이들처럼 만들 수 있느냐?

깨끗하게 다스리고 두루 살피는 데 흠없이 할 수 있느냐?

백성을 아끼면서 나라를 다스리는 데 거짓이 없이 할 수 있느냐?

하늘의 뜻을 제대로 갖추고 펼쳐서 (나라가) 흐트러지지 않게 할 수 있느냐?

분명하게 백성들이 사방에서 흐트러지는데 깨닫지 못할 수 있느냐?

(백성들이) 가축을 양육하고 농사를 지으며 산출해 내는데,

산출해 내는 것을 거두어들이지 않으며,

거짓이면 따르지않고,

우두머리가 되어도 다스리지 않는다.

이러한 것을 일러 지극한 덕이라 이른다.

│ 한자의 뜻 │

載 : 가득찬. / 營 : 다스리는 지역, 나라. / 魄 : 넋, 백성들의 마음. /
抱 : 품다. / 一 : 다같이, 전부다. / 能 : 할 수 있다. / 無 : 않게. / 離 : 떠나다. /
乎 : ~인가?, 그런가?

專 : 저대로인, 제각각의. / 氣 : 마음, 백성의 마음. /
致 : 일치시키다, 마음이 맞게 하다. / 柔 : 화합해서.

能 : 할 수 있다. / 嬰 : 어린아이. / 兒 : 방글방글 웃는 아이. / 乎 : ~느냐.

滌 : 청렴하게. / 除 : 다스리다. / 玄 : 지극하게. / 覽 : 두루 보살피다.

能 : 할 수 있다. / 無 : ~없이. / 疵 : 흠, 결함. / 乎 : ~느냐.

愛 : 아끼다. / 民 : 백성. / 治 : 다스리다. / 國 : 나라.

能 : 할 수 있다. / 無 : 없이. / 爲 : 거짓. (無爲 : 거짓을 행하지 않고). /
乎 : ~느냐.

天 : 하늘의. / 門 : 뜻, 마음. / 開 : 펼치다. /
闔 : 제대로 구비하다, 바로 갖추다.

能 : 할 수 있다. / 無 : ~않게. / 雌 : 흐트러지다. / 乎 : ~느냐.

明 : 분명하게. / 白 : 백성, 평민. / 四 : 사방에서. / 達 : 서슴없이 흩어지다.

能 : 할 수 있다. / 無 : 않을. / 知 : 깨닫다. / 乎 : ~느냐.

生 : 산출해 내다. / 之 : 어조사. / 畜 : 양육하다. / 之 : 어조사.

生 : 산출하다, 생산하다. / 而 : ~하는데. / 不 : 아니다. /
有 : 수탈하다. 거두어들이다.

爲 : 거짓, 허위조작. / 而 : ~이면. / 不 : 아니. / 恃 : 추구하다.

長 : 높은 지위에 오르다. / 而 : ~하지만. / 不 : 아니. /
宰 : 다스리다, 관장하다.

是 : 이러한 것. / 謂 : 이르다. 말하다. / 玄 : 지극한, 그윽한. / 德 : 덕행.

의역

다스리는 나라 안에 살고 있는 백성들의 마음을
전부 다 품어 안고 떠나지 않게 할 수 있느냐?
제각기 옳다고 생각하는 백성들의 마음을 서로 어울려 하나가 되게 해서
방글방글 웃는 어린아이들처럼 되게 할 수 있느냐?
청렴결백하게 다스리면서 백성을 지극하게 살피는데
결함이 없이 할 수 있느냐?
백성을 사랑하면서 나라를 통치해 가는데
거짓이 없이 할 수 있느냐?
하늘의 뜻을 올바르게 깨달아 간직하고 행해서
나라가 붕괴되지 않게 할 수 있느냐?
분명하게 방방곡곡에서 백성들이 살기 힘들어 떠나는 것을
모르고 있을 수 있느냐?
백성들이 열심히 일해 거두어들여서 생활해 가는데
백성들이 거두어들인 것을 수탈하지 않고,
거짓이면 추구하지 않으며,
왕위에 올라도 권력을 마음대로 휘두르며 군림하지 않는 것이다.
이러한 것을 일러 그윽한 덕이라 한다.

第11章

●

三十輻共一轂

....

三十輻共一轂
삼십복공일곡

當其無有 車之用
당기무유 차지용

挺埴以爲器
정식이위기

當其無有 器之用
당기무유 기지용

鑿戶牖以爲室
착호유이위실

當其無有 室之用
당기무유 실지용

故有之以爲利 無之以爲用
고유지이위이 무지이위용

| 직역 |

三十輻共一轂

    삼십 개의 살이 다 같이 한데 모인 차축(車軸)이 돌아가면서 수레가 옮겨지는데,

    註 _ 輻 : 차축을 돌리다. 轂 : 수레가 움직이다.

當其無有 車之用

    당연히 그것(車)의 빈 공간을 취해서 수레가 유용하게 쓰이고,

    註 _ 無 : 빈 공간. 有 : 취해서, 써서.

挺埴以爲器

    찰흙을 이겨서 그릇을 만드는데,

當其無有 器之用

    당연히 그것(器)의 빈 공간을 취해서 그릇의 쓸모가 있게 되며,

鑿戶牖以爲室

    문과 들창을 뚫어서 방을 만드는데,

當其無有 室之用

    당연히 그것(室)의 빈 공간을 취해서 방의 쓸모가 있게 된다.

故有之以爲利

    그래서 있는 것이 이로운 것은,

無之以爲用

    없는 것이 유용하게 쓰이기 때문이다.

| 직역모듬 |

삼십 개의 살이 다 같이 한데 모인 차축(車軸)이 돌아가면서 수레가 옮겨지는데,

당연히 그것(車)의 빈 공간을 써서 수레가 유용하게 되고,

찰흙을 이겨서 그릇을 만드는데,

당연히 그것(器)의 빈 공간을 써서 그릇의 쓸모가 있게 되며,

문과 들창을 뚫어서 방이 만들어지는데,

당연히 그것(室)의 빈 공간을 써서 방의 쓸모가 있게 된다.

그래서 있는 것이 이로운 것은 없는 것이 유용하게 쓰이기 때문이다.

| 한자의 뜻 |

三 : 셋. / 十 : 열. (三十 : 삼십, 서른). / 輻 : 살이 모여 축을 회전시키다.
共 : 다 합치다. / 一 : 같이. / 轂 : 수레가 옮겨지다, 차가 가다.

當 : 당연히, 마땅히. / 其 : 그것. / 無 : 빈 공간. / 有 : 취하다, 쓰이다.
車 : 수레. / 之 : 어조사. / 用 : 편리하게 쓰이다, 유용하다.

挻 : 이기다, 빚다. / 埴 : 찰흙. / 以 : 어조사. / 爲 : 만들다.
器 : 그릇.

當 : 당연히. / 其 : 그것. / 無 : 빈 공간. / 有 : 취하다, 쓰이다.
器 : 그릇. / 之 : ~이다. / 用 : 편리하게 쓰이다, 유용하다.

鑿 : 뚫다. / 戶 : 문, 방문. / 牖 : 들창. / 以 : ~이다.
爲 : 만들다. / 室 : 방.

當 : 당연히. / 其 : 그것. / 無 : 빈 공간. / 有 : 취하다, 쓰이다.
室 : 방. / 之 : ~이다. / 用 : 편리하게 쓰이다.

故 : 그래서. / 有 : 있음. / 之 : ~이다. / 以 : 어조사
爲 : 되다. / 利 : 쓸모가 있게, 편리하게.

無 : 없음. / 之 : 어조사(~이다). / 以 : 어조사
爲 : 되다, 만들어지다. / 用 : 쓸모있게, 유용하게.

의역

서른 개의 살들이 모두 한 통에 모인 바퀴가 돌아가면서 차가 움직이게 되는데,

그 수레의 빈 공간을 이용함으로써 당연히 그 수레가 유용하게 쓰이는 것이고,

찰흙을 빚어 그릇을 만드는데,

당연히 그 그릇의 가운데에 있는 빈 공간을 써서 그릇이 유용하게 쓰이는 것이며,

들창을 뚫고 문을 만들어 방이 되는데,

말할 것도 없이 그 방 속의 빈 공간이 쓰임으로써 방이 유용하게 활용되는 것이다.

그래서 있는 것이 이로운 것은 없는 것이 유용하게 쓰이기 때문이다.

第12章

●

五色永人目盲

....

五色令人目盲
오색영인목맹

五音令人耳聾
오음영인이농

五味令人口爽
오미영인구상

馳騁畋獵令人心發狂
치빙전엽영인심발광

難得之貨令人行妨
난득지화영인행방

是以聖人爲腹不爲目
시이성인위복불위목

故去彼取此
고거피취차

五色令人目盲

다섯 가지 빛을 내는 색깔은 사람의 눈을 어둡게 하고,

註 _ 色 : 빛나는 색, 빛을 내는 색.

五音令人耳聾

다섯 가지 음을 내는 소리는 사람의 귀를 잘 못 듣게 하며,

五味令人口爽

다섯 가지 맛은 사람의 입맛을 변하게 한다.

註 _ 爽 : 변하게 한다.

馳騁畋獵令人心發狂

평야에서 말을 달리며 사냥을 하는 것은 사람의 마음을 발광케 하고,

難得之貨令人行妨

식량을 얻기 힘들게 하면 사람들이 꺼리는 행동을 하게 한다.

註 _ 貨 : 곡식. 妨 : 꺼림칙한 행동.

是以聖人爲腹不爲目

그래서 성인은 헤아려서 행하지 눈에 보이는 대로 행동하지 않는다.

註 _ 腹 : 헤아려서 선택하다.

故去彼取此

그러므로 하지 말아야 할 일은 단념하고 옳은 일은 택한다.

| 직역모듬 |

다섯 가지 빛을 내는 색깔은 사람의 눈을 어둡게 하고,

다섯 가지 음을 내는 소리는 사람의 귀를 잘못 듣게 하며,

다섯 가지 맛은 사람의 입맛을 버리게 한다.

평야에서 말을 달리며 사냥을 하는 것은 사람의 마음을 발광시키고,

식량을 얻기 힘들게 하면 사람들이 꺼리는 행동을 하게 한다.

그래서 성인은 헤아려서 행하지 눈에 보이는 대로 행동하지 않는다.

그러므로 하지 말아야 할 일은 단념하고 옳은 일은 행한다.

| 한자의 뜻 |

五 : 다섯 가지. / 色 : 색깔. / 令 : 하게 하다. / 人 : 사람. /
目 : 눈. / 盲 : 어둡다

五 : 다섯 가지. / 音 : 음을 내는 소리. / 令 : ~을 하게 하다, ~~ 하게 만든다. /
人 : 사람. / 耳 : 귀. / 聾 : 먹게 하다.

五 : 다섯 가지. / 味 : 맛. / 令 : ~을 하게 하다. /
人 : 사람. / 口 : 입맛. / 爽 : 버리다, 어긋나다.

馳 : 몰다. / 騁 : 달리다. / 畋 : 사냥하다. / 獵 : 진동하다, 사냥하다. /
令 : ~을 하게 하다. / 人 : 사람의. / 心 : 마음. / 發 : 날뛰다. /
狂 : 미쳐서. (發狂 : 발광하다).

難 : 어렵게 하다. / 得 : 얻기, 얻다. / 之 : 오다. 닥치다. / 貨 : 곡식, 양식. /
令 : ~하게 하다. / 人 : 사람을. / 行 : 행동을 하다. /
妨 : 거리끼는 해로운 행동.

是 : 이. / 以 : 까닭에. (是以 : 이래서). / 聖 : 성스러운. /
人 : 사람. (聖人 : 성인). / 爲 : 지키다. / 腹 : 생각해서 선택하다. /
不 : 아니하다. / 爲 : 하다. / 目 : 눈에 보이다. (不爲目 : 눈에 보이는 대로).

故 : 그래서. / 去 : 그만두다, 단념하다. / 彼 : 하지 말아야 할 일. /
取 : 택하다. / 此 : 유익한 일, 좋은 일.

의역

휘황찬란한 여러 가지 색깔은 사람의 눈을 부시게 해서 잘못 보게 하고,

여러 소리가 섞인 잡소리는 사람의 귀를 혼돈시켜서 잘못 듣게 하며,

여러 가지 섞인 맛은 사람의 입맛을 버리게 한다.

들에서 말타고 달리며 사냥하는 것은 사람의 마음을 흥분시켜 날뛰게
하고,

먹고 사는 양식을 얻기 힘들게 하면 사람들이 꺼리지 않고 아무 짓이나
다하게 된다.

그래서 성인은 올바른 일만 골라서 하고 망동은 자제한다.

그러므로 잘 생각해서 하지 말아야 할 일은 삼가고 해야 할 좋은 일만
골라서 행한다.

第13章

●

寵辱若驚

....

寵辱若驚 貴大患若身
총욕약경 귀대환약신

何謂寵辱若驚
하위총욕약경

寵爲上 寵爲下
총위상 총위하

得之若驚 失之若驚
득지약경 실지약경

是謂寵辱若驚
시위총욕약경

何謂貴大患若身
하위귀대환약신

吾所以有大患者 爲吾有身
오소이유대환자 위오유신

及吾無身 吾有何患
급오무신 오유하환

故貴以身 爲天下
고귀이신 위천하

若可寄天下
약가기천하

愛以身 爲天下
애이신 위천하

若可託天下
약가탁천하

寵辱若驚 貴大患若身

총애나 굴욕은 다 같이 두려워하고, 큰 환난을 모두 다 임신한 몸과 같이 중히 여겨라.

註_ 驚 : 두려워하다. 大 : 모두 다. 身 : 아이를 밴 몸.

何謂寵辱若驚

총애를 받거나 굴욕을 당하거나 똑같이 두려워해야 한다는 게 무슨 말이냐?

寵爲上 寵爲下 得之若驚 失之若驚

은총이란 부러워하기도 하지만 또 시기도 해서, 얻어도 두렵고 잃어도 똑같이 두려운 것이다.

註_ 上 : 부러워하다. 下 : 시기하다.

是謂寵辱若驚

그래서 총애나 굴욕은 똑같이 두려워하라는 것이다.

何謂貴大患若身

심한 환란을 왜 임신한 몸과 같이 중히 여기라 하느냐?

吾所以有大患者 爲吾有身

내가 큰 환란을 겪고 있는 까닭은 자진해서 아기를 밴 것처럼 내가 책임을 맡고 있기 때문이다.

註_ 爲 : 때문에. 身 : 책임을 맡다.

及吾無身 吾有何患

만약에 내가 책임을 맡지 않았다면 내게 무슨 고통이 있을 수 있겠느냐?

故貴以身爲天下 若可寄天下

그래서 천하를 아기를 밴 자신의 몸처럼 위하면 이에 백성을 맡길 수 있고,

愛以身爲天下 若可託天下

천하를 아기를 밴 자신의 몸처럼 아끼면 이에 천하를 부탁할 수 있다.

| 직역모듬 |

총애나 굴욕은 다 같이 두려워하고 큰 환난을 모두 다 임신한 몸과 같이 중히 여겨라.

총애를 받거나 굴욕을 당하거나 똑같이 두려워해야 한다는 게 무슨 말이냐?

은총이란 부러워하기도 하지만 또 시기도 해서, 얻어도 두렵고 잃어도 똑같이 두려운 것이다.

그래서 총애나 굴욕은 똑같이 두려워하라는 것이다.

심한 환란을 왜 임신한 몸과 같이 중히 여기라 하느냐?

내가 큰 환란을 겪고 있는 까닭은 자진해서 아기를 밴 것처럼 내가 책임을 맡고 있기 때문이다.

만약에 내가 책임을 맡지 않았다면 내게 무슨 고통이 있을 수 있겠느냐?

그래서 천하를 아기를 밴 자신의 몸처럼 위하면 이에 백성을 맡길 수 있고,

천하를 아기를 밴 자신의 몸처럼 아끼면 이에 천하를 부탁할 수 있다.

| 한자의 뜻 |

寵 : 총애, 사랑. / 辱 : 굴욕, 비난. / 若 : 똑같이. / 驚 : 어려워하다.

貴 : 신중히 여기다. / 大 : 큰, 심한. / 患 : 환난, 고난. / 若 : 같이. /
身 : 아이밴 몸.

何 : 어찌, 무슨 까닭으로. / 謂 : 말하다. / 寵 : 총애. 사랑. /

辱 : 수치, 비난, 굴욕. / 若 : 똑같이. / 驚 : 어려워하다.

寵 : 총애. / 爲 : ~하다. / 上 : 부러워하다, 존경하다. /
寵 : 총애. / 爲 : ~하다. / 下 : 시기하다, 질투하다.

得 : 얻다. / 之 : ~이다. / 若 : 도리어. / 驚 : 두려운.

失 : 잃다. / 之 : ~이다. / 若 : 그래서. / 驚 : 두려운. / 是 : 그래서. /
謂 : ~이라고 말하다. / 寵 : 총애. / 辱 : 굴욕. / 若 : 오히려. / 驚 : 두려운.

何 : 어찌. / 謂 : 말 하느냐. / 貴 : 신중히 하다. / 大 : 큰. /
患 : 환난, 고난, 고통. / 若 : 같이. / 身 : 임신한 몸.

吾 : 나. / 所 : 바, 말하는 바. / 以 : 까닭. (所以 : ~이라 말하는 까닭).
有 : 갖고 있다. / 大 : 큰. / 患 : 고통. / 者 : ~이라는 것.

爲 : 까닭이다. / 吾 : 내가. / 有 : 있다. / 身 : 일을 맡다, 책임을 지다.

及 : 만약. / 吾 : 내가. / 無 : 아니다. / 身 : 일을 맡다, 책임을 맡다.

吾 : 나에게. / 有 : 있다. / 何 : 무슨. / 患 : 환란, 고난.

故 : 고로, 그래서. / 貴 : 신중하게 하다. / 以 : 위하듯이.
身 : 임신한 몸. / 爲 : 다스림. / 天 : 하늘. / 下 : 땅. (天下 : 세상, 백성).

若 : 이에, 따라서. / 可 : ~할 수 있다. / 寄 : 맡기다. / 天 : 하늘.
下 : 땅. (天下 : 세상).

愛 : 아끼다. / 以 : 위하듯이. / 身 : 임신한 몸. / 爲 : 위하다, 다스리다.
天 : 하늘. / 下 : 땅. (天下 : 세상).

若 : 따라서, 이에. / 可 : ~할 수 있다. / 託 : 부탁하다.
天 : 하늘. / 下 : 땅. (天下 : 세상).

의역

칭찬을 받거나 질책을 당하거나 똑같이 조심하고 심한 어려움은 임신한 몸과 같이 소중히 여겨라.

칭찬을 받거나 질책을 당하거나 다 같이 염려하며 조심하라는 게 무슨 뜻이냐?

칭찬을 받는 것은 남들로부터 부러움을 받기도 하지만 질투도 받는 것이어서,

얻어도 걱정이 되고 잃어도 걱정스러운 것이다.

그렇기 때문에 칭찬을 받거나 굴욕을 당하거나 똑같이 두려워하라는 것이다.

왜 어려운 고난을 임신한 몸을 다루는 것과 같이 신중히 하라는 것이냐?

내가 백성을 다스리는 큰 일로 어려움을 겪고 있는 것은 자진해서 임신을 한 것처럼 그 다스리는 큰 일을 자진해서 맡았기 때문이다.

만약 내가 백성을 다스리는 일을 맡지 않았다면 어떻게 내게 괴로운 일이 생길 수 있겠느냐?

그래서 백성을 위하기를 임신한 자신의 몸처럼 귀중히 하면 이에 나라를 위임받을 수 있고,

백성을 위하기를 임신한 자신의 몸처럼 아끼면 그래서 나라를 부탁받을 수 있다.

第14章

●

視之不見

....

視之不見 名曰夷
시지불견 명왈이

聽之不聞 名曰希
청지불문 명왈희

搏之不得 名曰微
박지부득 명왈미

此三者 不可致詰 故混而爲一
차삼자 불가치힐 고혼이위일

其上不皦 其下不昧
기상불교기하불매

繩繩不可名 復歸於無物
승승불가명 복귀어무물

是謂無狀之狀
시위무상지상

無物之象 是謂恍惚
무물지상 시위황홀

迎之不見其首
영지불견기수

隨之不見其後
수지불견기후

執古之道 以御今之有
집고지도 이어금지유

能知古始 是謂道紀
능지고시 시위도기

| 직역 |

視之不見 名曰夷

보이는데 보이지 않는 것을 말하자면 숨어 있다 하고,

註 _ 名 : 분명하게, 夷 : 숨어 있는.

聽之不聞 名曰希

들리는데 들리지 않는 것을 말하자면 희한한 것이라 하며,

註 _ 希 : 희한(希罕)하다.

搏之不得 名曰微

잡히는데 잡히지 않는 것을 말하자면 허무한 것이라 한다.

此三者不可致詰

이 셋은 캐물어서 알아낼 수 있는 게 없다.

故混而爲一

왜냐하면 섞여서 하나가 된 것이기 때문이다.

其上不曒 其下不昧

그 들어 있는 것이 나타나지 않아서 생각하는 것이 불분명한데,

註 _ 上 : 들어차다 又 들어 있는. 曒 : 나타나다. 下 : 생각하다.

繩繩不可名 復歸於無物

계속해서 나타나지 않다가 아무것도 없이 돌아가 없어져 버린다.

是謂無狀之狀

이러한 것을 형상이 없는 형상이라 한다.

無物之象 是謂恍惚

물체가 없는 형상을 일러 황홀하다고 한다.

迎之不見其首

미리 생각해 추측해 보려 해도 그 시작을 알 수가 없고,

註 _ 迎 : 미리 헤아려 추측하다. 首 : 시작.

隨 之不見其後

따라가 보아도 그 다음을 알 수가 없다.

執古之道 以御今之有

예전의 생각을 갖고 지금의 모든 일을 주관하는데,

註 _ 御 : 주관하다. 有 : 세상만사 又 모든 일.

能知古始 是謂道紀

옛날에 맨 처음 일어난 일들을 알고 있는 능력을 기억이라 한다.

| 직역모음 |

보이는데 보이지 않는 것을 말하자면 숨어 있다 하고,

들리는데 들리지 않는 것을 말하자면 희한한 것이라 하며,

잡히는데 잡히지 않는 것을 말하자면 허무한 것이라 한다.

이 셋은 캐물어서 알아낼 수 있는 게 없다.

왜냐하면 섞여서 하나가 된 것이기 때문이다.

그 들어 있는 것이 나타나지 않아서 생각하는 것이 불분명한데,

계속해서 나타나지 않다가 아무것도 없이 돌아가 없어져 버린다.

이러한 것을 형상이 없는 형상이라 한다.

082

물체가 없는 형상을 일러 황홀하다고 한다.

미리 생각해 추측해 보려 해도 그 시작을 알 수가 없고,

따라가 보아도 그 다음을 알 수가 없다.

예전의 생각을 갖고 지금의 모든 일을 주관하는데,

옛날에 처음 일어난 일들을 알고 있는 능력을 기억이라 한다.

| 한자의 뜻 |

視 : 보다. / 之 : ~이다. / 不 : 아니. / 見 : 보이다. / 名 : 분명하게. /
曰 : 말하다. / 夷 : 숨어 있다.

聽 : 들리다. / 之 : ~이다. / 不 : 아니. / 聞 : 들리다.

名 : 분명하게. / 曰 : 말하다. / 希 : 희한하다.

搏 : 만져지다. / 之 : ~이다. / 不 : 아니. / 得 : 손에 잡히다. / 名 : 분명하게.
曰 : 말하다. / 微 : 허무하다.

此 : 이들. / 三 : 세 가지. / 者 : 것. (此三者 : 이 세 가지).

不 : 없다. / 可 : 할 수 없다. / 致 : 이루다, 성취하다. / 詰 : 캐묻다.

故 : 그런데. / 混 : 섞여서 된. / 而 : ~해서. / 爲 : 되다, 만들어지다. /
一 : 같은 것.

其 : 그, 그것. / 上 : 가득차 있는. / 不 : 아니다. / 曒 : 나타나다.

其 : 지물지사, 그. / 下 : 생각이 자리잡다. / 不 : 아니다. /
昧 : 어둡다. (不昧 : 어둡지 않다, 분명하다).

繩 : 쉬지 않고 이어 가다. / 繩 : 계속해서. / 不 : ~아니하다. /
可 : 허락하다. / 名 : 나타내다.

復 : 다시, 되. / 歸 : 없어지다. / 於 : ~으로. / 無 : 없는, 아무것도 아닌. /
物 : 상태.

是 : 이것. / 謂 : 이르다. / 無 : 없는. / 狀 : 나타날. (無狀 : 보이지 않는). /
之 : ~이다. / 狀 : 형상.

無 : 아무것도 없는. / 物 : 것. (無物 : 아무것도 아닌 것). /
之 : ~의. / 象 : 형상, 모양.

是 : 이것. / 謂 : 말하다. / 恍 : 황홀하다. / 惚 : 황홀하다.

迎 : 예측하다. / 之 : ~이다. / 不 : 못하다. / 見 : 알아보다. /
其 : 지물지사 / 首 : 시작.

隨 : 따라가다. / 之 : ~이다. / 不 : 못하다. / 見 : 알아보다. /
其 : 지물지사 / 後 : 다음.

執 : 간직하다. / 古 : 옛것. / 之 : ~하는. / 道 : 마음.

以 : 행하다. / 御 : 주관하다. / 今 : 현재, 지금의 일들. / 之 : ~이다. /
有 : 모든 일, 만물.

能 : 능력. / 知 : 알아내다. / 古 : 옛일. / 始 : 처음, 원래의.

是 : 이것을. / 謂 : 이른다, 말한다. / 道 : 마음. / 紀 : 기억, 기억력

의역

  마음속에서는 볼 수 있는데 실제로는 볼 수 없는 것을 귀신이 숨박꼭질
하는 것과 같이 신비하다 하고.
  마음속에서는 들을 수 있는데 실제로는 아무 소리도 나지 않는 것을 신
기하다 하며,

마음속에서는 손에 잡히는데 실제로는 잡을 수 없는 것을 야릇한 현상이라고 한다.

이 세 가지는 따져서 규명해 낼 수 있는 게 없다.

왜냐하면 보이지도 않고, 들리지도 않으며, 만져지지도 않는 것들이 하나로 합쳐서 된 것이기 때문이다.

그 마음속에 들어있는 것이 맑아서 보이지 않지만 그 속에 차있는 것은 분명한데,

계속해서 나타나지도 않고 이어 가다가 아무 흔적도 없이 돌아가 버린다.

이러한 것을 일러 실체가 없는 형상이라고 한다.

보이는데 실체가 없는 것을 황홀하다고 한다.

무슨 생각을 하는지 그 향방을 미리 예측할 수가 없고, 따라가 보아도 그 다음 생각을 알아볼 수가 없다.

옛날에 일어난 일들의 생각을 참고해서 현재 일어나는 일들을 주관해 가는데,

이전에 처음 일어났던 일들을 되새겨 낼 수 있는 능력을 기억력이라 한다.

第 15 章

●

古之善爲道者

·············

古之善爲道者 微妙玄通
고지선위도자 미묘현통

深不可識
심불가식

夫唯不可識
부유불가식

故强爲之容 豫兮 若冬涉川
고강위지용예혜 약동섭천

猶兮 若畏四隣 儼兮 其若客
유혜 약외사린 엄혜 기약객

渙兮 若冰之將釋 敦兮 其若樸
환혜 약빙지장석돈혜 기약박

曠兮 其若谷 混兮 其若濁
광혜 기약곡혼혜 기약탁

孰能濁以靜之徐淸
숙능탁이정지서청

孰能安以久動之徐生
숙능안이구동지서생

保此道者 不欲盈
보차도자 불욕영

夫唯不盈 故能敝而新成
부유불영 고능폐이신성

086

| 직역 |

古之善爲道者 微妙玄通

　훌륭히 생각하는 마음의 바탕이라는 것은 미묘하고 형통해서,

深不可識

　그 깊이를 알 수가 없다.

夫唯不可識

　도대체 알 수가 없지만,

故强爲之容

　짐짓 그 형상을 억지로 생각해 보면,

　註 _ 故 : 짐짓.

豫兮 若冬涉川

　마치 겨울에 개울을 걸어서 건너듯 머뭇거리고,

　註 _ 豫 : 머뭇거리다. 若 : ~해서 又 ~같이. 涉 : 물을 걸어서 건너다.

猶兮 若畏四隣

　마치 사방을 경계하듯이 자세히 살핀다.

儼兮 其若客

　손님같이 조심스럽고,

渙兮 若冰之將釋

　마치 얼음이 녹듯이 풀어진다.

敦兮 其若樸

순진해서 믿고 의지할 수 있고,

註_ 敦 : 믿고 의지하다. 樸 : 순박하고 진실하다.

曠兮 其若谷

생각이 넓게 탁 트여서 깨달음이 두루 미치는 것 같으며,

註_ 谷 : 깨달음이 분명하게 두루 미치다.

混兮 其若濁

뒤섞여 있는데 혼탁한 것을 가려내서 분별하는 것 같다.

註_ 混 : 대답하다. 濁 : 가리다, 분별하다.

孰能濁以靜之徐淸

(마음은) 어떻게 하는지 혼탁해져 있는 것(마음)을 서서히 맑게 할 수 있고,

孰能安以久動之徐生

(마음은) 어떻게 하는지 가만히 있는 것(마음)을 서서히 생각을 하게 할 수 있다.

保此道者 不欲盈

이러한 마음이 가지고 있는 것은 채우려는 욕심이 아니다.

夫唯不盈 故能敝而新成

그저 채워 두려 하지 않아서 먼저 한 생각들을 (잊어)버리고 새로운 생각을 할 수 있다.

| 직역모듬 |

훌륭히 생각하는 마음의 바탕이라는 것은 미묘하고 형통해서, 그 깊이를 알 수가

없다.

　도대체 알 수가 없지만, 짐짓 그 형상을 억지로 생각해 보면,

　마치 겨울에 개울을 걸어서 건너듯 머뭇거리고,

　마치 사방을 경계하듯이 자세히 살핀다.

　손님같이 조심스럽고,

　마치 얼음이 녹듯이 풀어진다.

　순진해서 믿고 의지할 수 있고,

　생각이 넓게 탁 트여서 깨달음이 두루 미치는 것 같으며,

　뒤섞여 있는데 혼탁한 것을 가려내서 분별하는 것 같다.

　(마음은) 어떻게 하는지 혼탁해져 있는 것(마음)을 서서히 맑게 할 수 있고,

　(마음은) 어떻게 하는지 가만히 있는 것(마음)을 서서히 생각을 하게 할 수 있다.

　이러한 마음이 가지고 있는 것은 채우려는 욕심이 아니다.

　그저 채워 두려 하지 않아서 먼저 한 생각들을 (잊어)버리고 새로운 생각을 할 수 있다.

| 한자의 뜻 |

古 : 바탕, 근본. / 之 : 어조사. / 善 : 옳게, 훌륭하게. / 爲 : 생각하다. /
道 : 마음. / 者 : 것.

微 : 자세한. / 妙 : 신명함. / 玄 : 깊은. / 通 : 형통하다. /
沈 : 깊이 감추어 지니고 있는 것. / 不 : 없다. / 可 : ~할 수가. / 識 : 알다.

夫 : 생각해 보건대, 대체로 보아서. / 唯 : 오직 ~할 뿐이어서. /
不 : 못하다. / 可 : ~할 수가. / 識 : 알다.

故 : 그래서. / 强 : 억지로. / 爲 : 생각하다. / 之 : 어조사. / 容 : 모습.

豫 : 머뭇거리며 헤아리다. / 兮 : 어조사(語有所稽 말 멈추는 어조사). /
若 : 같이, 처럼, ~하듯이. / 冬 : 겨울. / 涉 : 물 걷고 건너가다. / 川 : 개울.

猶 : 살핀다. / 兮 : 어조사. / 若 : 같이, 마치 ~하듯이. /
畏 : 꺼리며 경계하다. / 四 : 사방. / 隣 : 동정, 움직임.

嚴 : 신중하게, 매우 조심성 있게. / 兮 : 어조사.

其 : 그. / 若 : 마치 ~와 같다. / 客 : 손님.

渙 : 풀어서 이해하며. / 兮 : 어조사.

若 : 같이. / 冰 : 얼음. / 之 : 어조사, ~이다. / 將 : 행해지다. / 釋 : 풀어지다.

敦 : 믿고 의지하다. / 兮 : 어조사.

其 : 그. / 若 : 마치 ~같이. / 樸 : 진실하다.

曠 : 탁 트이어 넓은, 광범위하게. / 兮 : 어조사.

其 : 그. / 若 : 그래서. / 谷 : 신비스럽게 통달하다.

混 : 일치하게. / 兮 : 어조사.

其 : 그. / 若 : 마치 ~같이. ~하듯이. / 濁 : 가리다, 분별하다.

孰 : 어떻게, 무엇인가로. / 能 : 할 수 있다. / 濁 : 혼탁한, 흐리멍덩함. /
以 : ~하게. / 靜 : 조용히, 가만히는 있는. / 之 : 어조사. /
徐 : 서서히. / 淸 : 맑게 하다.

孰 : 어떻게 하는지. / 能 : 할 수 있다. / 安 : 편안하다, 조용히 있다. /
以 : ~하게. / 久 : 막다. / 動 : 활동. (久動 : 움직이지 않고). /
之 : 어조사. / 徐 : 서서히. / 生 : 생각을 하게 하다.

保 : 지켜 보전하다. / 此 : 이러한. / 道 : 마음. / 者 : 것. / 不 : 않다. /
欲 : 욕심. / 盈 : 채우다.
夫 : 무릇, 생각해 보건대. / 唯 : 그저 ~ 할 뿐이어서.

不 : 아니하다. / 盈 : 채우다.

故 : 그래서. / 能 : 할 수 있다. / 敝 : 버리다. / 而 : ~이어서.
新 : 새로운 (생각을). / 成 : 이룰 수 있다.

의역

훌륭히 생각하는 마음의 본성이라는 것은 미묘하고 신통해서,
깊이 가려져 있는 그 속을 가히 알 수가 없다.
아무리 생각해 보아도 그저 알 수 없을 뿐이다.
그래도 그냥 억지로 마음의 모습을 기술해 보면,
추운 겨울에 내를 건너는 것처럼 머뭇거리고,
마치 사방의 주위를 두려워하듯이 마음은 조심하며 살핀다.
마치 남의 집에 간 손님처럼 정중하고,
마치 얼음이 풀리듯 마음은 풀어진다.
마음은 거짓이 없이 참돼서 거리낌 없이 믿고 의지할 수 있으며,
신비스럽게도 모든 것을 깨달아서 대단히 현명하고,
여러 가지 생각들이 엉클어져 있는 것 같지만 필요할 때는 마땅한 답을
찾아내 놓는다.
마음은 무엇으론가 흐리멍덩해져 있는 마음을 서서히 깨끗하게 할 수
있고,
어떻게 하는지 알 수는 없지만 무엇으론가 움직이지 않고 가만히 쉬고
있는 마음을
천천히 생각을 일으키게 할 수 있다.
이러한 특성을 지니고 있는 마음이라는 것은 일어나는 생각들을 마음

속에 채워두려는 욕심을 부리지 않는다.

그저 먼저한 생각들을 계속 꽉 채워 두려 하지 않아서 그 생각들을 버리고 새로운 생각을 할 수 있다.

第16章

●

致虛極守靜篤

....

致虛極 守靜篤
치허극 수정독

萬物竝作 吾以觀復
만물병작 오이관복

夫物芸芸 各復歸其根
부물운운 각복귀기근

歸根曰靜
귀근왈정

是謂復命
시위복명

復命曰常
복명왈상

知常曰明 不知常 妄作凶
지상왈명 부지상 망작흉

知常容 容乃公
지상용 용내공

公乃王 王乃天
공내왕 왕내천

天乃道 道乃久
천내도 도내구

沒身不殆
몰신불태

致虛極 守靜篤

사물을 잘 분별하는 마음은 궁극에는 터득한 것을 그대로 간직한다.

註 _ 致 : 사물을 잘 분별하다, 虛 : 마음. 極 : 바르게, 守 : 간직하다. 靜 : 터득(攄得). 篤 : 그대로.

萬物竝作

많은 일들이 계속해서 동시에 일어나는데,

吾以觀復

우리는 (그 일어나는 일들을) 본대로 복사해(베껴) 둔다.

註 _ 復 : 복사하다, 베끼다.

夫物芸芸

생각해 보면 대단히 많은 일들이 일어나는데,

註 _ 夫 : 생각해 보면. 物 : 일들. 芸 : 대단히 많은. 芸 : 무성하게 일어나다.

各復歸其根

각각 복사한 것들을 두뇌에 옮겨 둔다.

註 _ 復 : 복사한. 歸 : 옮겨 놓다. 根 : 두뇌 又 책(冊).

歸根曰靜

두뇌에 옮겨 놓은 것을 지식이라 하는데,

註 _ 歸 : 옮긴. 靜 : 지식(知識).

是謂復命

이는 (물으면) 그대로 알려 주려고 옮겨 놓은 것을 말한다.

註 _ 命 : 고해 주다, 답해서 알려 주다.

復命日常

베껴 놓은 것을 그대로 알려 주는 것은 항상 일정한데,

知常日明

항상 일정하게 알고 있으면 현명하다고 한다.

不知常 妄作凶

항상 일정하게 알고 있지 못하면 망령이 재앙을 일으킨다.

知常容

깨닫고 있는 지식들을 화합해서 틀이 짜여지는데,

註 _ 容 : 틀 又 사고방식.

容乃公

짜여진 틀은 공정하고,

公乃王

공정함은 지켜야 하는 신주이다.

註 _ 王 : 제일 중요한

王乃天

제일 중요한 것은 진리인데,

天乃道

진리는 도다.

道乃久

도는 영원한 것이어서,

註 _ 久 : 오래가는 又 영원한.

沒身不殆

(이러한 도를 오래오래 간직하면) 일신이 무너질 위태로움이 없다.

| 직역모음 |

사물을 잘 분별하는 마음은 궁극에는 터득한 것을 그대로 간직한다.
많은 일들이 계속해서 동시에 일어나는데,
우리는 (그 일어나는 일들을) 본대로 복사해(베껴) 둔다.
생각해 보면 대단히 많은 일들이 일어나는데,
각각 복사한 것들을 두뇌에 옮겨 둔다.
두뇌에 옮겨 놓은 것을 지식이라 하는데,
이는 (물으면) 그대로 알려 주려고 옮겨 놓은 것을 말한다.
베껴 놓은 것을 그대로 알려 주는 것은 항상 일정한데,
항상 일정하게 알고 있으면 현명하다고 한다.
항상 일정하게 알고 있지 못하면 망령이 재앙을 일으킨다.
깨닫고 있는 지식들을 화합해서 틀이 짜여지는데,
짜여진 틀은 공정하고, 공정함은 지켜야 하는 신주이다.
지켜야 하는 신주는 진리인데, 진리는 도리이다.
(이러한 도를 오래오래 간직하면) 일신이 무너질 위태로움이 없다.

| 한자의 뜻 |

致 : 이르다. / 虛 : 마음, 생각하다. / 極 : 나중에는, 끝에 가서는.

守 : 간직하다, 저장하다. / 靜 :알아낸 것, 지식. / 篤 : 그대로, 거짓 없이.

萬 : 많은. / 物 : 일들. (萬物 : 모든 일들). / 竝 : 한꺼번에 이어서. /
作 : 일어나다, 발생하다.

吾 : 우리들. / 以 : ~대로 쫓아서. / 觀 : 보다, 본 것. / 復 : 복사하다, 베끼다.

夫 : 헤아려 보건대, 생각해 보건대. / 物 : 일들. / 芸 : 촘촘히. / 芸 : 무성하다.

各 : 따로따로. / 復 : 복사, 사진. / 歸 : 보내다. / 其 : 그. /
根 : 두뇌, 베껴 놓은 책(冊).

是 : 이것. / 謂 : 이르다, 일러. / 復 : 그대로, 반복해서. /
命 : 물으면 알려 주는 것.

復 : 그대로, 반복해서. / 命 : 불러내서 알려 주는 것. / 曰 : 하는데. /
常 : 일정하다, 항상 변함이 없다.

知 : 기억하다. / 常 : 변함없이. / 曰 : ~이라 한다. / 明 : 현명하다.

不 : 못하다. / 知 : 기억하다. / 常 : 일정하다. / 妄 : 망령. / 作 : 일어나다. /
凶 : 재앙.

知 : 깨달은 지식. / 常 : 화합하다, 다 같이 섞여서. /
容 : 틀을 짜다, 사고방식을 형성하다.

容 : 짜여진 틀, 사고방식. / 乃 : 그런데. / 公 : 바르고 공평하다.

公 : 공평함. / 乃 : 그리고. / 王 : 제일 중요한 것.

王 : 가장 중요한 것. / 乃 : 그런데. / 天 : 진리.

天 : 진리. / 乃 : 그리고. / 道 : 마땅히 지켜야 할 도리.

道 : 도, 도리. / 乃 : 그런데. / 久 : 오래가다, 영원하다.

沒 : 망가지다. / 身 : 형성된 본질. / 不 : 없다. / 殆 : 위태로움, 걱정.

사물을 잘 감별하는 마음은 궁극에는 터득한 것을 그대로 간직한다.

많은 일들이 계속해서 동시에 일어나는데,

우리들은 그러한 것을 본대로 마음(머리)속에 새겨 둔다.

생각해 보면 쉴 새 없이 허다하게 많은 일들이 일어나는데,

우리들은 이 보고 들은 일들을 그대로 각각 두뇌에 복사해서 간직해 둔다.

복사한 것들을 두뇌가 간직하고 있는 것을 지식이라 하는데,

이 지식이란 필요하면 복사한 대로 그대로 되 알려 주는 것을 말하는 것이다.

마음은 간직해 놓은 것을 물으면 항상 그대로 알려 주는데,

항상 일정하게 알고 있으면서 대답해 줄 수 있으면 현명하다고 한다.

그러나 항상 변함없이 그대로 알려 주지 못하게 되면 망령이 나서 재앙을 일으키게 된다.

터득한 지식들을 종합해서 추리해 낸 사리로 사고방식을 형성한다.

이렇게 형성된 사고방식은 공정해야 하고,

바르고 공정한 사고방식은 신주같이 지켜야 하는 것인데,

이러한 공정함은 진리이다.

이러한 진리는 당연히 지켜야 할 도인데,

그 같은 도를 충분히 갖추고 오래오래 행해 가면,

일신의 지위가 무너질 위태로움이 없다.

第 17 章

●

太上下知有之

················

太上下知有之
태상하지유지

其次 親而譽之
기차 친이예지

其次 畏之
기차 외지

其次 侮之
기차 모지

信不足焉 有不信焉
신부족언 유불신언

悠兮 其貴言
유혜 기귀언

功成事遂 百姓皆謂 我自然
공성사수 백성개위 아자연

| 직역 |

太上下知有之

가장 훌륭한 임금은 백성의 뜻을 받아들여 따르고,

註 _ 上 : 임금, 下 : 백성. 知 : 원하는 것. 有 : 받아들여 따르다.

其次親而譽之

그 다음 수준의 임금은 (백성과) 가까이 지내면서 영예로워한다.

其次畏之

그 다음 수준의 임금은 (백성을) 경계하고,

註 _ 畏 : 경계하다.

其次侮之

그 다음 수준의 임금은 (백성을) 속인다.

信不足焉

믿을 수 없어서 의심쩍게 하면,

註 _ 足 : 가능하다(可).

有不信焉

어찌 불신을 얻지 않겠느냐?

悠兮 其貴言

깊이 생각해라! 그 귀중한 가르침을,

功成事遂

노력해서 (백성의 뜻을) 따르는 일을 성취하면,

百姓皆謂我自然

　백성들이 모두 스스로 우리가 따르겠다고 할 것이다.

　註 _ 然 : 좇다, 따르다.

| 직역모듬 |

　가장 훌륭한 임금은 백성의 뜻을 받아들여 따르고,

　그 다음 수준의 임금은 (백성과) 가까이 지내면서 영예로워한다.

　그 다음 수준의 임금은 (백성을) 경계하고,

　그 다음 수준의 임금은 (백성을) 속인다.

　믿을 수 없어서 의심쩍어하면, 어찌 불신을 얻지 않겠느냐?

　깊이 생각해라! 그 귀중한 가르침을,

　노력해서 (백성의 뜻을) 따르는 일을 성취하면,

　백성들이 모두 스스로 우리가 따르겠다고 할 것이다.

| 한자의 뜻 |

太 : 가장 훌륭한. / 上 : 임금. / 下 : 백성. / 知 : 원하는 것. /
有 : 받아들이고 보살피다. / 之 : 어조사.

其 : 그. / 次 : 다음. / 親 : 친하게 가까이 하다. / 而 : ~하면서. /
譽 : 명예롭게 생각하다. / 之 : 어조사.

其 : 그. / 次 : 다음. / 畏 : 꺼리다, 싫어서 피하다, 경계하다. / 之 : 어조사.

其 : 그. / 次 : 다음. / 侮 : 속이다. / 之 : 어조사.

信 : 신뢰. / 不 : 못하다. / 足 : 가능하다. / 焉 : 의심쩍어하다. /
有 : 얻다. / 不 : 못하다. / 信 : 믿지 못하다. (不信 : 불신). /
焉 : 어떻게 ~라 하지 않겠느냐.

悠 : 깊이 생각하다. / 兮 : 어조사. / 貴 : 귀중한. / 其 : 그런. / 言 : 말.

功 : 공, 업적. / 成 : 이루다. / 事 : 섬기는 일. / 遂 : 수행하다.

百 : 모든. / 姓 : 백성. (百姓 : 모든 백성들). / 皆 : 모두 다. /
謂 : 말하다. / 我 : 내가. / 自 : 자진해서. / 然 : 따르다.

의역

최상의 정치를 하는 훌륭한 군주는
백성들이 원하는 것을 받아들여 그들의 뜻을 따르고,
그 다음으로 훌륭한 임금은
백성들과 친히 지내면서 그것을 영예로워한다.
그 다음 수준의 임금은
백성을 경계하면서 멀리하고,
그 다음 수준의 임금은 백성을 속인다.
백성을 속여 불신을 얻어 임금을 못 미더워하게 하면서,
어떻게 백성들의 불신을 얻지 않는다고 말할 수 있겠느냐?
이 귀중한 말을 신중하게 생각해라!
백성을 돌보는 일을 공을 들여 성심껏 행해 나가면,
온 백성들이 모두 자진해서 우리가 임금을 받들겠다고 말할 것이다.

第18章

●

大道廢有仁義

....

大道廢 有仁義
대도폐 유인의

智慧出 有大僞
지혜출 유대위

六親不和 有孝慈
육친불화 유효자

國家昏亂 有忠臣
국가혼란 유충신

大道廢 有仁義

지고한 도를 폐하고 동정 어린 자애와 의리를 취하면,

註 _ 大 : 지극한. 仁 : 동정 어린 자애.

智慧出 有大僞

몹쓸 음모를 도모하는 꾀가 생겨나 대단히 괴이한 거짓을 취하게 된다.

註 _ 智 : 음모, 도모하는 꾀. 慧 : 몹쓸, 僞 : 괴이한 거짓.

六親不和 有孝慈

집안이 화목하지 못하면 효도와 자애를 찾게 되고,

註 _ 有 : 찾다. 慈 : 자애.

國家昏亂 有忠臣

나라가 혼란해지면 충신을 찾게 된다.

| 직역모듬 |

지고한 도리를 폐하고 동정어린 자애와 의리를 취하면,
몹쓸 음모를 도모하는 꾀가 생겨나 추한 괴이한 거짓을 취하게 된다.
집안이 화목하지 못하면 효도와 자애를 찾게 되고,
나라가 혼란해지면 충신을 찾게 된다.

| 한자의 뜻 |

大 : 지고한, 최고의. / 道 : 도리. / 廢 : 폐하다, 버리다. /
有 : 취하다, 행하다. / 仁 : 동정 어린 자애. / 義 : 의리, 의(誼).

智 : 계교를 도모하는 음모, 꾀. / 慧 : 몹쓸, 나쁜 지혜. (智慧 : 지혜, 계교). /

出 : 생기다. / 有 : 있게 되다, 행하게 되다. / 大 : 추한. / 僞 : 거짓.

六 : 여섯. / 親 : 육친. (六親 : 父, 母, 兄, 弟, 妻, 子). / 不 : 못하다. /
和 : 화목하다. / 有 : 바라다, 구하다, 찾다. / 孝 : 효도. /
慈 : 자애. (慈愛 : 아랫사람에게 베푸는 사랑하는 마음).

國 : 나라. / 家 : 집. (國家 : 국가, 나라). / 昏 : 어지러운. /
亂 : 얽히다. (昏亂 : 어지러워지다). / 有 : 찾다, 구하다, 바라다. /
忠 : 충직한. / 臣 : 신하.

의 역

인간으로서 마땅히 지켜야 할 훌륭한 이치를 따르는 도리를 버리고
측은히 여기는 자애와 의리를 택하면,
계교를 도모하는 술수가 생겨서 옳지 못한 거짓을 행하는 결과를 가져
오게 한다.
부모, 형제, 처자지간에 화애롭지 못하게 되면 효도와 자애를 찾게 되
고,
국가가 혼란에 빠지게 되면 충신이 필요해져서 찾게 된다.

第 19 章

●

絶聖棄智

....

絶聖棄智 民利百倍
절성기지 민리백배

絶仁棄義 民復孝慈
절인기의 민복효자

絶巧棄利 盜賊無有
절교기리 도적무유

此三者 以爲文不足
차삼자 이위문부족

故令有所屬
고영유소속

見素抱樸 少私寡欲
견소포박 소사과욕

| 직역 |

絶聖棄智 民利百培

계교를 쓰지 않는 특출한 임금은 백성을 백배 더 이롭게 하고,

註_ 絶 : 뛰어난. 棄 : 삼가는.

絶仁棄義 民復孝慈

사귀어서 얻은 정의를 버린 지극한 인자로움은 백성들이 효도와 사랑을 회복
하게 하며,

註_ 義 : 정의(情誼 : 사귀어 생긴 정).

絶巧棄利 盜賊無有

(남을) 이롭게 해주면서 자신의 이득을 포기하는 지극한 선행은 도적이 훔쳐가지
않게 한다.

註_ 巧 : 이롭게 해 주는 선행. 有 : 훔쳐 가다.

此三者以爲文不足

이 세 가지는 글로는 이르는 것이 충분치 못하다.

註_ 爲 : 이르다(謂).

故令有所屬

그래서 따라야 할 바를 규정하자면,

註_ 令 : 규정. 屬 : 따르다.

見素抱樸

순박하게 생각하면서 모든 일을 꾸밈없이 마음속에 품고,

註_ 素 : 순박한 마음. 抱 : 마음속에 생각을 품다. 樸 : 모든 일을 꾸밈없이.

少私寡欲

스스로를 낮추고 욕심을 줄이라는 것이다.

註 _ 少 : 낮추다.

| 직역모듬 |

계교를 쓰지 않는 훌륭한 임금은,

백성을 백배 더 이롭게 하고,

사귀어서 얻은 정의(情誼)를 버린 지극한 인자로움은

백성들이 효도와 사랑을 회복하게 하며,

(남을) 이롭게 해 주면서 (자신의) 이득을 포기하면

도적이 훔쳐 가지 않게 한다.

이 세 가지는 글로 이르는 것이 충분치 못하다.

따라야 할 바를 규정하자면,

순박하게 생각하면서 모든 일을 꾸밈없이 마음속에 품고,

스스로를 낮추고 욕심을 줄이라는 것이다.

| 한자의 뜻 |

絶 : 특출한, 뛰어난. / 聖 : 임금. / 棄 : 행하지 않다, 삼가다. /
智 : 계교(計巧), 계교를 도모하다, 꾀. / 民 : 백성. / 利 : 이롭게 하다. /
百 : 백번. / 倍 : 더, 갑절. (百倍 : 백배 더, 대단히).

絶 : 최상의, 지극한, 뛰어난. / 仁 : 은혜로운, 어진. / 棄 : 삼가다. /
義 : 의리, 정의(情誼 : 사귀어 두터워진 정). / 民 : 백성. / 復 : 회복하다. /
孝 : 섬기다, 섬김. / 慈 : 자혜로움.

絶 : 뛰어난. / 巧 : 남을 이롭게 해 주는 슬기. / 棄 : 삼가다.
利 : 사사로운 이익. / 盜 : 도적. / 賊 : 도적. (盜賊 : 도적).
無 : 않는다. / 有 : 취하다. 빼앗아 가다.

此 : 이. / 三 : 셋. / 者 : 것들. (此三者 : 이 세 가지, 이 셋은). /
以 : ~이다(영어에서의 be 동사에 해당). / 爲 : ~하다. /
文 : 글로 표현하다, 문장 표현. / 不 : 않다. / 足 : 족하다.

故 : 그래서. / 令 : 규정. / 有 : 취하다, 행하다. (令有 : 규정하다). /
所 : ~라는 바. / 屬 : 따르다.

見 : 생각하다. / 素 : 순박하게. / 抱 : 생각을 마음속에 품다. /
樸 : 순수한 마음. / 少 : 낮게 여기다, 내리다. / 私 : 나, 자신. /
寡 : 적게 하다. / 欲 : 욕심.

의역

지모와 계략을 써 가며 이익을 도모하는 행동을 삼가는 뛰어난 임금은,

백성을 백배나 더 이롭게 하고,

의도적으로 사귀어 두터워진 의리(情誼)를 무시하는 지극히 인자한 임금은

백성들이 서로 자애롭게 베풀고 섬기는 마음을 회복하게 하고,

사사로운 이익을 버리고 남을 이롭게 해 주면 도적이 훔쳐 가는 일이 없게 된다.

위의 이러한 세 가지는 문장으로는 설명이 불가하다.

그래서 본받아 실행할 것을 당부하는 바는,

순수한 마음을 간직하면서 매사를 진실하게 똑바로 생각하고,

자신을 낮게 여기고 과분한 욕심을 내지 말라는 것이다.

第20章

●

絶學無憂

·············

絶學無憂 唯之與阿 相去幾何 善之與惡 相去何若
절학무우 유지여하 상거기하 선지여악 상거하약

不可不 畏人之所畏 荒兮 其未央哉
불가불 외인지소외 황혜 기미앙재

衆人熙熙 如享太牢 如登春臺
중인희희 여향태로 여등춘대

我獨泊兮 其未兆 如嬰兒之未孩
아독박혜 기미조 여영아지미해

儽儽兮 若無所歸
뢰뢰혜 약무소귀

衆人皆有餘 而我獨若遺
중인개유여 이아독약유

我愚人之心也哉 沌沌兮
아우인지심야재 돈돈혜

俗人昭昭 我獨昏昏
속인소소 아독혼혼

俗人察察 我獨悶悶
속인찰찰 아독민민

澹兮 其若海 飂兮 若無止
담혜 기약해 료혜 약무지

衆人皆有以 而我獨頑似鄙
중인개유이 이아독완사비

我獨異於人 而貴食於母
아독이어인 이귀식어모

110

| 직역 |

絶學無憂

느껴서 (속마음을) 잘 알아차릴 수 있으면 걱정이 없겠지만,

註 _ 絶 : 잘하다. 學 : 느껴서 알아차리다.

唯之與阿 相去幾何

예 하는 대답이 아첨하는 뜻을 품고 있는지 어떻게 기미를 가려낼 수 있으며,

註 _ 與 : 품고 있다. 阿 : 아첨. 相 : 가려내다. 去 : 덜어내다. 幾 : 기미 又 기색.

善之與惡 相去何若

선함이 악한 뜻을 감춰서 품고 있는지 어떻게 가려낼 수 있느냐?

註 _ 若 : 가려내다, 골라내다.

不可不 畏人之所畏

마지못해 사람을 꺼려야 하는 것은 삼가야 할 바인데,

註 _ 畏 : 미워하다 又 꺼리다.

荒兮 其未央哉

가려져 있구나! 그것이 보아도 보이지 않는 속마음이지 않느냐?

註 _ 荒 : 가려져 있다. 未 : 보아도 보이지 않는. 央 : 속마음.

衆人熙熙

많은 사람들이 자주 왕래하며 친해지고,

註 _ 熙 : 자주 왕래하다. 熙 : 친해지다.

如享太牢

정성껏 큰 소를 갖다 바치면서,

註 _ 如 : 지극히, 정성껏. 享 : 바치다.

如登春臺

높은 자리에 등용되는데,

註 _ 如 : 이루다. 春 : 벼슬을 맡다. 臺 : 높은 지위.

我獨 泊兮

오직 나만 홀로 나가지 못하고(등용되지 못하고) 떨어져 있구나!

註 _ 泊 : 나가지 못하고 머물러 있다.

其未兆 如嬰兒之未孩

무슨 일이 일어날지 짐작도 못하면서! 마치 아직 웃지도 못하는 갓난아기같이.

儽儽兮 若無所歸

한탄하고 괴로워하는구나! 마치 돌아갈 곳이 없는 것처럼.

註 _ 儽 : 괴로워하다, 又 한탄하다.

衆人皆有餘 而我獨若遺

많은 사람들을 다 너그럽게 보아주면서 유독 나만 버려두는 것 같다.

註 _ 餘 : 너그러운 관심. 遺 : 내버려두다.

我愚人之心也哉 沌沌兮

이 어리석은 사람의 생각인가? 혼돈스러워 갈피를 못 찾겠구나!

註 _ 沌 : 혼돈스런 又 갈피를 못찾을.

俗人昭昭 我獨昏昏

보통 사람들은 밝고 현명한데 나만 유독 어리석어 뒤떨어지는구나!

註 _ 昭 : 밝게. 昭 : 깨닫다. 昏 : 어리석다. 昏 : 뒤떨어지다.

俗人察察 我獨悶悶

보통 사람들은 자세히 살피고 훤히 아는데 나만 홀로 답답해서 걱정스럽구나!

註 _ 察 : 자세히 살피다. 察 : 훤히 알다. 悶 : 민망하다. 悶 : 걱정스럽다.

澹兮 其若海

바람(대세)에 따라 출렁이는구나! 바다처럼.

註 _ 澹 : 물이 바람(대세) 따라 출렁이다.

飂兮 若無止

대단한 위세로구나! 멈춰 세울 수 없을 것 같은.

註 _ 飂 : 대단한 위세.

衆人皆有以 而我獨頑似鄙

모든 사람들이 다 과감하게 쫓아가는데 나만 홀로 어리석게 완고한 것 같다.

註 _ 有 : 과감하게. 以 : 쫓아가다. 頑 : 어리석다. 鄙 : 고집스런, 완고한.

我獨異於人 而貴食於母

사람들에게는 내가 괴이해 보이겠지만, 나는 근본을 지키는 삶을 귀중히 여긴다.

註 _ 食 : 생활 방식. 母 : 근본.

| 직역모음 |

느껴서 (속마음을) 잘 알아차릴 수 있으면 걱정이 없겠지만,
'예' 하는 대답이 아첨하는 뜻을 품고 있는지 어떻게 기미를 가려낼 수 있으며,
선함이 악한 뜻을 감춰서 품고 있는지 어떻게 가려낼 수 있느냐?
마지못해 사람을 꺼려야 하는 것은 삼가야 할 바인데,
가려져 있구나! 그것이 보아도 보이지 않는 속마음이지 않느냐?
많은 사람들이 자주 왕래하며 친해지고,

정성껏 큰 소를 갖다 바치면서, 높은 자리에 등용되는데,

오직 나만 홀로 나가지 못하고(등용되지 못하고) 떨어져 있구나!

무슨 일이 일어날지 짐작도 못하면서 마치 아직 웃지도 못하는 갓난아기같이,

한탄하고 괴로워하는구나! 마치 돌아갈 곳이 없는 것처럼.

많은 사람들을 다 너그럽게 보아주면서 유독 나만 버려두는 것 같다.

이 어리석은 사람의 생각인가? 혼돈스러워 갈피를 못 찾겠구나!

보통 사람들은 밝고 현명한데 나만 유독 어리석어 뒤떨어지는구나!

보통 사람들은 자세히 살피고 훤히 아는데 나만 홀로 답답해서 걱정스럽구나!

바람(대세)에 따라 출렁이는구나! 바다처럼!

대단한 위세로구나! 멈춰 세울 수 없을 것 같은!

모든 사람들이 다 과감하게 쫓아가는데 나만 홀로 어리석게 완고한 것 같다.

사람들에게는 내가 괴이해 보이겠지만, 나는 근본을 지키는 삶을 귀중히 여긴다.

│ 한자의 뜻 │

絶 : 잘, 뛰어난. / 學 : 느끼어 알아차리는. / 無 : 없다. /
憂 : 염려, 불안한 마음, 근심, 걱정.

唯 : 예 하고 대답하는 소리. / 之 : 어조사. / 與 : 내포한, 품고 있는. /
阿 : 아첨. / 相 : 가리다. / 去 : 덜다. (相去 : 가려내다). /
幾 : 기미, 낌새, 살피다. / 何 : 어떻게.

善 : 선함. / 之 : 어조사. / 與 : 내포한, 품고 있는. / 惡 : 악한. / 相 : 가리다. /
去 : 덜어내다. (相去 : 가려내다). / 何 : 어떻게. / 若 : 가려내다.

不 : 없다. / 可 : 할 수 있다. (不可 : 할 수 없다). /
不 : 못하다(不可不 : 할 수 없다고 못하다, 할 수 없이). / 畏 : 꺼려하다. /
人 : 사람. / 之 : 어조사. / 所 : 것. / 畏 : 옳지 않다.

荒 : 가려져 보이지 않다. / 兮 : 어조사.

其 : 그것. / 未 : 보아도 보이지 않는. / 央 : 마음. / 哉 : 않느냐?

衆 : 많은. / 人 : 사람. / 熙 : 자주 왕래하다. / 熙 : 친해지다.

如 : 지극히, 정성껏. / 亨 : 바치다. / 太 : 큰. / 牢 : 소. (太牢 : 소 又 많은 소들).

如 : 달성하다. / 登 : 오르다. / 春 : 벼슬을 맡다. / 臺 : 높은 지위.

我 : 나. / 獨 : 홀로. / 泊 : 따로 떨어져 남아 있다, 나가지 못하고 머물러 있다. /
兮 : 말 멈출 어조사. / 其 : 기에, 거기에. / 未 : 보아도 보이지 않는다. /
兆 : 무슨 일이 일어날 징조.

如 : 마치 ~처럼. / 嬰 : 갓난. / 兒 : 아이. / 之 : 어조사. / 未 : 못하는. /
孩 : 방글방글 웃다.

儽 : 괴로워서 한탄하다. / 儽 : 축 늘어지다. / 兮 : 말 멈출 어조사, (~이구나). /
若 : 마치 ~처럼. / 無 : 없다. / 所 : 곳. / 歸 : 돌아갈.

衆 : 많은. / 人 : 사람들. / 皆 : 전부 다. / 有 : 얻다, 획득하다. /
餘 : 너그럽게 보아주는 又 관심(寬心) .

而 : 어조사(~하지만). / 我 : 나. / 獨 : 홀로, 유독히. / 若 : ~같다.
遺 : 내버려 두다, 잊혀져 있다.

我 : 나. / 愚 : 어리석은. / 人 : 사람. /
之 : 어조사(~의, 영어의 전치사 of 에 해당). / 心 : 마음. /
也 : ~이란 말이다. / 哉 : 의문 어조사(~인가?)

沌 : 혼돈스런 又 갈피를 못 찾을. / 沌 : 갈피를 못 찾을. /
兮 : 말 맺을 어조사(~이다).

俗 : 속세의. / 人 : 사람. (俗人 : 보통 세상 사람들). / 昭 : 밝게 又 명하게. /
昭 : 깨닫다.

我 : 나. / 獨 : 홀로. / 昏 : 어리석은. / 昏 : 뒤떨어지다.
俗 : 속세의. / 人 : 사람. / 察 : 자세히 살피다. / 察 : 훤히 알다.

我 : 나. / 獨 : 홀로. / 悶 : 답답하다. / 悶 : 걱정스럽다.

澹 : 대세를 따라 움직이다, 바람따라 출렁이다. / 兮 : 감탄 어조사(~이구나). /
其 : 그. / 若 : 마치 ~와 같이. / 海 : 바다, 대세(大勢).

飂 : 대단한 위세. / 兮 : 감탄 어조사(~구나). / 若 : ~같은. /
無 : 없는. / 止 : 멈추게 하다.

衆 : 많은. / 人 : 사람. / 皆 : 모두 다. / 有 : 과감히. / 以 : ~같은.

而 : 그러나. / 我 : 나. / 獨 : 홀로. / 頑 : 어리석다.
似 : 같다. / 鄙 : 고집스런, 완고한.

我 : 내가. / 獨 : 유독. / 異 : 괴이하다. / 於 : 에게. / 人 : 사람들.

而 : 그러나. / 貴 : 귀중히 여긴다. / 食 : 삶, 생활방식. / 於 : 지키다.
母 : 근본, 인간의 도리.

다른 사람의 속 마음을 짐작으로 잘 알아낼 수 있으면 걱정이 없겠지만,
　아첨하면서 진실인 척 '예' 하는 그 속심을 어떻게 짐작으로 구별해 낼
수 있으며,
　진실한 것처럼 가장한 착한 행동이 악의를 품고 있지 않은지 어떻게 구
별해 낼 수 있느냐?
　겉으로 나타나지 않아서 사람의 속마음을 알 수 없다고 덮어놓고 사람
을 의심하는 것은 삼가해야 할 일이지만, 잘 알 수가 없지 않느냐?

뭇사람들은 자주 왕래하면서 높은 사람의 비위를 맞추고 친해져 신임을 얻고, 많은 뇌물을 진상하면서 높은 자리를 차지하는 목적을 달성하는데,

아직 웃을 줄도 모르는 갓난아이같이 나는 내 앞날이 장차 어떻게 될지 아무 짐작도 못하면서, 나아갈 길이 막혀 홀로 뒤쳐져 있구나!

돌아갈 곳이 없는 것처럼 축 처져 고민하면서 가만히 있구나!

뭇사람들은 다 자리를 얻는데 나만 홀로 자리도 못 얻고 남겨져 있는 것 같다.

나는 진정 어리석은 마음을 가진 사람인가? 복잡해서 알 수가 없구나!

세속의 사람들은 현명하게 깨닫고 있는데 나만 유독 어리석은 것 같구나!

속세의 사람들은 잘 생각하고 원하는 바를 성취하는데 유독 나만 멍청한 것 같구나!

그 세속의 사람들은 바람 따라 움직이는 바다와 같이 대세에 따라 움직이는데!

마치 어떻게 막을 수 없는 것 같은 대세로구나!

많은 사람들이 모두 다 지위를 성취하는데, 나만 홀로 자존심 때문에 완고하게 거부하고 있구나.

그러는 내가 다른 사람들에게는 이상하게 보일지 모르나, 나는 인간이 마땅히 지켜야 할 기본인 도리를 행하는 것을 매우 중하게 생각한다.

第 21 章

●

孔德之容

....

孔德之容 惟道是從
공덕지용 유도시종

道之爲物 惟恍惟惚
도지위물 유황유홀

惚兮 恍兮 其中有象
홀혜 황혜 기중유상

恍兮 惚兮 其中有物
황혜 홀혜 기중유물

窈兮 冥兮 其中有精
요혜 명혜 기중유정

其精甚眞 其中有信
기정심진 기중유신

自古及今 其名不去 以閱衆甫
자고급금 기명불거 이열중보

吾何以知 衆甫之狀哉
오하이지 중보지상재

以此
이차

┃ 직역 ┃

孔德之容 惟道是從

훌륭한 덕의 모습은 생각하는 마음을 잘 따르는 것이다.

道之爲物 惟恍惟惚

마음이 헤아린다(생각한다)는 것은 오직 황홀할 뿐이다.

註 _ 物 : 헤아리다, 생각하다.

惚兮恍兮 其中有象

황홀하다! 그 마음속에는 형상들이 들어 있고,

註 _ 象 : 형상.

恍兮 惚兮 其中有物

황홀하다! 그 마음속에는 생각들이 들어 있다.

註 _ 物 : 생각.

窈兮 冥兮 其中有精

고요하고 보이지 않는데 그 속에는 정신이 들어 있다.

註 _ 窈 : 고요하다. 冥 : 보이지 않다. 精 : 정신.

其精甚眞 其中有信

그 정신은 너무나 진실해서 그 속에는 확신이 있다.

自古及今 其名不去 以閱衆甫

옛부터 지금까지의 많은 원래의 형상을 낱낱이 본대로 빠뜨리지 않고 알려 주는데,

註 _ 名 : 알려 주다(고해 주다). 閱 : 낱낱이 자세히 보다. 甫 : 원래의 형상(원본 사진).

吾何以知 衆甫之狀哉

우리가 어떻게 그 많은 원래의 형상을 아느냐?

以此

'이것(마음)으로'이다.

| 직역모듬 |

훌륭한 덕의 모습은 오직 생각하는 마음을 잘 따르는 것이다.

마음이 헤아린다는 것은 오직 황홀할 뿐이다.

황홀하다! 그 마음속에는 형상들이 들어 있고,

황홀하다! 그 마음속에는 생각들이 들어 있다.

고요하고 보이지 않는데 그 속에는 정신이 있다.

그 정신은 너무나 진실해서 그 속에는 확신이 있다.

옛부터 지금까지의 많은 원래의 형상을 낱낱이 본대로 빠뜨리지 않고 알려 주는데,

우리가 어떻게 그 많은 원래의 형상을 아느냐?

'이것(마음)으로'이다.

| 한자의 뜻 |

孔 : 훌륭한. / 德 : 덕행. / 之 : 어조사, ~의. / 容 : 모습, 용모.

惟 : 생각을 하다. / 道 : 도, 마음. / 是 : 잘, 바르게. / 從 : 성취하다.

道 : 마음. / 之 : 어조사, ~이다. / 爲 : 생각하다. /
物 : 헤아리다, 미루어 짐작하다.

惟 : 재주. / 恍 : 황홀한. / 惟 : 재주. / 惚 : 어리둥절해서 놀라운. /

惚 : 황홀. / 兮 : 어조사(감탄 어조사). / 恍 : 황홀. / 兮 : 어조사(감탄 어조사).

120

其 : 그 마음. / 中 : 속에, 안에. / 有 : 있다. / 象 : 형상.

恍 : 황홀. / 兮 : 어조사(감탄 어조사). / 惚 : 황홀. / 兮 : 어조사.

其 : 그. / 中 : 마음속에. / 有 : 있다. / 物 : 생각.

窈 : 소리없이 조용한. / 兮 : 어조사. / 冥 : 보아도 보이지 않는. / 兮 : 어조사.

其 : 그. / 中 : 마음속에. / 有 : 있다. / 精 : 정신.

其 : 그. / 精 : 정신. / 甚 : 심오하다. / 眞 : 진실하다.

其 : 그. / 中 : 마음속. / 有 : 있다. / 信 : 신념, 확신.

自 : 부터. / 古 : 옛. / 及 : 이르기까지의. /
今 : 지금. (自古及今 : 옛부터 지금까지의). /
其 : 그 마음. / 名 : 알려 주다(고해 주다). / 不 : 아니하다. /
去 : 잘못하다, 빠뜨리다. / 以 : ~에 따라서. /
閱 : 낱낱이 조사해 보다, 일일이 자세히 보다. / 衆 : 많은. /
甫 : 원래의 형상(원본사진).

吾 : 내가. / 何 : 어떻게. / 以 : ~이다. / 知 : 알다. / 衆 : 많은. /
甫 : 원본. / 之 : ~의. / 狀 : 형상. / 哉 : 그러한가(의문사). /

以 : '~으로'이다. / 此 : 이것.

의역

　훌륭한 덕의 모습이란 마음이 생각하는 것을 그대로 좇아서 행하는 것이다.

　마음이 생각을 한다는 것은 오직 황홀하고 황홀한 재주이다.

　참으로 황홀하고 황홀하구나!

그 마음속에는 영상들이 들어 있고 또 그 속에는 생각들이 들어 있다.

그 속에는 그윽하고 은연하게 숨겨져 있는 정신이 들어 있는데,

세밀하게 가려내는 신명스런 정신은 거짓됨이 없이 확실해서 그 마음에는 신념이 있다.

옛부터 지금까지 그 많은 원래의 일들을 마음은 일이 일어난 대로 빠뜨리지 않고 본 대로 알려 주는데,

우리가 어떻게 그 많이 일어난 일들의 원래의 형상을 알 수 있느냐?

바로 이 마음 때문이다.

第22章

●

曲則全

....

曲則全 枉則直
곡즉전 왕즉직

窪則盈 敝則新
와즉영 폐즉신

少則得 多則惑
소즉득 다즉혹

是以聖人 抱一 爲天下式
시이성인 포일 위천하식

不自見 故明
부자견 고명

不自是 故彰
부자시 고장

不自伐 故有功
부자벌 고유공

不自矜 故長
부자긍 고장

夫唯不爭 故天下莫能與之爭
부유부쟁 고천하막능여지쟁

古之所謂 曲則全者 豈虛言哉
고지소위 곡즉전자 기허언재

誠全而 歸之
성전이 귀지

曲則全

망가지면 고쳐지는 법이고,

註 _ 曲 : 훼손되다. 全 : 수선하다.

枉則直

구부러진 것은 곧게 펴지는 법이며,

註 _ 枉 : 구부러지다. 直 : 곧게 펴다.

窪則盈

웅덩이는 채워지는 법이다.

敝則新

낡으면 새롭게 바뀌는 법이고,

註 _ 新 : 바꾸다.

少則得

적으면 보태지는 법이며,

多則惑

많으면 나뉘는 법이다.

註 _ 惑 : 나누다.

是以聖人抱一 爲天下式

그러므로 성인은 근본으로 나라를 다스리는 법이다.

註 _ 抱 : 가지고. 一 : 근본. 爲 : 다스리다.

不自見 故明

스스로 드러내 보이려 하지 않으니 그래서 더 잘나 보이고,

不自是 故彰

스스로 옳다 하지 않으니 그래서 현명해지며,

註 _ 彰 : 현명하다.

不自伐 故有功

스스로 공을 차지하지 않으니 공이 있게 되고,

註 _ 伐 : 공을 차지하다.

不自矜 故長

스스로 긍지를 갖지 않으니 존경을 받게 된다.

註 _ 長 : 존경받다.

夫唯不爭 故天下莫能與之爭

헤아려 보건대 그저 다투지 않으니 세상 누구도 (그와) 다툼을 벌일 수가 없다.

註 _ 與 : 벌이다.

古之所謂曲則全者 豈虛言哉

옛말에 곡즉전이라 했는데 이게 어찌 헛소리겠는가?

誠全而 歸之

바르게 고쳐서 온전하게 하면 (세상이) 제대로 돌아가는 것이다.

註 _ 誠 : 바르게, 진실하게. 歸 : 바르게 돌아가기.

　　망가지면 고쳐지는 법이고,

　　구부러진 것은 곧게 펴지는 법이며,

　　웅덩이는 채워지는 법이다.

　　낡으면 새롭게 바꾸는 법이고,

　　적으면 보태지는 법이며,

　　많으면 나뉘는 법이다.

　　그러므로 성인은 근본으로 나라를 다스리는 법이다.

　　스스로 드러내 보이려 하지 않으니 그래서 더 잘나 보이고,

　　스스로 옳다 하지 않으니 그래서 더 현명해지며,

　　스스로 공을 차지하지 않으니 공이 있게 되고,

　　스스로 긍지를 갖지 않으니 존경을 받게 된다.

　　헤아려 보건대 그저 다투려 들지 않으니 세상 누구도 (그와) 다툼을 벌일 수가 없다.

　　옛말에 곡즉전이라 했는데 이게 어찌 헛소리겠는가?

　　바르게 고쳐서 온전하게 하면 (세상이) 제대로 돌아가는 것이다.

| 한자의 뜻 |

　　曲 : 훼손되다, 망가지다. / 則 : 법. / 全 : 수선하다, 고치다.

　　枉 : 구부러지다. / 則 : 법. / 直 : 곧게 펴다.

　　窪 : 웅덩이. / 則 : 법. / 盈 : 채워지다.

　　敝 : 낡다, 헐다. / 則 : 법. / 新 : 바꾸다. / 少 : 적다. /
　　則 : 법. / 得 : 얻다.

　　多 : 많은, 지나치게 많은. / 則 : 법. / 惑 : 나누다, 나누어 갖다.

是 : 옳다. / 以 : ~이다. / 聖 : 임금. / 人 : 사람. (聖人 : 성인, 임금). /
抱 : 가지고. / 一 : 근본. / 爲 : 다스리다. / 天 : 하늘. /
下 : 아래. (天下 : 백성). / 式 : 법, 법으로 지키다.

不 : 아니. / 自 : 스스로, 자신이. / 見 : 직접 드러내 보이다. /
故 : 그래서. / 明 : 현명하게 나타나다, 똑똑하게 보이다.

不 : 아니. / 自 : 스스로, 자신이. / 是 : 옳다. / 故 : 그래서. /
彰 : 현명하다

不 : 아니. / 自 : 자신이 직접. / 伐 : 공을 차지하다. /
故 : 그래서. / 有 : 얻다. / 功 : 공, 업적.

不 : 아니. / 自 : 자신이 직접. / 矜 : 자부심, 자긍심. /
故 : 그래서. / 長 : 존경받다.

夫 : 생각해 보건대. / 唯 : 그저. (夫唯 : 그저 아무리 생각해 보아도). /
不 : 아니. / 爭 : 옳다 그르다 다투다.

故 : 그래서. / 天 : 하늘. / 下 : 아래. (天下 : 세상 = 모든 세상 사람들). /
莫 : 할 수 없다. / 能 : 능히 할. / 與 : 벌이다, 시작하다. /
之 : 이다. / 爭 : 싸우다, 다투다.

古 : 옛말. / 之 : 어조사. / 所 : 바. /
謂 : 이르는. (所謂 : 이른바, ~이라 했는데). /
曲 : 그릇된 것. / 則 : ~하는 법이다. / 全 : 완전하게 고치다. /
者 : ~하는 거. / 豈 : 어찌. / 虛 : 헛. / 言 : 말. (虛言 : 헛말, 빈말). /
哉 : ~이겠느냐.

誠 : 진실로, 바르게. / 全 : 온전하게 고치다. / 而 : ~하면. /
歸 : 바르게 돌아가다. / 之 : 어조사, ~이다.

제도가 훼손되면 흠 없게 개선하는 법이고,

옳지 못한 일은 이치에 맞게 바르게 고치는 법이며,

우묵 파이면 메꾸는 법이다.

헐어서 맞지 않는 것은 이치에 맞도록 새롭게 하는 법이고,

충분히 갖고 있지 않다고 여겨지는 사람이 있으면 보태 주고,

넘치게 많이 갖고 있는 사람의 것은

덜어서 없는 사람에게 나누어 주는 법이다.

그래서 성인은 세상의 이치에 어긋나지 않게 온 백성들을 모두 포용하고 균등하게 다스리는 법이다.

잘났다고 스스로 뽐내려 하지 않으니 더 현명해 보이고,

스스로 옳다 하지 않으니 그래서 오히려 틀림없어 보이며,

자신이 공적을 거두어들이려 하지 않으니 오히려 더 공적을 얻게 되고,

자신이 낫다고 생각하는 자부심을 갖지 않으니 오히려 백성들로부터 존경을 받게 된다.

생각해 보면 도무지 남과 시비를 않으니 세상의 누구도 그와 싸움을 벌릴 수 없다.

전해 내려오는 말에 잘못된 것은 바로 잡아야 하는 법이라 했는데,

어찌 이 말이 그릇된 말이겠는가?

잘못된 것이 있으면 바로잡는 것이 세상을 올바르게 돌아가게 하는 것이다.

第23章

●

希言自然

....

希言自然
희언자연

故飄風不終朝
고표풍부종조

驟雨不終日
취우부종일

孰爲此者天地
숙위차자천지

天地尙不能久 而況於人乎
천지상불능구 이황어인호

故從事於道者 道者 同於道
고종사어도자 도자 동어도

從事於德者 道者 同於德
종사어덕자 도자 동어덕

從事於失者 道者 同於失
종사어실자 도자 동어실

同於道者 道亦樂得之
동어도자 도역악득지

同於德者 德亦樂得之
동어덕자 덕역악득지

同於失者 失亦樂得之
동어실자 실역악득지

信不足焉 有不信焉
신부족언 유불신언

希言自然

우뚝 솟은 거대한 위상이 오래가기를 바라는 것은 자연스러운 것이지만,

註 _ 希 : 오래가길 바라다.

故飄風不終朝

그러나 질풍은 아침 반나절을 내내 불지 못하고,

驟雨不終日

갑자기 쏟아지는 비도 하루 종일 오지 못한다.

孰爲此者天地

무엇인가가 천지(세상)에게 이렇게 한다.

天地尙不能久 而況於人乎

천지도 (질풍이나 폭우를) 오래가게 기약할 수 없는데 하물며 사람에게 있어서랴.

註 _ 尙 : 계속해서.

故從事於道者 道者 同於道

그런데 진실로 도에 따라 행하는 자는 생각하는 것이 도에 통하게 되고,

註 _ 同 : 통하다.

從事於德者 道者 同於德

덕을 따라 행하는 자는 생각하는 것이 덕에 통하게 되는데,

從事於失者 道者 同於失

잘못을 좇아 행하는 자는 생각하는 것이 잘못하는 데 도가 트게 된다.

130

同於道者 道亦樂得之

　도에 통했다는 것은 도를 전부 다 바르게 터득했다는 것이고,

　　註 _ 樂 : 잘, 바르게.

同於德者 德亦樂得之

　덕에 통했다는 것은 덕을 전부 다 바르게 터득했다는 것인데,

同於失者 失亦樂得之

　잘못하는 데 도가 텄다는 것은 잘못을 저지르는 데 이력이 났다는 것이다.

信不足焉有不信焉

　(왕 스스로가 백성들이 왕을) 신뢰할 수 없게 하면 이에 (백성들로부터 왕이) 불신
을 얻게 된다.

| 직역모듬 |

　우뚝 솟은 거대한 위상이 오래가기를 바라는 것은 자연스러운 것이지만,

　그러나 질풍은 아침 반나절을 내내 불지 못하고,

　갑자기 쏟아지는 비도 하루 종일 오지 못한다.

　무엇인가가 천지(세상)에게 이렇게 한다.

　천지도 (질풍이나 폭우를) 오래가게 기약할 수 없는데 하물며 사람에게 있어서랴.

　그런데 진실로 도에 따라 행하는 자는 생각하는 것이 도에 통하게 되고,

　덕을 따라 행하는 자는 생각하는 것이 덕에 통하게 되는데,

　잘못을 좇아 행하는 자는 생각하는 것이 잘못하는 데 도가 트게 된다.

　도에 통했다는 것은 도를 전부 다 바르게 터득했다는 것이고,

　덕에 통했다는 것은 덕을 전부다 바르게 터득했다는 것인데,

　잘못하는 데 도가 텄다는 것은 잘못을 저지르는 데 이력이 났다는 것이다.

　(왕 스스로가 백성들이 왕을) 신뢰할 수 없게 하면 이에 (백성들로부터 왕이) 불신

을 얻게 된다.

| 한자의 뜻 |

希 : 오래가길 바라다, 오래 머물기를 바라다. /
言 : 우뚝 솟은 거대한 모습(高大貌), 우뚝한 위상. /
自 : 저절로. / 然 : 그러하다.

故 : 그러나. / 飄 : 갑자기 세게 부는. / 風 : 바람. (飄風 : 질풍). /
不 : 못하다. / 終 : 끝까지 가다. / 朝 : 아침나절, 하루 아침 반나절.

驟 : 갑자기 쏟아지는. / 雨 : 비. (驟雨 : 소나기, 폭우). /
不 : 못하다. / 終 : 끝까지 오다. / 日 : 하루 종일.

孰 : 무엇인가. / 爲 : 행하다. / 此 : 이러한. / 者 : 짓, 일. /
天 : 하늘. / 地 : 땅. (天地 : 세상에).

天 : 하늘. / 地 : 땅. (天地 : 세상). / 尙 : 거의 기약하다, 거의 확신하다. /
不 : 없다. / 能 : 할 수 있게. / 久 : 오래가다.

而 : 어조사, (~한데). / 況 : 하물며. / 於 : ~에게.
人 : 사람. / 乎 : 의문사(그러한가, 그러할 수 있겠냐).

故 : 그런데. / 從 : 따라서, 좇아서. / 事 : 다스리다. / 於 : 어조사, (~에). /
道 : 도, 도리. / 者 : 사람.
道 : 마음, 생각. / 者 : 것. (道者 : 마음이, 생각하는 것). /
同 : 통하다. / 於 : 어조사, (~에). / 道 : 도, 도리.

從 : 따라서, 좇아서. / 事 : 행하다, 일삼다. / 於 : 어조사, (~에). /
德 : 덕행. / 者 : 사람.
道 : 생각하다. / 者 : 것. (道者 : 생각하는 것, 마음). /
同 : 트다, 도통하다. / 於 : 어조사, (~에). / 德 : 덕, 덕행.

從 : ~에 따라서. / 事 : 행하다. / 於 : 어조사, (~에). /

失 : 잘못. / 者 : 사람.
道 : 생각하다. / 者 : 것. (道者 : 마음, 생각하는 것). /
同 : 도통하다, 이력이 나다. / 於 : 어조사, (~에). / 失 : 잘못.

同 : 도통했다. / 於 : 어조사, (~에). / 道 : 도. / 者 : 것.
道 : 도. / 亦 : 모두 다. / 樂 : 잘, 바르게. / 得 : 터득하다. /
之 : 어조사, (~이다).

同 : 도통하다. / 於 : 어조사, (~에). / 德 : 덕, 덕행. / 者 : 것.
德 : 덕, 덕행. / 亦 : 전부 다. / 樂 : 잘. / 得 : 터득하다. /
之 : 어조사, (~이다).

同 : 길들여지다, 이력이 나다. / 於 : 어조사, (~에). /
失 : 잘못, 과오를 범하다. / 者 : 것.
失 : 잘못, 과오를 범하다. / 亦 : 모두 다. / 樂 : 잘. /
得 : 행하다, 저지르다. / 之 : 어조사(~에).

信 : 신뢰. / 不 : 않다. / 足 : 가능하다, (不足 : 부족하다). / 焉 : ~하면.

有 : 얻다. / 不 : 아니. / 信 : 신뢰. / 焉 : 이에, 그래서 ~이다,

의역

하늘을 찌를 듯한 도도한 위상을 갖춘 왕은 그 위상이 오래가기를 바라
겠지만,
　예외 없이 질풍도 아침 반나절이 끝나도록 계속 불지 못하고,
　폭우도 온종일 내리지 못한다.
　우리가 알지 못하는 무엇이 천지에게 그렇게(질풍이나 폭우도 마음대
로 계속 불거나 내리지 못하게) 한다.
　천지도 마음대로 질풍이나 폭우를 계속해서 오래 불거나 내리게 할 수

없는데,

하물며 왕이 그의 도도한 위상을 유지하려는 데 있어서랴!

그런데 진실로 도에 어긋남이 없이 백성을 섬기는 군왕은 마음이 도에 도통하게 되고,

진심으로 덕으로 백성을 섬기려는 군왕은 생각하는 것이 덕행에 도통하게 되는데,

의도적으로 잘못 다스리는 군왕은 잘못에 이력이 나서 마음을 잘못 쓰는데 도가 트게 된다.

이치에 도통했다는 것은 모든 이치를 다 올바르게 깨달았다는 뜻이고,

덕행에 도통했다는 것은 덕행을 베푸는 온갖 방법을 다 올바르게 터득했다는 것이며,

잘못하는 데 도가 텄다는 것은 너무 많은 잘못을 저질러서 잘못을 행하는 데 온갖 이력이 나 있다는 것이다.

잘못에 이력이 난 군왕은 백성들이 믿을 수 없게 돼서 자연히 백성들의 불신을 사게 되는 것이다.

| 부언 |

이 장은 역자들이 생략을 많이 해 놓은 장이다. 그래서인지 역자는 이 장을 처음 대하게 되었을 때 이러한 생략들이 이루어지기 전의 변형되지 않은 노자의 원본의 모습이 과연 어떠한 것이었을까 하는 궁금증이 생기게 되었다. 그리고 생각을 거듭해서 위에서 본 것과 같은 역자의 본을 추리해 내게 되었다.

이제 서로 비교해 볼 수 있도록, 백서본과 왕필본 그리고 다른 두 역자들의 본을 역자의 본과 함께 다 같이 나열해 놓았다.

백서본

希言自然

飄風不終朝 驟雨不終日

孰爲此者(天地)

天地(而)不能久 (又)況於人乎

故從事(而)道者(道者) 同於道

(從事於)德者(道者) 同於德

(從事於)失者(道者) 同於失

同於道者 道亦樂得之

(同於德者 德亦樂得之)

同於失者 (道)亦(失)之

(참고 : 임현규의 "노자《도덕경》 140p 와 141p에서 인용 , 펴낸곳/철학과현실사, 초판 1쇄 발행 / 2005년 8월 30일, 전화 579-5908 ~ 9)

왕필본

希言自然

故飄風不終朝 驟雨不終日

孰爲此者 天地！

天地尙不能久 而況於人乎！

故從事於道者道者 同於道

(從事於)德者 (道者) 同於德

(從事於)失者 (道者) 同於失

同於道者 道亦樂得之

同於德者 德亦樂得之

同於失者 失亦樂得之

信不足焉 有不信焉

(참고 : 임현규의 노자《도덕경》 140p 와 141p에서 인용)

김용옥본

希言自然.

故飄風不終朝,

驟雨不終日.

孰爲此者? 天地!

天地尙不能久,

而況於人乎!

故從事於道者 : 道者 同於道,

(從事於)德者 (道者) 同於德,

(從事於)失者 (道者) 同於失.

同於道者, 道亦樂得之:

同於德者, 德亦樂得之:

同於失者, 失亦樂得之.

信不足焉, 有不信焉.

(참고 : 김용옥의 "노자와 21세기[2]" 268p 와 270p에서 인용)

최진석본

希言自然.

故飄風不終朝,

驟雨不終日.

孰爲此者? 天地.

天地尙不能久,

而況於人乎!

故從事於道者 (道者) 同於道,

(從事於)德者 (道者) 同於德,

(從事於)失者 (道者) 同於失.

同於道者,

道亦樂得之.

同於德者,

德亦樂得之.

同於失者,

失亦樂得之.

(최진석의 "노자의 목소리로 듣는 《도덕경》 206p 에서 인용)

역자본

希言自然

故飄風不終朝 驟雨不終日

孰爲此者天地

天地尙不能久 而況於人乎

故從事於道者 道者 同於道

從事於德者道者 同於德

從事於失者道者 同於失

同於道者 道亦樂得之

同於德者 德亦樂得之

同於失者 失亦樂得之

信不足焉 有不信焉

위에 있는 백서본과 왕필본 그리고 김용옥과 최진석의 본 가운데 괄호 안에 들어 있는 부분들이 삭제된 부분이다. 아마 이 괄호 안의 것들을 중복된 것이어서 불필요한 것들이라고 생각해 삭제해 놓은 것으로 믿어지는데, 역자는 그렇게 생각지 않는다.

예를 들어 보면 위의 '故從事於道者 道者同於道'에서 '故從事於道者' 다음에 같은 '道者'가 되풀이되는 것을 중복되었다고 생각하는 것 같은

데, 실제로 먼저 '도'자와 다음의 '도'자는 각기 다른 의미로 사용된 것이다. 실제로 먼저 '도'자가 '도', 즉 인간이 마땅히 행해야 할 도리나 또는 우주의 근본 이치를 뜻하는 것과는 달리, 나중의 '도'자는 '생각하는 것, 즉 마음'을 의미하고 있기 때문이다.

그래서 같은 '도'자가 연달아 나왔더라도 생략해서는 안 된다고 생각한 것이다.

第 24 章

●

企者不立

················

企者不立 跨者不行
기자불립 과자불행

自見者不明
자견자불명

自是者不彰
자시자부창

自伐者無功
자벌자무공

自矜者不長
자긍자부장

其在道也
기재도야

曰餘食贅行
왈여식췌행

物或惡之
물혹악지

故有道者不處
고유도자불처

企者不立

계교를 도모하는 것은 이루어지지 않고,

註 _ 企 : 계략을 도모하다 . 立 : 성취되다. 跨 : 지나친. 行 : 실행되다.

跨者不行

지나친 것은 실천되지 못한다.

註 _ 跨 : 지나친. 行 : 실행되다.

自見者不明

스스로 자신을 내보이려 함은 현명하지 못한 것이고,

自是者不彰

스스로 자신이 바르다고 하는 자는 깨닫지 못한 것이다.

註 _ 彰 : 현명하다.

自伐者無功

스스로 공을 쌓으려는 자는 공을 얻지 못하고,

自矜者不長

스스로 자만하는 자는 존경받지 못한다.

註 _ 長 : 존경받다.

其在道也

위에서 한 이러한 말들은 도를 상세히 살펴서 숨어 있는 뜻을 알려 주는 것이다.

註 _ 在 : 상세히 살펴서 알려 주다.

曰餘食贅行 物惑惡之

배부르게 먹는 쓸데없는 행위를 일컬어 하지 말아야 할 추한 일이라는 것이다.

註 _ 餘 : 배부르게. 贅 : 쓸데없는. 物 : 일. 惑 : 하지 말아야 할.

故有道者不處

그래서 도를 터득한 자는 (그렇게) 처신하지 않는다.

| 직역모듬 |

계교를 도모하는 것은 이루어지지 않고,

지나친 것은 실천되지 못한다.

스스로 자신을 내보이려 함은 현명하지 못한 것이고,

스스로 자신이 바르다고 하는 것은 깨닫지 못한 것이다.

스스로 공을 쌓으려는 자는 공을 얻지 못하고,

스스로 자만하는 자는 존경을 받지 못한다.

위에서 한 그러한 말들은 도를 상세히 살펴서 숨어 있는 뜻을 알려 주는 것이다.

배부르게 먹는 쓸데없는 행위를 일컬어 하지 말아야 할 추한 일이라는 것이다.

그래서 도를 터득한 자는 (그렇게) 처신하지 않는다.

| 한자의 뜻 |

企 : 발돋움하고 바라는, 일을 꾸며서 바라는. / 者 : 것, 사람. / 不 : 못할. /
立 : 이루다, 서다.

跨 : 막 뛰어넘는 큰 걸음, 순서(순리)를 무시하는 행위. / 者 : 것, 사람. /
不 : 못할. / 行 : 빨리 걷다, 행하다.

自 : 스스로. / 見 : 드러내다, 내보이다. / 者 : 것. / 不 : 아니다.
明 : 현명하다, 분별있는 판단.

自 : 스스로. / 是 : 옳다. / 者 : 것. / 不 : 아닐. / 彰 : 현명한.

自 : 자신의. / 伐 : 공을 자랑하다. / 者 : 것, 사람. / 無 : 없을. / 功 : 공, 업적.

自 : 스스로. / 矜 : 자만, 긍지. / 者 : 자. / 不 : 못할. / 長 : 존경받다.

基 : 그것들, 위에서 말한 것들. / 在 : 상세히 살펴서 알려 주다. /
道 : 도, 세상의 이치. / 也 : 어조사, (~이다).

曰 : 왈, 말하자면. / 餘 : 배부르게, 포식하는. / 食 : 먹다. (餘食 : 과식하다). /
贅 : 쓸데없는, 군짓. / 行 : 행하다.

物 : 일. / 或 : 하지 말아야 할. / 惡 : 추한, 잘못된. / 之 : 어조사, (~이다).

故 : 그래서. / 有 : 터득하다. / 道 : 도, 세상의 이치. / 者 : 자. /
不 : 않을. / 處 : 행하다, 처신하다.

의역

계략을 꾸며서 이루려는 것은 성취되지 않고,
순리에 어긋나는 무리한 행위는 시행되지 못한다.
스스로 자신을 드러내 돋보이려는 것은 현명한 처신이 아니고,
스스로 자신이 옳다는 것은 분별있는 판단이 아니다.
스스로 자신의 업적을 내세우는 자는 공적을 인정받지 못하고,
스스로 자신을 높이는 자는 존경받는 자가 되지 못한다.
이렇게 위에서 말하는 것들은 세상의 이치인 도의 뜻을 상세히 살펴서
찾아낸 가르침이다.
이를테면 포식을 하는 것은 도리에 맞지 않는 어그러진 행위로 책망을
받을 부끄러운 일이라는 말이다.
그래서 도를 터득한 자는 그렇게 처신하지 않는다.

第 25 章

●

有物混成

....

有物混成 先天地生
유물혼성 선천지생

寂兮 寥兮
적혜 료혜

獨立而不改
독립이불개

周行而不殆
주행이부태

可以爲天下母
가이위천하모

吾不知其名 字之曰道
오부지기명 자지왈도

强爲之名 曰大
강위지명 왈대

大曰逝 逝曰遠 遠曰反
대왈서 서왈원 원왈반

故道大 天大 地大 王亦大
고도대 천대 지대 왕역대

域中有四大 而王居其一焉
역중유사대 이왕거기일언

人法地 地法天
인법지 지법천

天法道 道法自然
천법도 도법자연

| 직역 |

有物混成 先天地生

처음 세상이 생길 때 천성에 생각하는 마음이 섞여서 만들어졌다.

註 _ 有 : 천성(天性). 混 : 섞다. 物 : 헤아리는 마음. 成 : 만들다. 先 : 처음에 ~할 때.

寂兮 寥兮

고요하구나! 아무것도 없구나!

註 _ 寥 : 비어 있다.

獨立 而不改

혼자서 두루 다 생각하는 데 한계가 없고,

註 _ 獨 : 혼자서 두루 다. 立 : 생각하다. 改 : 한계.

周行 而不殆

두루 돌아다니지만 부닥뜨리지 않아서,

註 _ 殆 : 부닥뜨리다.

可以爲天下母

능히 온 세상을 찾아다니며 알아보려 할 만하다.

註 _ 可以爲 : 능히 ~할 만하다. 母 : 찾아가 알아보고 깨닫다.

吾不知其名 字之曰道

나는 그 이름을 모르지만 글자로 도라고 한다.

强爲之名 曰大

억지로 표현하자면 완전히 풀려 있다는 말이다.

註 _ 大 : 완전히 풀려 있다.

大日逝

완전히 풀려 있어서 마음대로 두루 돌아다닌다는 말이고,

註 _ 逝 : 돌아다니다.

逝日遠

마음대로 두루 돌아다닐 수 있어서 멀리 떨어져 벗어날 수 있고,

註 _ 遠 : 멀리 떨어져 벗어나다.

遠日反

멀리 벗어났다가 반대로 되돌아올 수 있다는 말이다.

註 _ 反 : 되돌아오다.

故道大 天大 地大 王亦大

그래서 도가 대단한데 하늘의 이치와 백성도 대단하고 왕 또한 대단하다.

註 _ 天 : 하늘의 이치.

域中有四大 而王居其一焉

세상 속에는 대단한 것이 넷이 있는데 왕이 그 중 하나를 차지하고 있다.

註 _ 域 : 세상. 中 : 속에는.

人法地 地法天

왕은 백성을 따르고 백성은 하늘의 이치를 따른다.

註 _ 人 : 왕. 地 : 백성.

天法道 道法自然

하늘의 이치는 도와 닮았는데 도는 저절로 그러한 것이다.

註 _ 法 : 닮다. 自 : 저절로. 然 : 그러하다.

| 직역모듬 |

처음 세상이 생길 때 천성에 생각하는 마음이 섞여서 만들어졌다.

고요하구나! 아무것도 없구나!

혼자서 두루 다 생각하는 데 한계가 없고,

두루 돌아다니지만 부닥뜨리지 않아서,

능히 온 세상을 찾아다니며 알아보려 할 만하다.

나는 그 이름을 모르지만 글자로 도라고 한다.

억지로 표현하자면 완전히 풀려 있다는 말이다.

완전히 풀려 있어서 마음대로 두루 돌아다닌다는 말이고,

마음대로 두루 돌아다닐 수 있어서 멀리 떨어져 벗어날 수 있고,

멀리 벗어났다가 반대로 되돌아올 수 있다는 말이다.

그래서 도가 대단한데 하늘과 백성도 대단하고 왕 또한 대단하다.

세상 속에는 대단한 것이 넷이 있는데 왕이 그 중 하나를 차지하고 있다.

왕은 백성을 따르고 백성은 하늘의 이치를 따른다.

 이치는 도와 닮았는데 도는 저절로 그러한 것이다.

| 한자의 뜻 |

有 : 천성(天 性), 선천적으로 타고난 성질, 바탕. /

物 : 헤아리는 마음, 생각하는 마음. / 混 : 섞이다, 섞여서 흐르다. /

成 : 만들어지다.

先 : 처음에 ~할 때. / 天 : 하늘. / 地 : 땅. (天地 : 천지, 세상). / 生 : 생기다.

寂 : 소리가 없다. / 兮 : 어조사(~구나 하는 말 멈출 어조사). /

寥 : 텅 비어 있다. / 兮 : 어조사.

獨 : 혼자서 두루 다. / 立 : 생각하다. /

而 : ~하지만(抑辭, 抑又辭 : 그러할지라도). / 不 : 없이, 아니하다. /

146

改 : 한계, 무서워 회피하다.

周 : 구석 끝까지 모두 다. / 行 : 돌아다니다. / 而 : ~하지만. / 不 : 않다. /
殆 : 부닥뜨리다, 부딪치다.

可 : 가능하다. / 以 : ~이다. / 爲 : 하다. (可以爲 : 능히 ~할 만하다). /
天 : 하늘. / 下 : 땅, (天下 : 세상). / 母 : 찾아가 알아보고 깨닫다.

吾 : 나. / 不 : 못한다. / 知 : 알다. / 其 : 그. / 名 : 모습.
字 : 글자. / 之 : 어조사. / 曰 : ~이라 한다. / 道 : 도.

强 : 억지로. / 爲 : 하다. / 之 : 어조사. / 名 : 표현하다. / 曰 : 말이다. /
大 : 완전히 풀려 있다, 마음대로 할 수 있다.

大 : 완전히 풀려 있다, 마음대로 할 수 있다. / 曰 : ~이다. /
逝 : 두루 돌아다니다, 한없이 두루 돌아다니다.

逝 : 두루 돌아다니다, 한없이 두루 돌아다니다. / 曰 : 말이다. /
遠 : 멀리 떨어져 벗어나다.

遠 : 멀리 떨어져 벗어나다. / 曰 : 말이다. / 反 : 되돌아오다. /

故 : 그래서. / 道 : 도. / 大 : 대단하다.

天 : 진리, 하늘의 이치. / 大 : 대단하다.

地 : 백성. / 大 : 대단하다.

王 : 왕. / 亦 : 또한. / 大 : 대단하다.

域 : 세상. / 中 : 속에는. / 有 : 있다. / 四 : 넷. / 大 : 대단한.

而 : 어조사(~한데). / 王 : 왕. / 居 : 차지하다. / 其 : 그. /
一 : 하나. / 焉 : 어조사.

人 : 왕. / 法 : 따르다. / 地 : 백성. / 地 : 백성. / 法 : 따르다. /
天 : 이치, 하늘의 이치.

天 : 이치, 하늘의 이치. / 法 : 따르다. / 道 : 도.

道 : 도. / 法 : 닮다. / 自 : 저절로, 스스로. /
然 : 그러한. (自然 : 저절로 그러한).

의역

세상이 처음 생길 때 사람이 타고난 성질의 바탕에 생각하는 마음이 섞여서 생겨났다.

소리를 내지 않아 적막하고, 형체가 없어 보이지도 않는다!

홀로 두루 생각하는 데 한계가 없고, 구석구석 모든 곳을 돌아다녀도 아무것과도 부닥뜨리지 않아 위태롭지가 않아서,

능히 세상의 온갖 궁금한 것을 찾아 돌아다니며 알아볼 만하다.

나는 그것을 어떻게 표현해야 할지 모르지만 그냥 글자로 도라고 해 둔다.

억지로 꼭 표현하라고 하면 완전히 풀려 있어 제 마음대로 할 수 있어서 대단하다고 말할 수 있다.

마음대로 돌아다닐 수 있어서 한없이 멀리 구석구석 돌아다닐 수 있고,

그렇게 한없이 멀리 갔다가는 반대로 제자리로 되돌아온다.

그렇게 마음대로 한없이 곳곳을 두루 배우며 돌아다니다가 다시 제자리로 되돌아오는 마음은 대단하고, 하늘의 이치도 대단하지만, 나라를 구성하고 있는 백성도 대단하고, 백성을 돌보는 왕 또한 대단하다.

세상에는 네 가지 대단한 것이 있는데 왕이 그 중 하나를 차지하고

있다.

　왕은 백성들의 뜻을 따르고, 백성들은 하늘의 이치를 따르는 법인데, 마음의 본질은 하늘의 이치를 닮았다.

　그러한 마음의 본질은 저절로 그렇게 생겨난 것이다.

第 26 章

●

重爲輕根

....

重爲輕根
중위경근

靜爲躁君
정위조군

是以聖人終日行 不離輜重
시이성인종일행 불리치중

雖有榮觀 燕處超然
수유영관 연처초연

奈何萬乘之主 而以身輕天下
내하만승지주 이이신경천하

輕則失根 躁則失君
경즉실근 조즉실군

| 직역 |

重爲輕根

중히 여기면서 다스리면 나라를 화목하게 하고,

註 _ 輕 : 화목하게 하다. 根 : 나라.

靜爲躁君

계교를 꾸며서 다스리면 임금을 원망하게 한다.

註 _ 靜 : 계교를 꾸미다. 躁 : 원망. 君 : 임금.

是以聖人終日行 不離輜重

그래서 성인은 하루 종일을 가도 막중한 책임을 떠나지 않고,

註 _ 行 : 행적. 輜 : 맡은 일. 重 : 막중한.

雖有榮觀 燕處超然

영화로운 대궐의 차지는 마다하고 편안하게 사는 데는 초연하다.

註 _ 觀 : 대궐. 燕 : 편안하게.

奈何萬乘之主 而以身輕天下

만대의 전차를 소유한 군주이면서 나라를 경솔히 맡아서 다스리면 어찌 하느냐?

註 _ 以 : 다스리다. 身 : 맡다.

輕則失根

경솔하면 곧 나라를 잃는 법이고,

躁則失君

원망받게 하면 임금의 지위를 잃는 법이다.

註 _ 躁 : 원망받다.

중히 여기면서 다스리면 나라를 화목하게 하고,

계교를 꾸미면서 다스리면 임금을 원망하게 한다.

그래서 성인은 하루 종일을 가도 막중한 책임을 떠나지 않고,

영화로운 대궐의 차지는 마다하고 안락하게 사는 데는 초연하다.

만대의 전차를 소유한 군주이면서 나라를 경솔히 맡아서 거느리면 어찌 하느냐?

경솔하면 곧 나라를 잃는 법이고,

원망받게 하면 임금의 자리를 잃는 법이다.

| 한자의 뜻 |

重 : 존중하다. / 爲 : 다스리게 하다. / 輕 : 화목하게 하다. /
根 : 황제의 황금마차, 왕의 지위, 나라.

靜 : 계교. / 爲 : 다스리다. / 躁 : 원망. / 君 : 임금.

是 : 시. / 以 : 이, (是以 : 그래서). / 聖 : 성스러운. /
人 : 사람. (聖人 : 성인, 임금). / 終 : 다하다. /
日 : 하루. (終日 : 하루 종일, 언제나). / 行 : 가도.

不 : 않는다. / 離 : 버리고 떠나다, 잊다. / 輜 : 맡은 일, 군대의 짐(輜重·치중). /
重 : 막중한.

雖 : 물리치다. / 有 : 갖다. / 榮 : 영화로운. / 觀 : 대궐.
燕 : 편안하게. / 處 : 살다. / 超 : 뛰어넘다.
然 : ~한 듯, (超然 : 마음을 쓰지 않는다, 관심을 갖지 않는다).

奈 : 어찌할꼬 내. / 何 : 어떻게. (奈何 : 어찌할꼬). /
萬 : 수많은, 만개의. / 乘 : 전차. / 之 : 어조사(連續辭 : ~의). /
主 : 군주. (萬乘之主 : 만대의 전차를 거느리는 군주, 막강한 군주). /
而 : ~면서. / 以 : 다스리다. / 身 : 맡다. / 輕 : 가벼이. / 天 : 하늘.

下 : 아래. (天下 : 세상, 나라).

輕 : 가벼이 여기다, 우습게 여기다. / 則 : 곧, 법이다. / 失 : 잃다. / 根 : 나라.
操 : 원망받다. / 則 : 법이다, 곧. / 失 : 잃다. / 君 : 임금의, 지위.

의역

군주가 백성을 중히 여기면 나라를 다스리는 일이 쉬워지고,

군주가 꾀나 음모로 다스리면 백성들의 원망을 받게 된다.

그래서 훌륭한 임금은 항상 백성을 다스리는 막중한 임무를 중히 여기며 잊지 않고,

호화로운 궁궐에 사는 것은 마다하면서 편안하게 사는 데는 마음을 쓰지 않는다.

막강한 군사를 거느리는 임금으로서 나라를 맡은 임금의 직분을 우습게 여기면 어떻게 하느냐?

백성을 우습게 여기면서 다스리면 나라를 잃게 되는 법이고,

백성을 막 다스려 원망을 받게 되면 임금의 자리를 잃는 법이다.

第 27 章

●

善行無轍迹

....

善行無轍迹 善言無瑕謫 善數不用籌策
선행무철적 선언무하적 선수불용주책

善閉無關楗 而不可開
선폐무관건 이불가개

善結無繩約 而不可解
선결무승약 이불가해

是以聖人 常善救人 故無棄人
시이성인 상선구인 고무기인

常善救物 故無棄物
상선구물 고무기물

是謂襲明
시위습명

故善人者 不善人之師
고선인자 불선인지사

不善人者 善人之資
불선인자 선인지자

不貴其師 不愛其資 雖智大迷
불귀기사 불애기자 수지대미

是謂要妙
시위요묘

| 직역 |

善行無轍迹

선한 행실은 엇각이 난 흠이 없고,

註 _ 轍 : 엇각이 날. 迹 : 흠.

善言無瑕謫

선한 말은 나무랄 허물이 없으며,

註 _ 瑕 : 나무랄. 謫 : 허물.

善數不用籌策

잘하는 셈은 주판을 쓰지 않는다.

善閉無關楗 而不可開

빗장을 잠그지 않아도 잘 닫으면 열 수 없고,

善結無繩約 而不可解

노끈을 쓰지 않고 묶어도 잘 묶으면 풀 수가 없다.

是以聖人 常善救人 故無棄人

그래서 성인은 백성을 잘 도와주어서 그들을 잃지 않고,

常善救物 故無棄物

일을 잘 도와주어서 만사가 방치되지 않는다.

是謂襲明

이렇게 하는 것을 일러 이어져 내려오는 현명함이라 한다.

註 _ 襲 : 이어 내려오는.

故善人者 不善人之師

　그래서 훌륭한 사람이란 훌륭하지 못한 사람의 스승이고,

不善人者 善人之資

　훌륭하지 못한 사람을 훌륭한 사람이 돕는 것이다.

　　註_資 : 돕다.

不貴其師

　그러한 스승을 귀중히 여기지 않고,

不愛其資

　도움을 받는 자를 아끼지 않는다면,

　　註_資 : 도움을 받는 자.

雖智大迷

　비록 지혜롭다 해도 크게 잘못하는 것이다.

是謂要妙

　이러한 것을 일러 반드시 헤아려야 할 현묘한 이치라 한다.

　　註_要 : 반드시 살펴야 할. 妙 : 현묘한 이치.

| 직역모음 |

　선한 행실은 엇각이 난 흠이 없고,
　선한 말은 나무랄 허물이 없으며,
　잘하는 셈은 주판을 쓰지 않는다.
　빗장을 잠그지 않아도 잘 닫으면 열 수 없고,
　노끈을 쓰지 않고 묶어도 잘 묶으면 풀 수가 없다.

그래서 성인은 백성을 잘 도와주어서 그들을 잃지 않고,

일을 잘 도와주어서 만사가 방치되지 않는다.

이를 일러 이어져 내려오는 현명함이라 한다.

그래서 훌륭한 사람이란 훌륭하지 못한 사람의 스승이고,

훌륭하지 못한 사람을 훌륭한 사람이 돕는 것이다.

그러한 스승을 귀중히 여기지 않고

도움을 받는 자를 아끼지 않는다면,

비록 지혜롭다 해도 크게 잘못하는 것이다.

이렇게 하는 것을 일러 반드시 살펴야 할 현묘한 이치라 한다.

| 한자의 뜻 |

善 : 선한, 훌륭한. / 行 : 행동, 행실. / 無 : 없다. /
轍 : 서로 반목할, 엇갈이 날. / 迹 : 흔적, 흠.

善 : 훌륭한. / 言 : 말. / 無 : 않다. / 瑕 : 나무랄. / 謫 : 허물. /

善 : 잘, 훌륭히. / 數 : 셈, 계산. / 不 : 아니. / 籌 : 셈하다. /
策 : 대. (籌策 : 주판).

善 : 잘. / 閉 : 닫다. / 無 : 않다. / 關 : 잠그다. / 楗 : 빗장. / 而 : ~하면. /
不 : 않는다. / 可 : 잘, 쉽게. / 開 : 열리다.

善 : 잘. / 結 : 묶다. / 無 : 없이. / 繩 : 새끼줄. / 約 : 묶다. /
而 : ~하면. / 不 : 없다. / 可 : 잘, 쉽게. / 解 : 풀다.

是 : 이. / 以 : 까닭에. (是以 : 이런 이유로). / 聖 : 지극히 높은. /
人 : 사람. (聖人 : 성인). / 常 : 하게 하다, 하다. / 善 : 잘. /
救 : 보호하며 도와주다. / 人 : 사람.

故 : 때문에. / 無 : 않는다. / 棄 : 잃다. / 人 : 백성. /

常 : 쓰다, 하다. / 善 : 잘. / 救 : 도와주다. / 物 : 돌봐야 할 모든 일.

故 : 그래서. / 無 : 없다, 않는다. / 棄 : 방치하다. / 物 : 돌봐야 할 모든 일.

是 : 이러한 것. / 謂 : ~이라 한다. / 襲 : 이어 내려오는. / 明 : 현명함.

故 : 그래서. / 善 : 훌륭한. / 人 : 사람. / 者 : 것, (~이란 것.)

不 : 못한. / 善 : 훌륭한. / 人 : 사람. (不善人 : 못난 사람, 훌륭하지 못한 사람). /
之 : ~의. / 師 : 스승.

不 : 못한. / 善 : 훌륭한. / 人 : 사람. / 者 : 곧.

善 : 훌륭한. / 人 : 사람. / 之 : 이다. / 資 : 도와주다.

不 : 아니하다. / 貴 : 소중하게. / 其 : 그, 그러한, 그 같은. / 師 : 스승, 모범.

不 : 아니하다. / 愛 : 은혜롭게 생각하다. / 其 : 그러한. /
資 : 도움, 도움을 받는 자.

雖 : 비록. / 智 : 지혜롭다. / 大 : 대단히. /
迷 : 그르치다, 잘못된 방향으로 가다.

是 : 이. / 謂 : 이르다. (是謂 : 이를 일러 ~이라 한다). /
要 : 반드시 살펴야 할. / 妙 : 현묘함, 현묘한 이치.

훌륭한 행동은 화목하게 행해져 서로 사이가 나빠지게 하는 흠이 없고,
훌륭한 말은 헐뜯을 수 있는 티가 없으며,
잘하는 계산은 주판을 필요로 하지 않는다.
아주 잘 닫으면 빗장을 잠그지 않아도 열리지 않고,

노끈으로 묶지 않아도 잘 매면 풀리지 않는다.

그처럼 성인은 백성들을 잘 도와주어서 그들이 떠나지 않고,

도움이 필요한 일을 잘 보살펴 주어서 모든 일이 방치되지 않는다.

이러한 것을 예로부터 이어져 전해 내려오는 현명함이라 이른다.

그래서 훌륭한 사람은 훌륭하지 못한 사람이 본받아야 할 스승이고,

훌륭한 사람은 훌륭하지 못한 사람을 도와주는 것이다.

그 같은 모범이 되는 스승을 소중히 여기지 않고

또한 도움을 받아야 하는 위치에 있는 그러한 사람을 아끼지 않으면,

비록 지혜롭다 해도 가는 방향이 대단히 잘못된 것이다.

이러한 것을 당연히 살펴야 할 심오한 이치라 한다.

第 28 章

●

知基雄守基雌

....

知其雄 守其雌 爲天下谿
지기웅 수기자 위천하계

爲天下谿 常德不離 復歸於嬰兒
위천하계 상덕불리 복귀어영아

知其白 守其黑 爲天下式
지기백 수기흑 위천하식

爲天下式 常德不忒 復歸於無極
위천하식 상덕불특 복귀어무극

知其榮 守其辱 爲天下谷
지기영 수기욕 위천하곡

爲天下谷 常德乃足 復歸於樸
위천하곡 상덕내족 복귀어박

樸散則爲器
박산즉위기

聖人用之 則爲官長
성인용지 즉위관장

故大制不割
고대제불할

| 직역 |

知其雄 守其雌

자신이 강자임을 알고 있으면서 약자를 보살펴 주면,

註 _ 雄 : 영웅, 강자. 守 : 보살펴 주다. 雌 : 약자.

爲天下谿

천하가 본받게 되고,

註 _ 谿 : 본받다.

爲天下谿 常德不離

천하가 따르게 되면 덕행이 떠나지 않게 돼서,

註 _ 常 : ~되게 하다.

復歸於嬰兒

(세상 사람들이) 다시 어린아이 같아진다.

註 _ 復 : 다시. 歸 : 같아지다.

知其白 守其黑

자신이 옳은 줄 알면서 남의 잘못을 보살펴 주면,

註 _ 白 : 옳음. 守 : 보살피다. 黑 : 잘못.

爲天下式

천하가 이를 본받게 되고,

註 _ 式 : 본받다.

爲天下式 常德不忒

천하가 이를 본받게 되면 덕행이 어그러지지 않게 돼서,

161

復歸於無極

증오가 없는 무극(태초와 같은 세상)으로 되돌아간다.

註 _ 極 : 증오.

知其榮 守其辱

자신이 영화로운 줄 알면서 남의 가난한 부끄러움을 감싸 주면,

註 _ 榮 : 풍요롭게 사는 영화. 辱 : 가난하게 사는 부끄러움.

爲天下谷

천하를 품고 돌보는 것이 되는데,

註 _ 谷 : 품어 돌보다.

爲天下谷 常德乃足

천하를 품고 돌봐 주면 덕행이 넘쳐나게 돼서,

復歸於樸

(세상 사람들이 자신들을) 맡을 어른을 영접하려는 천성으로 회답(回答)한다.

註 _ 復 : 답하다. 歸 : 갚다, 보답. 樸 : 주인을 삼으려는 천성.

樸散則爲器

어른으로 맞으려는 순박한 마음이 퍼지면 기구가 만들어지는 법이고,

註 _ 器 : 기구(제도, 즉 나라)

聖人用之 則爲官長

성인이 등용돼서 곧 그 기구의 장이 되는 법이다.

註 _ 用 : 등용.

故大制不割

그렇게 훌륭하게 이루어진 나라는 흐트러지지 않는다.

註 _ 制 : 직제(職制). 割 : 흐트러지다.

| 직역모듬 |

자신이 강자임을 알고 있으면서 약자를 보살펴 주면,

천하가 본받게 되고,

천하가 본받게 되면 덕행이 떠나지 않게 돼서,

(세상 사람들이) 다시 어린아이 같아진다.

자신이 옳은 줄 알면서 남의 잘못을 보살펴 주면,

천하가 이를 본받게 되고,

천하가 이를 본받게 되면 덕행이 어그러지지 않게 돼서,

증오가 없는 무극(태초와 같은 세상)으로 되돌아간다.

자신이 영화로운 줄 알면서 남의 가난한 부끄러움을 감싸 주면,

천하를 품고 돌보는 것이 되는데,

천하를 품고 돌봐 주면 덕행이 넘쳐나게 돼서,

(세상 사람들이 자신들을) 맡을 어른을 영접하려는 천성으로 회답(回答)한다.

어른으로 맞으려는 순박한 마음이 퍼지면 기구가 만들어지는 법이고,

성인이 등용돼서 곧 그 기구의 장이 되는 것이다.

그렇게 훌륭하게 이루어진 나라는 흐트러지지 않는다.

| 한자의 뜻 |

知 : 알고 있다. / 基 : 어조사. / 雄 : 강자, 영웅. / 守 : 보살펴 주다. /
其 : 어조사. / 雌 : 약자.

爲 : 하게 하다. / 天 : 하늘. / 下 : 밑(天下 : 세상, 세상 사람들). /
谿 : 본받다, 따르다.

爲 : 하게 하다. / 天 : 하늘. / 下 : 밑. (天下 : 세상, 세상 사람들). /
谿 : 따르다, 모여들다, 본받다.

常 : 되다, ~되게 하다. / 德 : 덕행. / 不 : 아니. / 離 : 떠나다.

復 : 다시. / 歸 : 같아지다. / 於 : ~으로. / 嬰 : 어린. / 兒 : 아이.

知 : 알다. / 其 : 어조사. / 白 : 정당함, 옳음, 곧고 깨끗함. /
守 : 보살펴 주다. / 其 : 어조사. / 黑 : 잘못, 그릇됨.

爲 : 하게 하다. / 天 : 하늘. / 下 : 밑. (天下 : 세상, 세상 사람들). /
式 : 본받다, 따르다. / 爲 : 하게 하다. / 天 : 하늘. /
下 : 밑. (天下 : 세상, 세상 사람들). / 式 : 본받다.

常 : ~하게 하다. / 德 : 덕행. / 不 : 아니. / 忒 : 변하다, 어긋나다.

復 : 다시. / 歸 : 같아지다. / 於 : ~으로. / 無 : 없는. /
極 : 증오. (無極 : 악이 없는 태초.). /

知 : 알다. / 其 : 자신. / 榮 : 영화. / 守 : 덮어 주다. / 其 : 남의. /
辱 : 가난을 부끄러워함.

爲 : 하게 하다. / 天 : 하늘. / 下 : 밑. (天下 : 세상, 세상 사람들). /
谷 : 오래오래 잘 살게 하다.

爲 : 하게 하다. / 天 : 하늘. / 下 : 밑. / 谷 : 품어 돌보다.

常 : ~되게 하다. / 德 : 덕. 덕행. / 乃 : 이에, 따라서. / 足 : 충분하다.

復 : 대답하다. 반응하다. / 歸 : 갚다, 보답. (復歸 : 응답하다). /
於 : ~으로. / 樸 : 책임질 어른으로 모시려는 천성.

樸 : 책임질 어른으로 모시려는 천성. / 散 : 퍼지다. / 則 : 곧. /
爲 : 이루어지다. / 器 : 기구, 나라.

聖 : 성스러운. / 人 : 사람. (聖人 : 성인). / 用 : 등용. / 之 : 어조사. /
則 : 법이다. / 爲 : 되다. / 官 : 기관. / 長 : 우두머리.

故 : 그렇게 해서. / 大 : 훌륭한. / 制 : 직제, 나라. / 不 : 않는. / 割 : 흩어지다.

의역

자신이 이길 수 있는 강자임을 알고 있으면서도
약자들을 억압하지 않고 오히려 보살펴 주면,
세상 사람들이 그를 따라 모여들게 되는데,
그처럼 사람들이 모여들어 그를 본받게 되면,
덕행이 끊이지 않고 계속 행해져서,
세상 사람들이 다시 어린아이같이 순박해진다.
자신이 정당한 줄 알고 있으면서,
다른 사람의 잘못을 감싸고 보살펴 주면,
사람들이 그러한 선행을 본받게 되는데,
사람들이 그러한 선행을 본받게 되면,
덕행이 어그러지지 않고 계속 행해져서,
사람들이 다시 화목하게 된다.
자신이 영예로운 위치에서 호화롭게 살고 있으면서
가난해서 부끄럽게 여기는 불쌍한 자들을 감싸면서 보살펴 주면,
세상 사람들을 품고 잘 살게 돌봐 주는 것인데,
그렇게 사람들을 품고 편안하게 잘 살게 돌봐 주면,
덕행이 세상에 가득 차게 되고,
세상 사람들이 그를 그들을 맡아서 다스려 줄 임금으로 모시려는 마음

을 갖게 되는 것이다.

그를 그들을 맡아서 다스려 줄 왕으로 모시려는 순수한 마음이 번지게
되면,

그러한 생각을 하는 사람들이 함께 기구를 만들게 되는 법인데,

성인이 그 기구에 등용되면 그가 곧 그 기구의 장인 왕이 되는 것이다.

그렇게 훌륭하게 이루어진 나라는 망하지 않는 법이다.

第29章

●

將欲取天下而爲之

....

將欲取天下 而爲之
장욕취천하 이위지

吾見其 不得已
오견기 부득이

天下神器 不可爲也
천하신기 불가위야

爲者敗之 執者失之
위자패지 집자실지

故物 或行 或隨
고물 혹행 혹수

或歔 或吹
혹허 혹취

或强 或羸
혹강 혹리

或載 或隳
혹재 혹휴

是以聖人 去甚 去奢 去泰
시이성인 거심 거사 거태

| 직역 |

將欲取天下 而爲之

천하를 얻고자 욕심을 부리면서 일을 조작하는데,

註 _ 將 : 부리다. 天下 : 천하.

吾見其不得已

나는 그렇게 하는 것이 이루어지지 않는 것을 알고 있다.

註 _ 得 : 이루다.

天下神器 不可爲也

세상은 신비로운 기구여서 조작해서 되는 것이 아니다.

註 _ 天下 : 세상. 器 : 기구.

爲者敗之 執者失之

꾸며서 이루려는 자는 실패하고 차지하는 자는 잃는다.

故物或行 或隨

왜냐하면 세상만사는 앞서가기도 하지만 혹 뒤따라가기도 하고,

註 _ 物 : 세상만사.

或歔 或吹

혹 한숨을 쉬게 하는가 하면 또 어떤 때는 신나서 나팔을 불게도 하며,

註 _ 歔 : 한숨 쉬다. 吹 : 신나게 하다.

或强 或羸

혹 센가 하면 또 어떤 때는 약해지기도 하고,

註 _ 羸 : 병들어 허약해지다.

或載 或墮

혹 성취하는가 하면 잃기도 하기 때문이다.

註 _ 載 : 성취하다. 墮 : 잃어버리다.

是以聖人 去甚 去奢 去泰

그래서 성인은 극단을 피하고 사치를 삼가고 거친 행동을 피한다.

| 직역모듬 |

천하를 얻고자 욕심을 부리며 조작을 하는데,
나는 그렇게 하는 것이 이루어지지 않는 것을 알고 있다.
세상은 신비로운 기구여서 조작해서 되는 것이 아니다.
꾸며서 이루려는 자는 실패하고 차지하는 자는 잃는다.
왜냐하면 만사는 어떤 때는 앞서가기도 하지만 혹 뒤따라가기도 하고,
혹 한숨을 쉬게 하는가 하면 또 어떤 때는 신나서 나팔을 불게도 하며,
혹 센가 하면 또 어떤 때는 약해지기도 하고,
혹 성취하는가 하면 잃기도 하기 때문이다.
그래서 성인은 극단을 피하고 사치를 삼가고 거친 행동을 피한다.

| 한자의 뜻 |

將 : 부리다. / 欲 : 욕심. / 取 : 차지하다. / 天 : 하늘. /
下 : 밑. (天下 : 세상, 한 나라). / 而 : 어조사. / 爲 : 꾸미다. / 之 : 어조사.

吾 : 나. / 見 : 안다, 본다. / 基 : 그것이, 그렇게 하는 것이. /
不 : 못하다. / 得 : 성취하다, 결과를 얻다. / 已 : ~일 뿐이다.

天 : 하늘. / 下 : 밑. (天下 : 세상). / 神 : 신비한, 묘한. / 器 : 그릇, 형체.
不 : 없다, 않다. / 可 : 가하다. / 爲 : 하다. / 也 : 어조사.

爲 : 꾸미다, 조작하다. / 者 : 자, 사람. / 敗 : 패하다. / 之 : 어조사. /
執 : 차지하다, 갖고 있다. / 者 : 자, 사람. / 失 : 잃다. / 之 : 어조사.

故 : 그래서. / 物 : 세상만사, 세상 모든 일. / 或 : 간혹, 어떤 때.
行 : 앞서가다. / 或 : 간혹, 어떤 때, 혹. / 隨 : 뒤따라가다.

或 : 어떤 때. / 歔 : 한숨 쉬다. / 或 : 어떤 때, 혹. / 吹 : 신명나게 나팔 불다.

或 : 어떤 때, 혹. / 强 : 강하다. / 或 : 어떤 때. / 羸 : 병나 약해지다.

或 : 어떤, 혹. / 載 : 성취하다. / 或 : 어떤, 혹. / 隳 : 훼손하다, 잃어버리다.

是 : 이. / 以 : 까닭. (是以 : 그래서). / 聖 : 성인. / 人 : 사람. (聖人 : 성인).

去 : 버리다. / 甚 : 극심, 극단.

去 : 버리다. / 奢 : 사치.

去 : 버리다, 삼가다. / 泰 : 거친 행동.

의역

세상 사람들이 자신에게 유리하게 계략을 꾸미면서 나라를 차지하려
욕심을 부리는데,

욕심을 부려 나라를 얻으려는 그런 계략은 이루어지지 않는다는 것을
나는 알고 있다.

세상 사람들이 모여서 살고 있는 나라라는 것은 신비한 기구여서 계략
을 써서 차지할 수 있는 것이 아니다.

얻고자 계략을 쓰는 자는 실패하고 계략으로 차지한 나라는 잃고 만다.

왜냐하면 세상 모든 일은 앞서가기도 히지만 어떤 때는 뒤쫓아가게도

되고,

　어떤 때는 일이 잘 풀리지 않아 슬프기도 하지만 어떤 때는 즐겁기도
하며,

　어떤 때는 강해지는가 하면 어떤 때는 약해지기도 하고,

　혹 성취하는가 하면 어떤 때는 그렇지 못하기도 하기 때문이다.

　그래서 성인은 극심한 행동은 취하지 않고 지나친 영화를 누리려 하지
도 않고 지나치게 포악한 행동은 삼간다.

第 30 章

●

以道佐人主者

....

以道佐人主者 不以兵强天下
이도좌인주자 불이병강천하

其事好還
기사호환

師之所處 荊棘生焉
사지소처 형극생언

大軍之後 必有凶年
대군지후 필유흉년

善者果而已 不敢以取强
선자과이이 불감이취강

果而勿矜
과이물긍

果而勿伐
과이물벌

果而勿驕
과이물교

果而不得已 果而勿强
과이부득이 과이물강

物壯則老
물장즉노

是謂不道 不道早已
시위부도 부도조이

172

| 직역 |

以道 佐人主者 不以兵强天下

도리로 백성을 보살펴 주는 군주는 천하를 군사로 억압하지 않는다.

註 _ 道 : 도리. 佐 : 보살펴 주다. 强 : 억압하다.

其事好還

그렇게 하는 것이 좋은 결과로 되돌아온다.

註 _ 好 : 좋은 결과.

師之所處 荊棘生焉

군대가 머물던 곳에는 가시덤불이 무성하고,

註 _ 荊棘 : 가시덤불.

大軍之後 必有凶年

대군이 지나간 다음에는 꼭 흉년이 들게 마련이다.

善者果而已 不敢以取强

훌륭한 군주는 승리로 끝을 맺어도 구태여 힘으로 탈취하지 않는다.

註 _ 果 : 이기다. 已 : 끝내다. 敢 : 구태여.

果而勿矜

이겨도 자만하지 않고,

果而勿伐

이겨도 공적을 내세우지 않으며,

173

果而勿驕

이겨도 교만을 부리지 않는다.

果而不得已 果而勿强

이겨도 취하지 않고 끝내며 이겼다고 억압하지 않는다.

物壯則老

빠르게 성하는 것은 곧 쇠하는 법이다.

註 _ 物 : 세상 일. 壯 : 빠르게 성하다.

是謂不道 不道早已

이러한 것을 일러 그릇된 도라 하는데 그릇된 도는 일찍 끝나는 것이다.

註 _ 不道 : 잘못된 도.

| 직역모듬 |

도리로 백성을 보살펴 주는 군주는 천하를 군사로 강제하지 않는다.

그렇게 하는 것이 좋은 결과로 되돌아온다.

군대가 머물던 곳에는 가시덤불이 무성하고,

대군이 지나간 다음에는 꼭 흉년이 들게 마련이다.

훌륭한 군주는 승리로 끝을 맺어도 구태여 힘으로 탈취하지 않는다.

이겨도 자만하지 않고,

공적을 내세우지 않으며,

이겨도 교만을 부리지 않는다.

이겨도 취하지 않고 끝내며 이겼다고 억압하지 않는다.

빠르게 성하는 것은 곧 쇠하는 법이다.

이러한 것을 일러 그릇된 도라 하는데 그릇된 도는 일찍 끝나는 것이다.

│ 한자의 뜻 │

以 : 어조사(~으로). / 道 : 도리, 이치. / 佐 : 도와주다, 보살펴 주다. / 人 : 백성. /
主 : 주관하다, 맡아서 하다, 맡아서 책임지다. / 者 : 자. (主者 : 군주, 왕).

不 : 아니한다. / 以 : 어조사(~으로서). / 兵 : 군사. / 强 : 강제하다. /
天 : 하늘. / 下 : 밑. (天下 : 세상, 세상 사람).

其 : 그렇게. / 事 : 일, 하다. / 好 : 좋은, 잘. / 還 : 돌아오다, 보답 받다.

師 : 군사. / 之 : 어조사. / 所 : 곳, 장소. / 處 : 자리 잡다. / 荊 : 가시. /
棘 : 아기풀(荊棘 : 가시나무 덤불). / 生 : 자라다. / 焉 : 어조사.

大 : 큰, 많은. / 軍 : 군사. / 之 : 어조사. / 後 : 다음에, 이어서. / 必 : 꼭. /
有 : 온다, 든다, 있다. / 凶 : 흉년이 들다. / 年 : 해. (凶年 : 흉년).

善 : 선한, 훌륭한. / 者 : 자, 사람. / 果 : 이기다. / 而 : ~할지라도. /
已 : 마치다, 끝내다.

不 : 아니한다. / 敢 : 구태여, 참고 자제하다. / 以 : 어조사. /
取 : 빼앗다, 취하다. / 强 : 강제로.

果 : 이기다. / 而 : ~할지라도. / 勿 : 아니하다. / 矜 : 뽐내다.

果 : 이기다. / 而 : ~할지라도. / 勿 : 아니하다. / 伐 : 공적을 자랑하다.

果 : 이기다. / 而 : ~할지라도. / 勿 : 아니하다. / 驕 : 방자하다.

果 : 이기다. / 而 : ~할지라도. / 不 : 없이. / 得 : 얻다, 획득하다. /
已 : 멈추다, 끝내다.

果 : 이기다. / 而 : ~이지만. / 勿 : 아니하다. / 强 : 억압하다.

壯 : 세지다, 왕성해지다. / 則 : 곧, ~하는 법이다. / 老 : 잘못되다.

是 : 이러한 것. / 謂 : ~이라 이른다. / 不 : 몹쓸, 그릇된. /
道 : 도, 도리. (不道 : 그릇된 도)

不 : 몹쓸, 그릇된. / 道 : 도, 도리. / 루 : 빨리, 금방, 일찍. / 已 : 끝나다.

마땅히 행해야 할 이치에 따라서 백성을 돌봐 주는 군왕은
백성을 군사로 억압하지 않는다.
그렇게 함으로써 오히려 좋은 결과를 가져오게 한다.
군사가 주둔하던 곳에는 가시덤불이 무성하게 되고,
많은 군사가 지나간 다음에는 반드시 흉년이 들게 마련이다.
훌륭한 군주는 이기면 이기는 것으로 곧바로 끝을 맺고
참고 자제하지 강제로 탈취하지 않는다.
이겨도 자만하지 않고 공적도 내세우지 않으며,
이겨도 교만하게 행동하지도 않는다.
이겨도 수탈하지 않고 곱게 마무리 짓지
이겼다고 억압하지도 않는다.
급하게 일어나는 것은 빠르게 주저앉는 법이다.
이러한 것을 잘못된 도라 이르는데
이와 같은 잘못된 도는 오래가지 못하는 것이다.

第31章

●

夫佳兵者不祥之器

....

夫佳兵者不祥之器
부가병자불상지기

物或惡之 故有道者不處
물혹오지 고유도자불처

君子居則貴左 用兵則貴右
군자거즉귀좌 용병즉귀우

兵者不詳之器 非君子之器
병자불상지기 비군자지기

不得已而用之 恬淡爲上
부득이이용지 념담위상

勝而不美 而美之者 是樂殺人
승이불미 이미지자 시악살인

夫樂殺人者 則不可得志於天下矣
부악살인자 즉불가득지어천하의

吉事尙左 凶事尙右 偏將軍居左 上將軍居右
길사상좌 흉사상우 편장군거좌 상장군거우

言以喪禮處之
언이상예처지

殺人之衆以哀悲泣之
살인지중이애비읍지

戰勝以喪禮處之
전승이상예처지

| 직역 |

夫佳兵者不祥之器

생각해 보건대 기리는 군사라는 것은 상서롭지 못한 기구다.

註 _ 夫 : 생각해 보다. 佳 : 기리는. 祥 : 좋은.

物惑惡之 故有道者不處

일이 혹시라도 잘못될까 해서 도를 터득한 자는 이(군사)를 두지 않는다.

註 _ 物 : 일. 惡 : 잘못되다. 處 : 두다.

君子居 則貴左

군자가 (군사를) 두는 것은, 즉 재앙을 예방하기 위한 것이고,

註 _ 居 : 모아 두다. 貴 : 제지(예방)하다. 左 : 재앙.

用兵 則貴右

(군자가) 군사를 사용하는 것은 난리를 바로잡는 것이다.

註 _ 貴 : 난리(難離). 右 : 바로잡다.

兵者不祥之器 非君子之器

군사라는 것은 좋지 못한 기구여서 군자의 기구가 못 된다.

不得已而用之 恬淡爲上

불가불 사용해야 하면 조용히 심하지 않게 하는 것이 잘 하는 것이다.

勝而不美 而美之者 是樂殺人

이겨도 좋은 것이 아닌데 (군사를 사용하는 것을) 좋아하는 자이면 이는 살인을 좋아하는 것이다.

夫樂殺人者 則不可得志於天下矣

　무릇 사람을 죽이기를 좋아하는 자는 백성의 뜻을 얻을 수 없는 법이다.

吉事尙左

　이로울 거라고 좋아하는 일이 오히려 재앙이 되고,

凶事尙右

　해로울 거라는 일이 오히려 옳을 수도 있다.

偏將軍居左

　군사를 부리는 쪽으로 치우치는 것은 잘못된 처사이고,

上將軍居右

　군사를 부리는 것을 삼가는 것이 올바른 처사이다.

言以喪禮處之

　상례를 치른다는 말은,

殺人之衆以哀悲泣之

　많은 사람들의 죽음을 슬퍼해 비통한 눈물을 흘리면서,

戰勝以喪禮處之

　승전을 슬퍼하는 상례로 치른다는 말이다.

| 직역모듬 |

　생각해 보건대 기리는 군사라는 것은 상서롭지 못한 기구다.

일이 혹시라도 잘못될까 해서 도를 터득한 자는 이(군사)를 두지 않는다.
군자가 (군사를) 두는 것은, 즉 재앙을 예방하기 위한 것이고,
(군자가) 군사를 사용하는 것은 난리를 바로잡는 것이다.
군사라는 것은 좋지 못한 기구여서 군자의 기구가 못 된다.
불가불 사용해야 하면 조용히 심하지 않게 하는 것이 잘 하는 것이다.
이겨도 좋은 것이 아닌데 (군사를 사용하는 것을) 좋아하는 자이면 이는
살인을 좋아하는 것이다.
무릇 사람을 죽이기를 좋아하는 자는 백성의 뜻을 얻을 수 없는 법이다.
이로울 거라고 좋아하는 일이 오히려 재앙이 되고
해로울 거라는 일이 오히려 옳을 수도 있다.
군사를 부리는 쪽으로 치우치는 것은 잘못된 처사이고
부리는 것을 삼가는 것이 올바른 처사이다.
상례를 치른다는 말은, 많은 사람들의 죽음을 슬퍼해 비통한 눈물을 흘리면서
승전을 슬퍼하는 상례로 치른다는 말이다.

| 한자의 뜻 |

夫 : 무릇, 대체로 보아, 생각해 보건대. / 佳 : 기리는, 좋아하는, 찬사를 보내는. /
兵 : 군사. / 者 : 것. / 不 : 아니다. / 祥 : 좋은. / 之 : 어조사(~이다). /
器 : 기구.

物 : 일. / 或 : 혹시나. / 惡 : 잘못되다, 나빠지다. / 之 : 어조사(~이다).

故 : 고로, 그래서. / 有 : 터득하다, 갖추다. / 道 : 도, 도리. / 者 : 자, 사람. /
不 : 아니, 주저하다. / 處 : 두다. (不處 : 두기를 주저하다).

君 : 지존. / 子 : 사람. (君子 : 군자, 왕). / 居 : 두다, 거느리다. /
則 : 곧, 말하자면. / 貴 : 제지하다, 예방하다. / 左 : 재앙, 침입.

用 : 부리다, 사용하다. / 兵 : 군사. / 則 : 말하자면, 즉. / 貴 : 난리, 재앙. /

右 : 바로잡다, 수습하다.

兵 : 군사. / 者 : 것. / 不 : 아니어서. / 祥 : 좋은. / 之 : 어조사. / 器 : 기구.

非 : 아니다. / 君 : 지존이 높은. / 子 : 자, 사람. (君子 : 군자). /
之 : 어조사(~의). / 器 : 기구.

不 : 아니. / 得 : 뜻 맞을, 마음대로. / 已 : 이루다. (不得已 : 부득이, 할 수 없이).
而 : 어조사(~하면). / 用 : 사용하다. / 之 : 어조사.

恬 : 조용하게. / 淡 : 심하지 않게, 욕심없이, 무리하지 않게, 적당히. /
爲 : 하다. / 上 : 잘, 선하게.

勝 : 이기다. / 而 : 억사(抑辭). (~할지라도). / 不 : 아니다. / 美 : 좋은.
而 : ~한데. / 美 : 좋아하다. / 之 : 어조사. / 者 : 자, 사람.
是 : 즐기다. / 樂 : 낙, 즐거움. / 殺 : 죽이다. / 人 : 사람. (殺人 : 살인).

夫 : 무릇, 생각해 보건대. / 樂 : 즐기다. / 殺 : 죽이다.
人 : 사람. (殺人 : 살인). / 者 : 자.

則 : 곧, ~하는 법이다. / 不 : 없다. / 可 : 할 수 있다. / 得 : 얻다. / 志 : 뜻.

於 : ~의, ~으로부터. / 天 : 하늘. / 下 : 백성. (天下 : 백성). /
矣 : 어조사(~이다).

吉 : 이로운, 좋아하는. / 事 : 일. / 尙 : 오히려. /
左 : 도움이 되지 않다, 해가 되다.

凶 : 두려운. / 事 : 일. / 尙 : 오히려. / 右 : 유익하다.

偏 : 치우치다. / 將 : 부리다. / 軍 : 군사. / 居 : 처신하다.
左 : 그르게, 잘못.

上 : 신중하게, 삼가면서. / 將 : 부리다. / 軍 : 군사. / 居 : 처신하다. /

右 : 바르게.

言 : ~라 말하는 것은 ~라는 뜻이다. / 以 : ~으로. / 喪 : 죽음. /
禮 : 의식(喪禮 : 상례, 죽음에 대한 儀式). / 處 : 치르다, 마무리하다. /
之 : 어조사(~이다).

殺 : 죽이다. / 人 : 사람. (殺人 : 살인). / 之 : 어조사(~의). / 衆 : 많은.
以 : ~으로. / 哀 : 슬픔. / 悲 : 비통한. / 泣 : 눈물을 흘리는. /
之 : 어조사(~이다).

戰 : 전쟁. / 勝 : 이기다. / 以 : 으로. / 喪 : 죽음. / 禮 : 의식. /
處 : 치르다. / 之 : 어조사.

의역

　생각해 보건대 두고 싶어하는 좋다는 군사라는 것은 상서롭지 못한 기
구다.

　혹시라도 일이 잘못될 수 있다는 걱정스런 생각이 들어서 도를 터득한
자는 이를 두지 않는다.

　군왕이 군사를 두는 것은, 곧 재앙을 일으키는 적국의 침입을 예방하기
위한 것이고,

　군주가 군사를 사용하는 것은 곧 백성을 어렵게 만드는 적의 침입을 물
리치고 환란을 바로 수습하기 위한 것이다.

　군사라는 것은 악하게 쓰일 수 있는 기구여서 군자가 지닐 기구가 못된
다.

　꼭 써야 하면 소란을 피우지 않으며 지나치지 않게 적당히 하는 것이
상책이다.

　전쟁은 이겨도 좋은 일이 아닌데 이를 좋다고 하는 사람이면 이는 살

인을 즐기는 것과 같은 것이다.

생각해 보건대 살인을 즐기는 왕이고서는 그를 우러러 받들어야 할 백성들의 지지를 얻지 못하는 법이다.

군사를 좋다고 탐내서 두는 일은 어그러진 잘못된 일일 수 있고 군사를 두기를 두려워하는 것이 오히려 유익할 수도 있다.

군사를 부리기를 좋아하는 것은 이치에 어긋난 처사이고 군사를 부리는 것을 삼가는 것이 오히려 올바른 입장을 취하는 것이다.

상례를 치른다는 말은 싸움에서 이긴 기쁨을 축하하는 대신, 많은 사람들의 죽음을 비통해 하는 눈물을 흘리고 애석해 하며 상례를 치른다는 것이다.

| 참고 |

역자가 본으로 삼고 있는 R. L. WING의 본인 《THE TAO OF POWER"(originally published in 1986 by Doubleday)》에는 '夫樂殺人者 則不可得志於天下矣'의 이후가 생략되고 없으나, 왕필본으로 알려져 있는 현재의 통행본에는 '吉事尙左凶事尙右偏將軍居左上將軍居右言以喪禮處之殺人之衆以哀悲泣之戰勝以喪禮處之'이 있다. 그래서 이를 첨부했다.

第32章

●

道常無名樸

....

道常無名 樸雖小
도상무명 박수소

天下莫能臣也
천하막능신야

侯王若能守之
후왕약능수지

萬物將自賓
만물장자빈

天地相合以降甘露
천지상합이강감로

民莫之令而自均
민막지영이자연

始制有名
시제유명

名亦旣有 夫亦將知止
명역기유 부역장지지

知止可以不殆
지지가이불태

譬道之在天下
비도지재천하

猶川谷之於江海
유천곡지어강해

| 직역 |

道常無名 樸雖小

마음은 형상을 나타내지 않아서, 비록 별것이 아닌 것 같아도

註_ 樸 : 형상. 小 : 별게 아닌.

天下莫能臣也

세상 사람들이 마음대로 할 수가 없다.

註_ 臣 : 신하로 부리다. 마음대로 하다.

侯王若能守之

하지만 만약 후왕이 (마음을) 그와 같이 간직할 수 있다면,

萬物將自賓

만사가 저절로 (후왕의) 뜻을 따르게 돼서,

註_ 賓 : 따르다.

天地相合以降甘露

천지가 서로 화합해서 단이슬을 내리듯이,

民莫之令 而自均

법령으로 다스리지 않아도 백성들이 스스로 따르게 되고,

註_ 均 : 따르다.

始制有名

비로소 후왕의 통치가 좋은 평판을 얻게 될 것이다.

註_ 始 : 비로소 처음으로. 制 : 맡아서 하는 일. 名 : 좋은 평판.

名亦旣有 夫亦將知止

또한 좋은 평판을 이미 얻고도 그저 슬기로운 자제를 거듭 이어가면,

註 _ 亦 : 또한. 旣 : 이미. 亦 : 거듭. 將 : 이어가다. 知 : 슬기로운. 止 : 자제.

知止可以不殆

자제하는 지혜가 능히 위태롭지 않게 해 줄 것이다.

譬道之在天下

도리를 따르는 마음이 세상 사람들을 모이게 하는 것은 비유하자면,

猶川谷之於江海

골짜기의 물이 흘러 강과 바다로 모여드는 것과 같은 것이다.

| 직역모듬 |

마음은 형상을 나타내지 않아서 비록 별것이 아닌 것 같아도,
세상 사람들이 마음대로 할 수가 없다.
하지만 만약 후왕이 그와 같이 (마음을) 간직할 수 있다면,
만사가 저절로 (후왕의) 뜻을 따르게 돼서,
천지가 서로 화합해서 단이슬을 내리듯이,
법령으로 다스리지 않아도 백성들이 스스로 따르게 되고,
비로소 후왕의 통치가 좋은 평판을 얻게 될 것이다.
또한 좋은 평판을 이미 얻고도 그저 슬기로운 자제를 거듭 이어가면,
자제하는 지혜가 능히 위태롭지 않게 해 줄 것이다.
도리를 따르는 마음이 세상 사람들을 모이게 하는 것은 비유하자면,
골짜기의 물이 흘러 강과 바다로 모여드는 것과 같은 것이다.

| 한자의 뜻 |

道 : 마음. / 常 : 하게 하다. / 無 : 않다. / 名 : 나타내다. /
樸 : 바탕, 본질, 형체.

雖 : 비록 ~인 것 같지만. / 小 : 별것 아닌. / 天 : 하늘. /
下 : 밑. (天下 : 세상 사람들, 백성). / 莫 : 없다. /
能 : 할 수 있다. (莫能 : 할 수 없다, 불가하다). / 臣 : 신하, 마음대로 이끌다. /
也 : 어조사.

侯 : 제후국. / 王 : 임금. (侯王 : 후왕). / 若 : 만약 ~면. / 能 : 할 수 있다. /
守 : 다스리다, 관장하다. / 之 : 어조사.

萬 : 많은. / 物 : 일. (萬物 : 세상 모든 일). / 將 : 하게 하다. /
自 : 마음 먹은 대로. / 賓 : 따르다, 이루어지다.

天 : 하늘. / 地 : 땅. / 相 : 인연을 맺다. / 合 : 화합하다. / 以 : 듯이, 처럼. /
降 : 내리다. / 甘 : 단. / 露 : 이슬.

民 : 백성. / 莫 : 없애다. / 之 : 어조사. / 令 : 법령, 명령. / 而 : ~할지라도. /
自 : 스스로, 자진해서. / 均 : 따르다.

始 : 비로소. / 制 : 후왕의 직분, 후왕의 통치. / 有 : 얻다. /
名 : 좋은 평판, 명성.

名 : 좋은 평판. / 亦 : 또한. / 旣 : 이미, 기왕에. / 有 : 얻다.

夫 : 그저. / 亦 : 거듭. / 將 : 이어 가다, 계속해 나아가다. / 知 : 슬기. /
止 : (마음을 먹지 않는) 자제, 망동치 않는.

知 : 지혜, 깨달음. / 止 : 자제, 억제. / 可 : 기약되다, 보장되다. /
以 : ~하게. (可以 : 능히). / 不 : 없게. / 殆 : 위태로움.

譬 : 비유하지면. / 道 : 도리를 행하는 마음. / 之 : 어조사. /

在 : 모이게 하다. / 天 : 하늘. / 下 : 백성. (天下 : 천하, 백성).

猶 : 같다. / 川 : 냇물. / 谷 : 계곡. (川谷 : 계곡의 흐르는 물). /
之 : 어조사. / 於 : ~으로. / 江 : 강. / 海 : 바다.

마음은 모습을 표면으로 나타내지 않아서 비록 별것이 아닌 것같이 생각되어도,

자신의 마음이지만 자기 마음대로 할 수 없는 것이 사람의 마음이다.

하지만 만약 후왕이 백성을 다스리는 자신의 마음을 도리에 맞게 잘 쓸 수 있으면,

모든 일이 자신이 뜻하는 대로 저절로 이루어지게 될 것이다.

마치 천지가 서로 화합해서 단이슬이 내리듯이,

법령으로 다스리지 않아도 백성들이 후왕의 뜻에 스스로 따르게 되고,

비로소 백성들로부터 후왕의 통치가 좋은 평판을 얻게 될 것이다.

좋은 평판을 이미 얻고 난 후에도 망동하지 않고 생각을 자제하며 지혜롭게 마음을 쓰면,

그러한 자제하는 지혜로운 마음은 백성들을 흐트러지지 않게 해서 능히 나라를 위태롭지 않게 해 줄 것이다.

도리를 따라 백성을 다스리는 후왕의 바른 마음이 세상 사람들을 모이게 하는 것은,

비유하자면 계곡의 물이 자연의 이치에 따라 흘러들어 강과 바다를 이루는 것과 같은 것이다.

第 33 章

●

知人者智 自知者明

....

知人者智
지인자지

自知自明
자지자명

勝人者有力
승인자유력

自勝者强
자승자강

知足者富
지족자부

强行者有志
강행자유지

不失其所者久
부실기소자구

死而不亡者壽
사이불망자수

知人者智 自知者明

　남을 아는 사람은 지혜로운 사람이지만 스스로를 아는 사람은 현명한 사람이다.

勝人者有力 自勝者强

　남을 이기는 사람은 힘이 있는 사람이지만 자신을 이기는 사람은 막강한 사람이다.

知足者富 强行者有志

　만족할 줄 아는 사람은 대접을 받는데, 욕심을 부리는 사람은 원망을 산다.

不失其所者久

　그 타일러 훈계한 바를 잊지 않는 사람은 오래간다.

死而不亡者壽

　죽어서도 잊혀지지 않는 사람이 장수하는 것이다.

| 직역모듬 |

　남을 아는 사람은 지혜로운 사람이지만
　스스로를 아는 사람은 현명한 사람이다.
　남을 이기는 사람은 힘이 있는 사람이지만
　자신을 이기는 사람은 막강한 사람이다.
　만족할 줄 아는 사람은 대접을 받는데,
　욕심을 부리는 사람은 원망을 산다.
　이렇게 타일러 훈계한 바를 잊지 않는 사람은 오래간다.
　죽어서도 잊혀지지 않는 사람이 장수하는 것이다.

| 한자의 뜻 |

知 : 알다. / 人 : 남, 다른 사람. / 者 : 자, 사람. / 智 : 지혜롭다, 슬기롭다.

自 : 자신, 스스로. / 知 : 알다. / 者 : 자, 사람. / 明 : 현명하다.

勝 : 이기는. / 人 : 남, 다른 사람. / 者 : 사람. / 有 : 있다. / 力 : 힘.

自 : 자신, 스스로를. / 勝 : 이기는. / 者 : 사람. /
强 : 절제하다. 욕구를 억제하다.

知 : 알다. / 足 : 만족. / 者 : 사람, 것. / 富 : 믿고 대접한다.

强 : 억지로. / 行 : 행하다. / 者 : 것, 사람. / 有 : 얻다. / 志 : 원망하다.

不 : 아니하다. / 失 : 잊다. / 基 : 이렇게, 그.
所 : 삼가라고 당부하는 바. / 者 : 것. / 久 : 오래간다, 장구한다.

死 : 죽다. / 而 : 어조사. / 不 : 않다. / 亡 : 잊혀지다. / 者 : 자, 사람.
壽 : 장수하다, 명이 길다.

의역

　다른 사람의 됨됨이를 잘 판단할 줄 아는 사람은 슬기로운 사람이지만,
　스스로가 어떠한 사람인지를 깨닫고 있는 사람은 참으로 현명한 사람
이다.
　남을 이길 수 있는 사람은 힘이 있는 사람이지만,
　자신의 욕망을 이겨내는 사람이 참으로 강한 사람이다.
　욕심을 억제하며 만족할 줄 아는 왕은 백성들의 믿음을 사고 대접을
받는데,

191

욕심을 부리며 자신의 뜻대로 억지로 행하는 왕은 백성들의 원성을 사
게 된다.

이렇게 삼가라고 신신당부한 바를 잊지 않는 사람은 오래간다.

죽어서도 잊혀지지 않고 사람들의 마음속에 남아있는 것이 오래 사는
것이다.

第34章

●

大道氾兮 基可左右

....

大道氾兮
대도범혜

其可左右
기가좌우

萬物恃之以生 而不辭
만물시지이생 이불사

功成不名有
공성불명유

衣養萬物 而不爲主
의양만물 이불위주

常無欲 可名於小
상무욕 가명어소

萬物歸焉 而不爲主
만물귀언 이불위주

可名爲大
가명위대

以其終不自爲大
이기종부자위대

故能成其大
고능성기대

大道氾兮

　심오한 진리인 도는 넘쳐 흐르면서 두루 미쳐서,

其可左右

　그것은 마음대로 할 수 있다.

萬物恃之 以生 而不辭

　세상 만물이 그에 따르면서 생육되어가지만 마다하지 않고 그대로 내버려 두고,

功成不名有

　일을 성취하고도 명성을 취하지 않는다.

衣養萬物 而不爲主

　만물을 부양하면서도 주관하지 않아서,

常無欲 可名於小

　욕심을 내지 않고 명성을 거의 나지 않게 할 수 있다.

萬物歸焉 而不爲主

　만물을 잘 돌아가게 하면서도 주관하지 않아서,

可名爲大

　명성을 크게 나게 할 수 있다.

以其終 不自爲大

　끝까지 자신을 대단하게 여기지 않으니,

故能成其大

　그래서 그 대단함이 이루어질 수 있는 것이다.

┃ 직역모듬 ┃

　심오한 진리인 도는 넘쳐 흐르면서 두루 미쳐서,

　그것은 마음대로 할 수 있다.

　세상 만물이 그에 따르면서 생육되어가지만 마다하지 않고 그대로 내버려두고,

　일을 성취하고도 명성을 취하지 않는다.

　만물을 부양하면서도 주관하지 않아서,

　욕심을 내지 않고 명성을 거의 나지 않게 할 수 있다.

　만물을 잘 돌아가게 하면서도 주관하지 않아서,

　명성을 크게 나게 할 수 있다.

　끝까지 자신을 대단하게 여기지 않으니,

　그래서 그 대단함이 이루어질 수 있는 것이다.

┃ 한자의 뜻 ┃

　大 : 지극한, 심오한. / 道 : 진리. / 氾 : 넘쳐 흘러 두루 미치다. / 兮 : 어조사.

　其 : 그, 그것. / 可 : 작용하다. / 左 : 왼쪽. /
　右 : 바른쪽. (左右 : 좌지우지, 마음대로).

　萬 : 모든. / 物 : 일. / 恃 : 따르다. / 之 : 어조사. / 以 : 어조사. /
　生 : 생육되다.

　而 : 하더라도. / 不 : 아니하다.

辭 : 사양하다. (不辭 : 뿌리치지 않고 그대로 받아들이다).

功 : 공. 결과. / 成 : 이루어지다, 달성되다. / 不 : 아니하다. /
名 : 명성, 이름. / 有 : 취하다.

衣 : 입히다. / 養 : 품고 먹이며 보살피다. / 萬 : 모든. /
物 : 것. (萬物 : 모든 것, 만물.)

而 : 할지라도. / 不 : 아니. / 爲 : 하다. / 主 : 마음대로 주관하다. /

常 : 부리다. / 無 : 아니하다. / 欲 : 욕심.

可 : 가하다, 하다. / 名 : 이름. / 於 : 어조사, 향해서 가다. /
小 : 적게, 별것이 아니게.

萬 : 모든. / 物 : 것. (萬物 : 만물). 歸 : 돌아가다, 작동하다. /
焉 : 어조사(기막히게).

而 : 그러할지라도. / 不 : 아니. / 爲 : 하다, 행하다. /
主 : 주장하다, 마음대로 하다.

可 : 하게 하다, 허락하다. / 名 : 이름. / 爲 : 되게. / 大 : 위대하게.

以 : 같이. / 其 : 그. (以基 : 그와 같이). / 終 : 끝까지. / 不 : 아니. /
自 : 스스로. / 爲 : 하다. / 大 : 위대하게.

故 : 그래서. / 能 : 할 수 있다. / 成 : 이루다. / 其 : 그것을. / 大 : 위대하게.

심오한 진리인 도는 넘쳐 흘러 만물에 골고루 적용돼서,
만물을 그 이치대로 그대로 움직여 간다.

196

온갖 만물이 그에 따라 생겨나고 존속해 가지만,

자연의 이치는 말없이 조용히 있으면서 자신의 공으로 삼지 않는다.

세상 모든 일을 거두면서도 자기 주장대로 하지 않으며 욕심을 부리는 일이 없어서,

명성이 크게 나지 않게 하는 것이 가능하다.

만물이 그에 따라 잘 돌아가는데도 도는 나서서 주관하지 않아서,

이름이 크게 여겨질 수 있다.

도는 마지막까지 스스로를 대단한 존재로 여기지 않기 때문에,

오히려 대단한 존재로 여겨지는 것이다.

第35章

●

執大象 天下往

....

執大象
집대상

天下往
천하왕

往而不害
왕이불해

安平太
안평태

樂與餌
악여이

過客止
과객지

道之出口
도지출구

淡乎其無味
담호기무미

視之不足見
시지부족견

聽之不足聞
청지부족문

用之不足旣
용지부족기

| 직역 |

執大象 天下往

훌륭한 본받을 교령이 집행되면서 세상이 돌아가면,

註 _ 執 : 집행하다. 象 : 본받을 교령(敎令). 往 : 돌아가다.

往而不害 安平太

세상 돌아가는 것이 거리낄 게 없이 편안하고 태평하다.

註 _ 害 : 꺼리다.

樂與餌 過客止

음식과 함께 베푸는 음악은 지나가는 객을 멈추게 하지만,

道之出口 淡乎其無味

마음이 생각해 내는 것은 투명해서 그 의미를 헤아릴 수가 없다.

註 _ 味 : 뜻을 헤아리다.

視之不足見

보아도 볼 수가 없고,

聽之不足聞

들으려 해도 들을 수가 없지만,

用之不足旣

그 작용이 못다 하고 끝이 나는 일은 없다.

註 _ 不足 : 못다 하고. 旣 : 끝나다.

훌륭한 본받을 교령이 집행되면서 세상이 돌아가면,

세상 돌아가는 것이 거리낄 게 없이 편안하고 태평하다.

음식과 함께 베푸는 음악은 지나가는 객을 멈추려 하지만,

마음이 생각해 내는 것은 투명해서 그 의미를 느낄 수가 없다.

보아도 보는 것이 불가하고,

들으려 해도 듣는 것이 불가하지만,

그 작용이 못다 하고 끝이 나는 일은 없다.

| 한자의 뜻 |

執 : 행하다. / 大 : 훌륭한. / 象 : 본받을 법제도. / 天 : 하늘. /
下 : 아래, 백성. (天下 : 백성, 세상). / 往 : 돌아가다.

往 : 돌아가다. / 而 : 어조사(~하면). / 不 : 없다. / 害 : 거리낄, 꺼림칙한. /
安 : 조용히. / 平 : 편안하다. / 太 : 태평하다.

樂 : 음악. / 與 : 곁들인. 더불어. / 餌 : 음식. / 過 : 지나가는. /
客 : 객, 손. / 止 : 멈추게 하다.

道 : 마음. / 之 : 어조사. / 出 : 마음이 생기다. / 口 : 들어가다. /
淡 : 투명하다. / 乎 : 감탄사. / 其 : 그 마음. / 無 : 없다. /
味 : 뜻, 생각하다, 의미를 헤아리다.

視 : 보다. / 之 : 어조사. / 不 : 없다. / 足 : 가능하다. (不足 : 가능치 않다). /
見 : 보다.

聽 : 듣다. / 之 : 어조사. / 不 : 없다. / 足 : 가능하다. (不足 : 불가하다). /
聞 : 듣다.

用 : 작용. / 之 : 어조사. / 不 : 없다. / 足 : 가능하다. (不足 : 모자라다). /
旣 : 끝나다.

의역

세상은 훌륭한 본받을 만한 법이 집행되면,

아무 것도 거리낄 것이 없이 태평하게 돌아간다.

음식과 함께 베푸는 즐거운 풍악은 느낄 수 있어서

지나가는 객을 멈추게 하지만,

마음이 생각해 내는 것은 맑은 물처럼 투명해서

아무 것도 보이지 않아 느낄 수 없어,

그 의미가 무엇인지 헤아릴 수가 없다.

보려고 해도 보이지 않고,

들어보려 해도 들리지 않지만,

그 마음의 작용이 능력이 모자라서 멈추는 일은 없다.

第 36 章

●

將欲歙之 必固張之

....

將欲歙之 必固張之
장욕흡지 필고장지

將欲弱之 必固强之
장욕약지 필고강지

將欲廢之 必固興之
장욕폐지 필고흥지

將欲奪之 必固與之
장욕탈지 필고여지

是謂微明
시위미명

柔勝剛 弱勝强
유승강 약승강

魚不可脫於淵
어불가 탈어연

國之利器
국지이기

不可以示人
불가이시인

| 직역 |

將欲歙之 必固張之

베풀고자 하는 생각을 행하면 꼭 크게 번성하게 되고,

註 _ 將 : 실행하다. 歙 : 베풀다. 張 : 번성하다.

將欲弱之 必固强之

조아리는 마음을 실행하면 꼭 떠받들어진다.

註 _ 弱 : 조아리다. 强 : 떠받들다.

將欲廢之 必固興之

망동치 않고 조용히 있으려는 생각을 행하면 꼭 높이 치켜세워지게 되고,

註 _ 廢 : 망동치 않고 조용히 있다. 興 : 치켜세워지다.

將欲奪之 必固與之

잊어버리고 물러나 있으려는 마음을 행하면 백성들이 가까이 하며 따르게 된다.

註 _ 奪 : 잊고 물러나다. 與 : 가까이 따르다.

是謂微明

이를 일러 은밀히 깨우쳐 주는 말이라 한다.

柔勝剛 弱勝强

유연하게 대하는 것이 완강한 것보다 낫고 조아리는 것이 억지를 부리는 것보다 낫다.

魚不可脫於淵

물고기를 연못으로부터 내보낼 수 없듯이

國之利器

국가는 (백성을) 이롭게 해 주는 기구여서,

不可以示人

백성을 저버리는 것은 옳은 일이 아니다.

註_示 : 저버리다.

| 직역모듬 |

베풀고자 하는 생각을 행하면 꼭 크게 번성하게 되고,
조아리는 마음을 실행하면 꼭 떠받들어진다.
망동치 않고 조용히 있으려는 생각을 행하면
꼭 높이 치켜세워지게 되고,
잊어버리고 물러나 있으려는 마음을 행하면
백성들이 가까이 하며 따르게 된다.
이를 일러 은밀히 깨우쳐 주는 말이라 한다.
유연하게 대하는 것이 완강하게 대하는 것보다 낫고,
조아리는 것이 억지를 부리는 것보다 낫다.
물고기를 연못으로부터 내보낼 수 없듯이
국가는 (백성을) 이롭게 해 주는 기구여서,
백성을 저버리는 것은 옳은 일이 아니다.

| 한자의 뜻 |

將 : 행하다, 실천하다. / 欲 : 하고자 하는 생각. / 歙 : 너그럽게 베풀다. /
之 : 어조사.

必 : 꼭, 틀림없이. / 固 : 진실로. / 張 : 크게 성한다. / 之 : 어조사.

將 : 행하다, 실천하다. / 欲 : 의지. / 弱 : 조아리고 부드럽게 하다. /
之 : 어조사.

必 : 필히, 꼭. / 固 : 틀림없이, 진실로. / 强 : 떠받들다. / 之 : 어조사.

將 : 행하다. / 欲 : 뜻, 욕심, 생각. / 廢 : 망동치 않고 가만히 있다. /
之 : 어조사.

必 : 꼭. / 固 : 틀림없이. / 興 : 대성하다. / 之 : 어조사.

將 : 행하다. / 欲 : 생각. / 奪 : 잊고 물러나 있다. / 之 : 어조사.

必 : 꼭. / 固 : 반드시. / 與 : 받들어 모시다. / 之 : 어조사.

是 : 이러한 것. / 謂 : 이르다, ~이라 하다. / 微 : 은밀히. /
明 : 깨우쳐 주다, 간하다.

柔 : 유연하다. / 勝 : 낫다. / 剛 : 완고하다.

弱 : 조아리다, 머리숙여 사정하다. / 勝 : 낫다. / 强 : 완강하다, 강압하다.

魚 : 물고기. / 不 : 아니다. / 可 : 옳은. / 脫 : 내보내다. /
於 : ~으로부터. / 淵 : 연못.

國 : 국가. / 之 : 어조사. / 利 : 이롭게 하다. / 器 : 기구.

不 : 아니다. / 可 : 옳은. / 以 : 행위, 하다. / 示 : 저버리다, 망각하다. /
人 : 백성.

의 역

너그럽게 베풀려는 마음을 실천에 옮기면
반드시 대단한 업적을 이루게 되고,

백성들에게 머리 수그리고 부드럽게 대하려는 생각을 하면
반드시 백성들로부터 존경을 받게 된다.
엉뚱한 일을 저지르지 않고 쉬고 있으려는 생각을 하면
반드시 백성들이 높은 자리로 모시게 되고,
자리를 버리고 떠나 있으려는 생각을 하고 있으면
오히려 모든 백성들이 친밀히 따르게 된다.
이러한 것을 일러 은밀히 깨닫고 바로 잡도록
깨우쳐 주는 가르침이라 한다.
백성들의 뜻을 순순히 받아들이는 것이
완강하게 자기주장을 관철하는 것보다 낫고,
백성들과 머리를 맞대고 의논하는 것이 강압적인 것보다 낫다.
물고기를 연못으로부터 떠나게 해서는 안 되는 것처럼
나라는 백성을 이롭게 해 주어야 하는 기구여서
나라가 백성의 삶을 저버리는 것은 있을 수 없는 일이다.

第 37 章

●

道常無爲 而無不爲

....

道常無爲
도상무위

而無不爲
이무불위

侯王若能守之
후왕약능수지

萬物將自化
만물장자화

化而欲作
화이욕작

吾將鎭之 以無名之樸
오장진지 이무명지박

無名之樸 夫亦將無欲
무명지박 부역장무욕

不欲以靜 天下將自定
불욕이정 천하장자정

道常無爲

    마음은 거짓은 행하지 않지만,

而無不爲

    그러나 행하지 못할 일이 없다.

侯王若能守之

    후왕이 만약 (그와 같은 마음을) 간직할 수 있다면,

萬物將自化

    대다수의 생각들이 저절로 본받아 변하게 될 것이다.

    註 _ 萬 : 다수, 대다수. 物 : 헤아림, 생각. 化 : 본받아 변하다.

化而欲作

    (많은 생각들이) 본받아 가다가 욕심이 생기면,

吾將鎭之 以無名之樸

    우리가 알지도 못하는 순박한 마음이 (그러한 욕심을) 진정시킬 것이다.

無名之樸夫亦將無欲

    생각해 보면 알 수없는 순박한 마음은 그저 욕심을 부리지 않는데,

不欲以靜 天下將自定

    욕심을 부리지 않는 것은 도리를 따르는 것이어서 천하가 저절로 바르게 될 것이다.

    註 _ 靜 : 도리를 따르다.

| 직역모듬 |

　　도는 거짓을 행하지 않지만,

　　그러나 행하지 못할 일이 없다.

　　후왕이 만약 (그와 같은 마음을) 간직할 수 있다면,

　　대다수의 생각들이 저절로 본받아 변하게 될 것이다.

　　(많은 생각들이) 본받아 가다가 욕심이 생기면,

　　우리가 알지도 못하는 순박한 마음이 (그러한 욕심을) 진정시킬 것이다.

　　생각해 보면 알 수없는 순박한 마음은 그저 욕심을 부리지 않는데,

　　욕심을 부리지 않는 것은 도리를 따르는 것이어서 천하가 저절로 바르게 될 것

이다.

| 한자의 뜻 |

　　道 : 도, 마음. ／ 常 : 행하다. ／ 無 : 못하게 할, 말게 할. ／ 爲 : 거짓.

　　而 : ~하지만. ／ 無 : 없다. ／ 不 : 못할. ／
　　爲 : 하다. (無不爲 : 하지 못할 게 없다).

　　侯 : 제후. ／ 王 : 왕. (侯王 : 후왕). ／ 若 : 만약. ／ 能 : 할 수 있다. ／
　　守 : 지키다, 간직하다. ／ 之 : 어조사.

　　萬 : 많은, 대다수. ／ 物 : 헤아림, 생각. (萬物 : 많은 사람들의 마음). ／
　　將 : 행해지다, 이루어지다. ／ 自 : 저절로. ／ 化 : 본받아 바뀌다.

　　化 : 본받아 바뀌다. ／ 而 : ~하면. ／ 欲 : 욕심. ／ 作 : 작동하다, 생기다.

　　吾 : 나. ／ 將 : 하게 한다. ／ 鎭 : 진정시키다, 가라앉히다. ／ 之 : 어조사. ／
　　以 : ~으로. ／ 無 : 않은. ／ 名 : 나타나다(보이지 않는, 알 수 없는). ／
　　之 : 어조사. ／ 樸 : 순박한 마음.

　　無 : 없는. ／ 名 : 나타나다, 알려지다(알 수 없는). ／ 之 : 어조사. ／

樸 : 순박한 마음.

夫 : 무릇, 생각해 보건대. / 亦 : 모두 다 같이. / 將 : 행하다. / 無 : 없이. /
欲 : 욕심.

不 : 없이. / 欲 : 욕심. / 以 : ~이어서, 까닭에. / 靜 : 도리를 따르다.

天 : 하늘. / 下 : 아래. (天下 : 천하, 온 세상). / 將 : 하게 하다 /
自 : 자연히, 저절로. / 定 : 바르고 고르게 안정된다.

마음은 무슨 일이든 못할 일이 없지만
거짓을 행하지는 않는다.
후왕이 만약 그러한 마음을 간직할 수 있다면
많은 사람들이 그의 생각을 저절로 본받게 될 것이다.
그러한 마음을 본받아 가는 데 욕심이 일어나면,
  우리는 보이지 않아 알 수도 없는 순박한 마음이 그러한 욕심을 진정시
킬 것이다.
  알 수도 없는 순박한 마음은 그저 욕심을 부리지 않아서,
  세상이 저절로 바르게 자리가 잡히게 될 것이다.

도덕경 | 德 篇

●

第 38 章

上德不德 是以有德

....

上德不德 是以有德
상덕부덕 시이유덕

下德不失德 是以無德
하덕부실덕 시이무덕

上德無爲 而無以爲
상덕무위 이무이위

下德爲之 而有以爲
하덕위지 이유이위

上仁爲之 而無以爲
상인위지 이무이위

上義爲之 而有以爲
상의위지 이유이위

上禮爲之 而莫之應 則壤臂而扔之
상예위지 이막지응 즉양비이잉지

故失道而後德 失德而後仁 失仁而後義 失義而後禮
고실도이후덕 실덕이후인 실인이후의 실의이후예

夫禮者忠信之薄 而亂之首
부예자충신지박 이난지수

前識者道之華 而愚之始
전식자도지화 이우지시

是以大丈夫 處其厚 不居其薄
시이대장부 처기후 불거기박

處其實 不居其華 故去彼取此
처기실 불거기화 고거피취차

| 직역 |

上德不德 是以有德

치켜세운 덕은 덕이 아니다. 덕은 얻는다는 것이 옳다.

註 _ 上 : 치켜세우다.

下德不失德 是以無德

바닥으로 떨어진 덕은 덕을 잃은 것이 아니고 덕이 없다는 것이 옳다.

註 _ 下 : 바닥으로 떨어진.

上德無爲 而無以爲

훌륭한 덕은 조작을 않으면서 거짓을 행하지 않는데,

註 _ 爲(앞의 위) : 조작. 爲(뒤의 위) : 거짓.

下德爲之 而有以爲

천한 덕은 조작을 하면서 거짓을 행한다.

註 _ 下 : 천한. 有 : 행하다.

上仁爲之 而無以爲

훌륭한 인은 일을 꾸미지만 거짓을 행하지 않는데,

上義爲之 而有以爲

훌륭하다는 의란 일을 조작하면서 거짓을 행하고,

註 _ 上 : 훌륭한.

上禮爲之 而莫之應

훌륭하다고 여기는 예는 응하지 않으면,

註 _ 上 : 훌륭한. 莫 : 억지로 권하다. 攘 : 소매를 걷어붙이다. 臂 : 팔뚝.

則攘臂而扔之

　　즉 팔뚝 소매를 걷어붙이고 끌어당기는 것이다.

故失道 而後德

　　그런데 도가 사라지면 뒤따라 덕행이 사라지는데,

失德 而後仁

　　덕행이 사라지면 인이 뒤를 이어 (대신 덕의 자리를) 차지하고,

失仁 而後義

　　인이 사라지면 의가 뒤를 잇고,

失義 而後禮

　　의가 사라지면 예가 뒤를 잇게 된다.

夫禮者 忠信之薄 而亂之首

　　생각해 보면 예라는 것은 두터운 신념이 희박해서 혼란이 시작되게 한다.

　　註 _ 忠 : 두터운. 信 : 신념.

前識者 道之華 而愚之始

　　앞에 기록해 놓은 것은 도가 바르지 못하면 어리석음이 시작된다는 것이다.

　　註 _ 識 : 기록하다. 華 : 바르지 못하다.

是以大丈夫 處其厚 不居其薄

　　그래서 가장 높은 지위에 있는 자는 신중하게 처신하지 경박하게 처신하지 않고,

　　註 _ 厚 : 신중하게. 薄 : 경박하게.

處其實 不居其華

　진실하게 처신하지 부정하게 처신하지 않는다.

故去彼取此

　그래서 바라는 생각은 단념하고 덕있는 행실을 취한다.

　註＿ 彼 : 바라다. 此 : 덕있는 행실.

| 직역모음 |

　치켜세운 덕은 덕이 아니다. 덕은 얻는다는 것이 옳다.

　바닥으로 떨어진 덕은 덕을 잃은 것이 아니고 덕이 없다는 것이 옳다.

　훌륭한 덕은 조작을 않으면서 거짓을 행하지 않는데.

　천한 덕은 조작을 하면서 거짓을 행한다.

　훌륭한 인은 일을 꾸미지만 거짓을 행하지 않는데,

　훌륭하다는 의란 일을 조작하면서 거짓을 행하고,

　훌륭하다고 여기는 예는 응하지 않으면,

　즉 팔뚝 소매를 걷어붙이고 끌어당기는 것이다.

　그런데 도가 사라지면 뒤따라 덕행이 사라지는데,

　덕행이 사라지면 인이 뒤를 이어 (대신 덕의 자리를) 차지하고,

　인이 사라지면 의가 뒤를 잇고,

　의가 사라지면 예가 뒤를 잇게 된다.

　생각해 보면 예라는 것은 두터운 신념이 희박해서 혼란이 시작되게 한다.

　앞에 기록해 놓은 것은 도가 바르지 못하면 어리석음이 시작된다는 것이다.

　그래서 가장 높은 지위에 있는 자는 신중하게 처신하지 경박하게 처신하지 않고,

　진실하게 처신하지 부정하게 처신하지 않는다.

　그래서 바라는 생각은 단념하고 덕있는 행실을 취한다.

上 : 치켜세운. 높이는. / 德 : 덕, 덕행. / 不 : 아니다. / 德 : 덕, 덕행.

是 : 옳은, 옳다. / 以 : ~이. / 有 : 얻다. / 德 : 덕, 덕행.

下 : 천한, 바닥으로 떨어진. / 德 : 덕행. / 不 : 아니다. / 失 : 잃다. / 德 : 덕.

是 : 옳다. / 以 : ~이. / 無 : 없다. / 德 : 덕.

上 : 훌륭한. / 德 : 덕행. / 無 : 없다. / 爲 : 조작. / 而 : 어조사. / 無 : 없다. /
以 : 행하다. / 爲 : 거짓.

下 : 천한. / 德 : 덕, 덕행. / 爲 : 조작을 행하다. / 之 : 어조사. /
而 : ~하면서. / 有 : 취하다, 행하다. / 以 : 행하다. (有以 : 행하다). /
爲 : 거짓.

上 : 훌륭한. / 仁 : 인. / 爲 : 조작하다. / 之 : 어조사. / 而 : ~을 하지만. /
無 : 않는다. / 以 : 행하다. / 爲 : 거짓.

上 : 중히 여기는. / 義 : 의, 의로움. / 爲 : 조작, 꾸밈, 의도된 행위. /
之 : 어조사. / 而 : ~하면서. / 有 : 있다, 취하다. / 以 : 행하다. / 爲 : 거짓.

上 : 귀하게 여기는. / 禮 : 예, 예의. / 爲 : 조작하다. / 而 : ~하면서. /
莫 : 강제로 권함. / 之 : 어조사. / 應 : 응하다. / 攘 : 소매를 걷어붙이다. /
臂 : 팔, 팔뚝. / 而 : ~하고. / 扔 : 끌어당기다. / 之 : 어조사.

故 : 그래서. / 失 : 잃다, 잘못되다. / 道 : 도, 도리. / 而 : ~면. /
後 : 잇다, 뒤따르다. / 德 : 덕, 덕행.

失 : 잃다, 그릇되다. / 德 : 덕, 덕행. / 而 : ~하면. / 後 : 잇다, 뒤따르다. /
仁 : 인.

失 : 잃다, 그릇되다. / 仁 : 인, 자애, 인자함. / 而 : ~하면. /

後 : 뒤따르다. / 義 : 의, 의로움.

失 : 잃다, 그릇되다. / 義 : 의, 의로움. / 而 : ~하면. / 後 : 잇다, 뒤따르다. /
禮 : 예, 예의.

夫 : 생각하건대, 대체로. / 禮 : 예, 예의. / 者 : ~이라는 것. /
忠 : 깊은, 두터운. / 信 : 신뢰. / 之 : 어조사. / 薄 : 엷다, 희박하다. /
而 : ~해서. / 亂 : 혼란. / 之 : 어조사. / 首 : 시작, 근원.

前 : 앞에서. / 識 : 기록해 놓다, 적어 놓다. / 者 : 것.

道 : 도, 마음, 도리. / 之 : 어조사. / 華 : 바르지 못하다, 비뚤어지다. /
而 : ~하면. / 愚 : 어리석음. / 之 : 어조사. / 始 : 시작, 발단.

是 : 이(이것 할 때의 이). / 以 : ~이. (是以 : 그래서). / 大 : 가장. /
丈 : 높은 지위. / 夫 : 장부. (大丈夫 : 최고의 통치자).

處 : 처신하다. 마음을 두다. / 其 : 그, 그 마음. / 厚 : 사사로움이 없이 바르게. /
不 : 않는다. / 居 : 두다, 처신하다, 행동하다. / 其 : 그러한, 마음. /
薄 : 가벼이 생각하다.

處 : 처신하다, 마음을 두다. / 其 : 그것, 그 마음. / 實 : 진실하게. /
不 : 않는다. / 居 : 두다, 처신하다, 행동하다. / 其 : 그것, 그 마음. /
華 : 비뚤어진, 곧지 못한.

故 : 그래서. / 去 : 버리다, 단념하다. /
彼 : 청하며 구하는 행위, 욕심을 내는 행위. / 取 : 취하다, 택하다. /
此 : 덕있는 행실.

의 역

스스로를 치켜세워 얻은 덕은 덕이 될 수 없고 묵묵히 남을 위해 행함
으로써 얻는 것이 옳은 덕이다.

천한 덕은 갖고 있던 덕을 잃은 것이 아니고 아예 처음부터 덕이 없었음을 뜻하는 것이다.

높이 존경받는 덕은 자신의 이익을 위해 일을 조작하지 않고 거짓도 행하지 않는다.

하지만 천한 덕은 자신의 이익을 위해 조작을 행하면서 거짓을 행한다.

훌륭한 인은 목적을 갖고 일을 조작하지만 자신의 이익을 위해 거짓을 행하지 않는데,

훌륭하다 여기는 의는 허위로 일을 조작하면서 거짓을 행하고,

훌륭하다 여기는 예의는 일을 꾸미면서 사람들이 마다하는 것을 강제로 하게 한다. 말하자면 싫다는 것을 팔을 걷어붙이고 강제로 끌어당겨 억지로 행하도록 하는 것이다.

그런데 인간이 마땅히 행해야 할 도가 실추되면 그에 따라 덕행이 사라지게 되고,

덕행이 사라지게 되면 인이 그 뒤(자리)를 잇게 되는데,

인이 사라지면 의가 그 뒤를 잇게 되고,

의가 잘못되면 예가 그 뒤를 잇게 된다.

그런데 규범을 강요하는 그 예라는 것은 공경하는 신념이 부족해서 혼란의 근원이 되는 것이다.

앞에 기록해 놓은 것은 도가 바르게 행해지지 못하면 결국에는 두터운 확신이 부족한 예가 우매한 일들을 일으키기 시작한다는 것이다.

그래서 대장부는 신중하게 생각하며 처신하지 가벼이 처신하지 않고,

진실하게 처신하지 부정하게 처신하지 않는다.

따라서 욕심을 내서 얻으려는 생각은 단념하고 덕행을 취한다.

第39章

●

昔之得一者

....

昔之得一者
석지득일자

天得一以清 地得一以寧 神得一以靈
천득일이청 지득일이영 신득일이영

谷得一以盈 萬物得一以生 侯王得一以爲天下貞
곡득일이영 만물득일이생 후왕득일이위천하정

其致之 天無以清 將恐裂 地無以寧 將恐發
기치지 천무이청 장공열 지무이영 장공발

神無以靈 將恐歇 谷無以盈 將恐竭
신무이영 장공헐 곡무이영 장공갈

萬物無以生 將恐滅 侯王無以貞 將恐蹶
만물무이생 장공멸 후왕무이정 장공궤

故貴以賤爲本 高以下爲其
고귀이천위본 고이하위기

是以侯王自謂 孤寡不穀
시이후왕자위 고과불곡

此非以賤爲本邪 非乎
차비이천위본사 비호

故致譽無譽
고치예무예

不欲琭琭如玉珞珞如石
불욕록록여옥락락여석

昔之得一者

　옛날 태초에 근본이라는 것이 이루어졌다.

天得一以淸

　하늘은 맑은 것으로 근본을 이루고,

地得一以寧

　땅은 안정돼 있는 것으로 근본을 이루며,

神得一以靈

　신은 신령스러움으로 근본을 이루고,

谷得一以盈

　계곡은 물이 차는 것으로 근본을 이룬다.

萬物得一以生

　만물은 생겨나는 것으로 근본을 이루고,

侯王得一以爲天下貞

　후왕은 백성을 바르게 다스리는 것으로 근본을 이룬다.

其致之

　그러한 근본이 그치면,

　註 _ 致 : 그치다, 행해지지 않다.

天無以淸 將恐裂

하늘은 맑음이 없어지면 무너져 내릴까 하는 두려움이 따르게 되고,

註 _ 將 : 따르다. 裂 : 무너져 내리다.

地無以寧 將恐發

땅은 안정이 사라지면 들뜰까 하는 두려움이 따르게 되고,

註.寧 : 안정. 發 : 들뜨다.

神無以靈 將恐歇

정신은 혼이 나가면 멍청해질까 하는 공포가 따르게 되고,

註 _ 歇 : 흐리멍덩해지다, 멍청해지다.

谷無以盈 將恐竭

계곡은 물이 차 있지 않으면 말라버리지 않을까 하는 공포가 따르게 되고,

萬物無以生 將恐滅

만물은 생성하지 않으면 멸망하게 될까 하는 두려움이 따르게 되고,

侯王無以貞 將恐蹶

후왕은 행실이 바르지 못하면 (백성들이) 들고 일어나 무너뜨리지 않을까 하는
두려움이 따르게 된다.

故貴以賤爲本

그런데 천한 것을 중히 여기는 것이 근본을 이루는 것이기 때문에,

高以下爲基

(자신을) 낮추면서 (백성을) 높이는 것이 그 근본을 행하는 것이다.

223

是以侯王 自謂孤寡不穀

　그래서 후왕이 스스로를 부끄럽고 부족해서 추대받지 못하고 외롭다고 말한 것이다.

此非以賤爲本邪 非乎

　이렇게 천하게 낮추는 것이 근본을 행하는 것이지 않느냐? 그러하지 아니하냐?

故致譽無譽

　그래서 자청해서 이룬 영예는 영예로운 것이 아니니,

不欲琭琭如玉珞珞如石

　옥과 같은 귀한 목걸이를 걸지 말고 돌과 같은 헐한 구슬을 걸쳐라.

| 직역모듬 |

　옛날 태초에 근본이라는 것이 이루어졌다.
　하늘은 맑은 것으로 근본을 이루고,
　땅은 안정돼 있는 것으로 근본을 이루며,
　신은 신령스러움으로 근본을 이루고,
　계곡은 물이 차는 것으로 근본을 이룬다.
　만물은 생겨나는 것으로 근본을 이루고,
　후왕은 백성을 바르게 다스리는 것으로 근본을 이룬다.
　그러한 근본이 그치면,
　하늘은 맑음이 없어지면 무너져 내릴까 하는 두려움이 따르게 되고,
　땅은 안정이 사라지면 들뜰까 하는 두려움이 따르게 되고,
　정신은 혼이 나가면 멍청해질까 하는 공포가 따르게 되고,
　계곡은 물이 차있지 않으면 말라버리지 않을까 하는 공포가 따르게 되고,

만물은 생성하지 않으면 멸망하게 될까 하는 두려움이 따르게 되고,

후왕은 행실이 바르지 못하면 (백성들이) 들고 일어나 무너뜨리지 않을까 하는 두려움이 따르게 된다.

그런데 천한 것을 중히 여기는 것이 근본을 이루는 것이기 때문에,

(자신을) 낮추면서 (백성을) 높이는 것이 그 근본을 행하는 것이다.

그래서 후왕이 스스로를 부끄럽고 부족해서 추대받지 못하고 외롭다고 말한 것이다.

이렇게 천하게 낮추는 것이 근본을 행하는 것이지 않느냐? 그러하지 아니하냐?

그래서 자청해서 이룬 영예는 영예로운 것이 아니니,

옥과 같은 귀한 목걸이를 걸지 말고 돌과 같은 헐한 구슬을 걸쳐라.

│ 한자의 뜻 │

昔 : 옛적 애초에, 태초에. / 之 : 어조사. / 得 : 이루다, 형성되다. /
一 : 근본, 세상 만물에 두루 적용되는 근본. / 者 : 것.

天 : 하늘. / 得 : 이루다, 형성되다. / 一 : 근본. / 以 : ~으로. ~이. /
淸 : 맑은, 청명함.

地 : 땅, 대지. / 得 : 이루다, 형성하다. / 一 : 근본. / 以 : ~으로, ~이. /
寧 : 안존하다, 편안하게 자리잡고 살다.

神 : 정신. / 得 : 이루다, 형성하다. /
一 : 근본, 세상 만물에 두루 적용되는 근본. /
以 : ~으로, ~이. / 靈 : 신묘함.

谷 : 산골짜기, 계곡. / 得 : 이루다, 형성하다. /
一 : 근본, 세상 만물에 두루 적용되는 근본. / 以 : ~으로, ~이. /
盈 : 차다, 채워지다.

萬 : 많은. / 物 : 일. / 得 : 이루다, 형성하다. /

一 : 근본, 세상 만물에 두루 적용되는 근본. / 以 : ~으로, ~이. /
生 : 생기다, 나다.

侯 : 제후, 임금. / 王 : 왕. (侯王 : 후왕). / 得 : 이루다, 형성하다. /
一 : 근본. / 以 : ~으로, ~이. / 爲 : 다스림. / 天 : 하늘. /
下 : 백성. (天下 : 백성, 세상 사람들) /
貞 : 정절하게, 마음과 행실이 바르고 곧게.

其 : 그것. / 致 : 그치다, 행해지지 않다. / 之 : 어조사.

天 : 하늘. / 無 : 없어지다. / 以 : ~이. / 淸 : 맑음, 청명함. / 將 : 뒤따르다. /
恐 : 두려움, 공포. / 裂 : 찢어져 산산조각이 나서 무너지다.

地 : 땅, 대지. / 無 : 없어지다. / 以 : ~이. / 寧 : 자리잡고 살 수 있는 편안함. /
將 : 뒤따르다. / 恐 : 두려움, 공포. / 發 : 꺼지다.

神 : 정신. / 無 : 없다. / 以 : ~이. / 靈 : 신묘함, 영엄함. / 將 : 뒤따르다. /
恐 : 두려움, 공포. / 歇 : 멍해지다.

谷 : 계곡. / 無 : 없어지다. / 以 : ~이. / 盈 : 차다. / 將 : 따르다. /
恐 : 두려움. / 竭 : 마르다.

萬 : 많은. / 物 : 것. (萬物 : 세상의 모든 물체). / 無 : 없다. / 以 : ~이. /
生 : 생겨남. / 將 : 따르다. / 恐 : 두려움. / 滅 : 멸망하다.

侯 : 제후. / 王 : 왕. (侯王 : 후왕, 임금). / 無 : 없다. / 以 : ~이. /
貞 : 마음이 바름. / 將 : 따르다. / 恐 : 두려움.
蹶 : 거꾸러뜨리다, 전복시키다.

故 : 그래서. / 貴 : 귀히 여기다, 중히 여기다. / 以 : ~을. /
賤 : 낮추다, 자신이 높은 데도 낮추다. / 爲 : 행하다, 되게끔 도와주다. /
本 : 근본.

高 : 높이다. / 以 : ~을. / 下 : 자신이 높은 지위에 있지만 스스로를 낮추다. /

226

爲 : 행하는 것을 도와주다, 행하다. / 基 :그것, 근본을 행하는 것.

是 : 이런. / 以 : 까닭(是以 : 이런 까닭에, 그래서). / 侯 : 제후, 임금. /
王 : 왕. (侯王 : 후왕, 임금). / 自 : 스스로. / 謂 : 말하다. (自謂 : 자칭하다). /
孤 : 외로운, 부끄러워할. / 寡 : 부족한. / 不 : 못하는. / 穀 : 착한, 선한.

此 : 이것. / 非 : 아니다. / 以 : ~이. / 賤 : 백성. / 爲 : 하다. / 本 : 근본.
邪 : 의문사(그런가?).

非 : 아니다. / 乎 : 의문사(그런가?)

故 : 그래서. / 致 : 불러들여 성취하다. / 譽 : 영예. / 無 : 아니다. / 譽 : 영예.

不 : 말고. / 欲 : 욕심, 허영. / 琭 :구슬을 목에 걸다. /
琭 : 예쁜 구슬, 값비싼 구슬. / 如 : 같은. / 玉 : 옥. / 珞 : 구슬을 목에 걸다. /
珞 : 구슬. / 如 : 같은. / 石 : 돌.

의역

옛적 애초에 세상이 시작될 때,
세상 만물에 두루 근본이 형성되었다.
하늘은 아무것도 없이 맑은 것이 근본이고,
대지는 만물이 안주할 수 있게 안정돼 있는 것이 근본이고,
정신은 불가사의한 신묘함이 근본이고,
골짜기는 물이 차 흐르는 것이 근본이다.
또한 세상 만물은 저절로 생성하는 것이 근본이고,
왕이 백성을 위한 정치를 행함에 있어서는 마음을 바르게 하고 절제를
하는 것이 근본이다.
그러한 근본이 더 이상 행해지지 못하고 끝나면,

청명함이 사라진 하늘이 무너져 내리지 않을까 하는 두려움이 생기게 되고,

살고 있는 대지가 안정을 잃으면 땅이 들떠서 무너져 내리지 않을까 하는 공포가 생기게 되고,

신령스런 마음이 혼이 빠지면 멍청해져서 아무것도 할 수 없게 되지 않을까 하는 두려움이 생기게 되고,

계곡에 물이 차있지 않으면 말라버리지 않을까 하는 공포가 따르게 되고,

모든 생명체가 계속 새로 나서 자라지 못하게 되면 세상이 멸망하게 되지 않을까 하는 공포가 생기게 되고,

후왕의 행실이 바르고 굳지 못하면 백성들이 들고 일어나 나라를 전복시키지 않을까 하는 공포가 생기게 된다.

자신의 지위가 높아도 스스로를 낮추고 백성을 존중하는 것이 근본이어서,

스스로를 천하다고 낮추면서 백성을 높이는 것이 그 근본을 바르게 행하는 것이다.

때문에 임금이 자신을 모자라서 부끄럽고 존경하며 받들 수 없는 외로운 자라고 스스로를 낮추어서 칭하는 것이다.

백성을 소중히 보살피면서 스스로를 낮추는 겸손이 근본이지 않느냐? 그렇지 아니하냐?

그래서 억지로 스스로 자신을 높여 영예로워지는 것은 오히려 명예스럽지 못한 것이니,

번쩍이는 옥목걸이를 걸치려는 허영을 부리지 말고 실속있는 돌구슬을 걸쳐라.

第40章

●

反者道之動

....

反者道之動
반자도지동

弱者道之用
약자도지용

天下萬物 生於有
천하만물 생어유

有生於無
유생어무

反者道之動

생각을 하는 것은 마음이 작동하는 것이고,

註 _ 反 : 생각하다.

弱者道之用

(그러한 마음이) 없어지는 것은 (마음이) 깨닫고 지나간 것이다.

註 _ 弱 : 지워 없어지다. 用 : 깨닫고 지나가다.

天下萬物生於有

세상 모든 이치가 묻고 답하는 데서 나오는데,

註 _ 萬 : 모든. 物 : 도리, 이치, 생각. 有 : 묻고 답하다.

有生於無

묻고 답하는 데서 나오는 생각은 아무것도 없는 빈 마음에서 나온다.

註 _ 無 : 빈 마음, 生 : 나오는 생각.

| 직역모듬 |

생각을 하는 것은 마음이 작동하는 것이고,
(그러한 마음이) 없어지는 것은 (마음이) 깨닫고 지나간 것이다.
모든 생각이 묻고 답하는 데서 나오는데,
묻고 답하는 데서 나오는 생각은 아무것도 없는 빈 마음에서 나온다.

| 한자의 뜻 |

反 : 생각을 하다. / 者 : 것. / 道 : 마음, 생각. / 之 : 어조사. / 動 : 작동하다.

弱 : 지워 없어지다, 지워 버리다. / 者 : 것. / 道 : 마음, 생각. / 之 : 어조사. /

用 : 통달하고 마치다, 用 : 깨닫고 지나가다.

天 : 하늘. / 下 : 아래. (天下 : 세상, 천지). / 萬 : 모든. / 物 : 헤아림, 사고, 도리. /
生 : 생기다, 일어나다. / 於 : ~으로부터, ~에서. /
有 : 이치, 묻고 답하다, 의문에 대한 답.

有 : 사색, 묻고 답하다, 의문에 대한 답. / 生 : 나오다. / 於 : ~에서, ~으로부터. /
無 : 빈 마음, 허무한 마음.

의역

생각한다는 것은 마음이 동해서 궁리를 하는 것이고,

생각이 스러지는 것은 궁리를 마치고 깨달았다는 것이다.

세상의 모든 이치는 마음속에 생기는 의문에 대한 답을 찾아내는 데서
생기는 것인데,

그 대답은 아무것도 없는 텅 빈 마음에서 생겨 나오는 것이다.

| 약설 |

국가에는 헌법이 있고, UN에는 헌장이 있는데, 이 세상에는 그보다도 더 완벽한
이치라는 것이 있다.

기이하게도, 우리 인간은 스스로 묻고 답을 얻을 수 있는 신묘한 재주가 있는데,

이러한 재주를 통해서 그러한 이치를 구할 수 있다면서 노자는 이러한 이치가 텅
빈 마음에서 나온다고 말하고 있다.

《도덕경》을 연구하는 모든 학자들을 매료시키면서 궁지로 몰기도 하는 소위 '無
에서 有가 나온다'는 구절이다.

그의 심오한 철학사상을 되새겨볼 수 있게 하는 《도덕경》의 핵심의 일부다.

第 41 章

●

上士聞道 勤而行之

....

上士聞道 勤而行之 中士聞道 若存若亡
상사문도 근이행지 중사문도 약존약망

下士聞道 大笑之
하사문도 대소지

不笑不足 以爲道
불소부족 이위도

故建言有之 明道若昧 進道若退
고건언유지 명도약매 진도약퇴

夷道若纇 上德若谷 大白若辱
이도약류 상덕약곡 대백약욕

廣德若不足 建德若偸 質德若渝
광덕약부족 건덕약투 질덕약투(유)

大方無隅 大器晚成
대방무우 대기만성

大音希聲 大象無形
대음희성 대상무형

道隱無名 夫唯道善貸且成
도은무명 부유도선대차성

| 직역 |

上士聞道 勤而行之

훌륭한 선비는 도에 대해서 들으면 열심히 행하는데,

中士聞道 若存若亡

중급의 선비는 도에 대해서 들으면 생각을 하는 듯 마는 듯 하고,

註 _ 存 : 생각하다. 亡 : 안하다.

下士聞道大笑之

천한 수준의 선비는 도를 들으면 크게 웃는다.

不笑不足以爲道

웃지 않을 수 없는 것이 도를 행하는 것이다.

註 _ 足 : 가능하다.

故 建言有之

그래서 (위에서 한) 말들을 분명히 밝히자면,

註 _ .建 : 밝히다, 분명히 하다.

明道若昧

깨우친 도는 어리석은 것 같고,

註 _ 昧 : 어리석은.

進道若退

본받아야 할 도는 버려야 할 도 같고,

註 _ 進 : 본받을. 退 : 버릴.

233

夷道若類

공평한 마음은 어그러진 것 같기 때문이다.

註 _ 夷 : 공평한. 類 : 어그러진.

上德若谷

가득찬 덕행은 분수에 넘치는 것 같고,

註 _ 上 : 가득찬, 谷 : 분수에 넘칠.

大白若辱

지나치게 소박한 덕행은 멍청한 것 같으며,

註 _ 白 : 소박한. 辱 : 멍청한.

廣德若不足

지극히 큰 덕은 부족해 보이고,

建德若偸

덕행을 세우는 것은 구차한 짓 같으며.

註 _ 建 : 세우다. 偸 : 구차(苟且)하다.

質德若渝

진실한 덕은 부정한 것 같지만,

註 _ 質 : 진실한. 渝 : 부정한.

大方無隅

심오한 모범은 모가 나지 않고,

註 _ 方 : 본받을. 隅 : 모가 나다.

大器晩成

　　큰 그릇은 더디게 이루어지며,

大音希聲

　　뜻이 깊은 말은 소리가 작고,

大象無形

　　본받아야 할 지극한 형상은 보이는 형체가 없다.

道隱無名

　　마음은 감춰져 있어서 나타나지 않지만,

夫唯道善貸且成

　　생각해 보면 그저 도는 잘 적용돼서 행해져 간다.

　　註 _ 貸 : 적용되다. 且 : 나가다.

| 직역모듬 |

　　훌륭한 선비는 도에 대해서 들으면 열심히 행하는데,

　　중급의 선비는 도에 대해서 들으면 생각을 하는 듯 마는 듯 하고,

　　천한 수준의 선비는 도를 들으면 크게 웃는다.

　　웃지 않을 수 없는 것이 도를 행하는 것인데,

　　그래서 (위에서 한) 말들을 분명히 밝히자면,

　　깨우친 도는 어리석은 것 같고,

　　본받아야 할 도는 버려야 할 도 같고,

　　공평한 마음은 어그러진 것 같기 때문이다.

　　가득찬 덕행은 분수에 넘치는 것 같고,

　　지나치게 소박한 덕행은 멍청한 것 같으며,

지극히 큰 덕은 부족해 보이고,

덕행을 가리는 것은 구차한 짓 같으며,

진실한 덕은 부정한 것 같지만,

심오한 모범은 모가 나지 않고,

큰 그릇은 더디게 이루어지며,

뜻이 깊은 말은 소리가 작고,

본받아야 할 지극한 형상은 보이는 형체가 없다.

마음은 감춰져 있어서 나타나지 않지만,

생각해 보면 그저 도는 잘 적용돼서 행해져 간다.

| 한자의 뜻 |

上 : 훌륭한, 존경받는. / 士 : 선비. / 聞 : 듣다. / 道 : 도, 도리.

勤 : 열심히. / 而 : ~하면서. / 行 : 행하다. / 之 : 어조사.

中 : 보통의. / 士 : 선비. / 聞 : 듣다. / 道 : 도, 도리.

若 : ~인 것 같다. / 存 : 생각하다. / 若 : ~인 것 같다. / 亡 : 잊어버리다.

下 : 천한, 아래의. / 士 : 선비. / 聞 : 듣다. / 道 : 도, 도리.

大 : 크게. / 笑 : 웃다. / 之 : 어조사.

不 : 않다. / 笑 : 비웃다. / 不 : 않다. /
足 : 가하다. (不足 : 불가하다). (不笑不足 : 비웃지 않을 수 없다). /
以 : ~이. / 爲 : 행하다. / 道 : 도, 도리.

故 : 왜냐하면. / 建 : 밝히다, 분명하게 하다. / 言 : 표현, 말. /
有 : 취하다, 행하다. / 之 : 어조사.

明 : 현명한, 깨우친. / 道 : 도, 마음. / 若 : 같은. / 昧 : 어리석은.

進 : 본받을, 앞서 나아가는. / 道 : 도, 마음. / 若 : 같은. /
退 : 버릴, 뒤떨어진.

夷 : 공평하게 베푸는. / 道 : 도, 마음. / 若 : 같은. /
纇 : 편벽(偏僻)된, 어그러진.

上 : 가득 찬. / 德 : 덕, 덕행. / 若 : 같은. / 谷 : 분수에 넘치는.

大 : 대단히, 너무. / 白 : 소박하다, 순박한, 순진한. / 若 : 같은. /
辱 : 흐리멍덩한, 멍청한, 어리석은.

廣 : 너그러운, 관대한. / 德 : 덕, 덕행. / 若 : 같은. / 不 : 않다. /
足 : 족하다.

建 : 가리다, 숨기다. / 德 : 덕행. / 若 : 같은. /
偸 : 구차(苟且)하다, 떳떳치 못하다.

質 : 진실한. / 德 : 덕행. / 若 : 같은. / 渝 : 삐뚤어지다, 부정하다.

大 : 지극한. / 方 : 본받을. / 無 : 않다. / 隅 : 모가 나다, 모질다.

大 : 큰, 훌륭한. / 器 : 그릇, 인물. (大器 : 훌륭한 인물). / 晩 : 천천히, 더디게. /
成 : 이루어지다.

大 : 깊은, 심오한. / 音 : 소리. (大音 : 깊은 뜻이 있는 말). / 希 : 적다. /
聲 : 소리.

大 : 지극한, 훌륭한. /
象 : 본받아야 할 형상. (大象 : 지극히 훌륭한 본받아야 할 형상). /
無 : 없다, 보이지 않는다. / 形 : 모양, 모습.

道 : 마음. / 隱 : 숨겨지다, 감춰져 있다. / 無 : 않는다. / 名 : 나타나다. /

夫 : 생각해 보건대. / 唯 : 그저, 오직. / 道 : 마음. / 善 : 잘. /

237

貸 : 베풀어지다, 적용되다. / 且 : 나아가다, 행하다. / 成 : 이루다.

존경을 받는 높은 선비는 도에 대해서 들으면 깨달은 대로 실행하는데,

보통의 선비는 도에 대해서 들으면 생각하는 듯 마는 듯 하고,

낮은 수준의 선비는 도에 대해서 들으면 심히 비웃는다.

그러나 도를 행하는 것을 보면 비웃지 않을 수 없다.

굳이 그 이유를 알아듣기 쉬운 말로 분명하게 설명하자면,

도를 깨우친 현명한 마음은 오히려 어리석어 보이고,

본받아야 할 앞서 나아가는 마음은 오히려 버려야 할 뒤떨어진 마음처럼 보이고,

고르게 베푸는 마음은 오히려 공평치 않게 보이기 때문이다.

후한 덕행은 마치 분수에 넘쳐서 감당하기 힘든 것 같아 보이고,

지나치게 소박한 덕행은 멍청한 것 같으며,

너그러운 덕행은 감당하기 힘들 것 같아 보이고,

남모르게 감추며 행하는 덕행은 떳떳지 못한 일 같아 보이며,

너무 성실히 행하는 덕행은 삐뚤어진 것 같아 보이지만,

지극히 모범이 될 만한 덕행은 모질지가 않고,

훌륭한 인물은 서서히 형성되는 것이며,

깊은 뜻이 있는 말은 소리가 크지 않고,

모범이 되는 훌륭한 형상은 모습이 보이지 않는 것이다.

마음은 잠잠히 가려져 있어서 보이지 않지만,

생각해 보건대 이치는 아무 데나 잘 적용되서 행해진다.

第42章

●

道生一 一生二

....

道生一 一生二
도생일 일생이

二生三 三生萬物
이생삼삼생만물

萬物負陰而抱陽 冲氣而以爲和
만물부음이포양 충기이이위화

人之所惡 唯孤寡不穀 而王公以爲稱
인지소오 유고과불곡 이왕공이위칭

故物或損之而益 或益之而損
고물혹익지이손 혹손지이익

人之所敎我亦敎之
인지소교아역교지

强梁者 不得其死
강양자 부득기사

吾將以爲敎父
오장이위교부

| 직역 |

道生一 一生二

도가 근본 원리를 이루는데, 근본 원리는 반복된다.

註 _ 一 : 근본 원리. 二 : 반복되다.

二生三 三生萬物

(근본 원리의) 반복은 계속 이어지고, 그 반복의 계속에 따라 만물이 생성되는데,

註 _ 三 : 계속되다.

萬物負陰而抱陽 沖氣而以爲和

만물은 음은 의지하고 양이 감싸서 서로 화합함으로써 기가 오른다.

註 _ 負 : 의지하다. 包 : 감싸 안다. 沖 : 솟다, 오르다.

人之所惡唯孤寡不穀

사람들은 단지 외롭고 못나고 착하지 못함을 부끄럽게 생각하는 바이지만,

而王公以爲稱

왕은 이를 칭호로 쓴다.

註 _ 爲 : 쓰다.

故物或損之而益 或益之而損

본디 일은 혹 밑지는 듯한 것이 이익이 될 수도 있고, 이익이 되는 듯한 것이 손해가 될 수도 있으니,

人之所教我亦教之

사람들이 배워야 할 바를 나도 배우려 한다.

强梁者不得其死

　강하게 날뛰는 사람은 부득이 멸망하고 마니,

吾將以爲敎父

　우리들은 부모를 본받는 교훈을 행하겠다는 마음으로 따라야 한다.

　註 _ 將 : 따르다. 爲 : 행하겠다는 마음. 敎 : 본받는 교훈.

| 직역모듬 |

　도가 근본 원리를 이루는데,
　원리는 반복된다.
　근본 원리의 반복은 계속 이어지고,
　그 반복의 계속에 따라 만물이 생성되는데,
　만물은 음은 의지하게 하고 양으로 감싸서
　서로 화합함으로써 기가 오른다.
　사람들은 단지 외롭고 못나고 착하지 못함을 부끄럽게 생각하는 바이지만,
　왕은 이를 칭호로 쓴다.
　본디 일은 혹 밑지는 듯한 것이 이익이 될 수도 있고,
　이익이 되는 듯한 것이 손해가 될 수도 있으니,
　사람들이 배워야 할 바를 나도 배우려 한다.
　강하게 날뛰는 사람은 부득이 멸망하고 마니,
　우리들은 부모를 본받는 가르침을 행하겠다는 마음으로 따라야 한다.

| 한자의 뜻 |

　道 : 이치, 만물의 근원. / 生 : 이루다. / 一 : 근본. /
　一 : 근본. / 生 : 이루다. / 二 : 반복, 되풀이.

　二 : 반복, 되풀이. / 生 : 되다. / 三 : 이어지다, 계속되다. /

三 : 계속. / 生 : 생성되게 하다. / 萬 : 많은. / 物 : 사물(萬物 : 만물).

萬 : 많은. / 物 : 사물. (萬物 : 만물). / 負 : 의지하다. / 陰 : 음. /
而 : ~하면서. / 包 : 감싸다. / 陽 : 양.

沖 : 오르다, 솟다. / 氣 : 기, 자연계를 움직여 가는 힘. / 以 : 어조사 /
爲 : 하다. / 和 : 화합하다.

人 : 사람들, 인간. / 之 : 어조사(~이다). / 所 : 바. /
惡 : 부끄러워하다, 싫어하다. / 唯 : 오직, 만. / 孤 : 외롭고, 외면 당하는.
寡 : 결점이 있는, 모자라는. / 不 : 못한.
穀 : 착한, (不穀 : 착하게 자라지 못한).

而 : ~하지만. / 王 : 임금. / 公 : 임금. (王公 : 임금, 왕).
以 : ~다. / 爲 : 하다. / 稱 : 칭하다, 부르다.

故 : 본디, 원래(原來). / 物 : 사물. / 或 : 혹 ~일 수 있다. / 損 : 손해. /
之 : 어조사. / 而 : ~이지만. / 益 : 유익.

或 : 혹 ~일 수 있다. / 益 : 유익. / 之 : 어조사. / 而 : ~이지만. / 損 : 손해.

人 : 인간. / 之 : 어조사. / 所 : 바. / 敎 : 본받다, 배우다. / 我 : 나. /
亦 : 또한. / 敎 : 본받다, 따르다. / 之 : 어조사.

强 : 사납게. / 梁 : 함부로 날뛰다. / 者 : 자. / 不 : 못하다. / 得 : 성취하다. /
其 : 그. / 死 : 죽음, 멸망.

吾 : 우리. / 將 : 이어가다. / 以 : 으로. / 爲 : 하겠다는 생각. /
敎 : 본받다, 따르다, 교훈. / 父 : 부모, 아비.

　이치가 세상 만물의 근본 원리인데,

　그 근본 원리는 반복되는 것이다.

　그 반복이 계속 이어져 가는 원리에 따라 이 세상 만물이 생기는데,

　세상 만물은 음이 안기고 양으로 껴안아 서로 화합해서 기운이 솟아나
는 것이다.

　백성들은 비록 외롭고 못나고 착하지 못함을 수치스럽게 여기는 바이
지만,

　왕은 스스로 자신을 그렇게 칭한다.

　원래 세상 일이란 해로울 것처럼 보이는 일이 이로울 수도 있고,

　반대로 이로울 것 같은 일이 해로울 수도 있는 것이니,

　모든 사람들이 깨달아야 할 바를 나도 배우려 한다.

　억세게 함부로 행동하는 자는 별수 없이 끝장이 나고 마는 것이니,

　우리들은 이러한 교훈을 부모를 따르는 마음으로 순응해야 한다.

第 43 章

●

天下之至柔

················

天下之至柔
천하지지유

馳騁天下之至堅
치빙천하지지견

無有入無間
무유입무간

吾是以知 無爲之有益
오시이지 무위지유익

不言之敎 無爲之益
불언지교 무위지익

天下希及之
천하희급지

| 직역 |

天下之至柔

나라는 지극히 연약한 것이지만,

註_ 至 : 지극히.

馳騁天下之至堅

올바른 길로 펼쳐 나가면 아주 단단해지는 것이다.

無有入無間

거두어들이지 않으면 사이가 벌어지지 않는 득을 보게 된다.

註_ 入 : 얻다, 득을 보다.

吾是以知 無爲之有益

그래서 나는 거짓이 없이 다스리는 행위가 유익하다는 것을 알고 있다.

不言之敎 無爲之益

칙령을 따르게 하는 것이 옳지 않고, 일을 꾸며서 행하지 않는 것이 이로운데,

註_ 敎 : 본받다, 따르다.

天下希及之

이를 이루는 나라가 드물다.

註_ 及 : ~에 이르다.

| 직역모듬 |

나라는 지극히 연약한 것이지만,
올바른 길로 펼쳐 나가면 아주 단단해지는 것이다.
거두어들이지 않으면 사이가 벌어지지 않는 득을 보게 된다.

그래서 나는 거짓이 없이 다스리는 행위가 유익하다는 것을 알고 있다.

칙령으로 따르게 하는 것이 옳지 않고, 거짓을 행하지 않는 것이 이로운데,

이를 이루는 나라가 드물다.

| 한자의 뜻 |

天 : 하늘. / 下 : 아래. (天下 : 세상, 나라, 백성). / 之 : 어조사. /
至 : 이르다, 되다. / 柔 : 연약한, 쉽게 흔들리는.

馳 : 바르게 다스리는 길, 천자가 다스리는 방도. / 騁 : 펼치다, 발전시키다. /
天 : 하늘. 세상. / 下 : 아래, 백성. (天下 : 세상, 나라, 백성). /
之 : 어조사. / 至 : 이르다, 되다. / 堅 : 단단하게.

無 : 않다. / 有 : 거두어들이다. / 入 : 득을 보다. / 無 : 없다. /
間 : 사이가 벌어지다.

吾 : 나. / 是 : 이것. / 以 : ~이. (是以 : 이로써). / 知 : 알다. /
無 : 아니하다. / 爲 : 조작, 거짓. / 之 : 어조사. / 有 : 있다. / 益 : 득.

不 : 그르다, 옳지 않다. / 言 : 칙령, 왕명. / 之 : 어조사. /
敎 : 따르다, 본받다.

無 : 없다. / 爲 : 허위 조작, 거짓. / 之 : 어조사. / 益 : 득, 이득.

天 : 하늘. / 下 : 아래, 밑. / 希 : 드물다. / 及 : ~에 이르다, 이루다, 성취하다. /
之 : 어조사.

의 역

나라는 지극히 취약해서 불안정한 것인데,

올바르게 다스려 나가면 나라는 지극히 탄탄해지는 것이다.

수탈하지 않으면 백성과 사이가 벌어지지 않는 득을 보게 된다.

246

그래서 나는 욕심을 채우려는 거짓을 행하지 않으면서
바르게 다스리는 것이 유익함을 알고 있다.
백성의 뜻이 아닌 왕명으로 다스리는 것은 옳지 않고,
이익을 추구하는 거짓을 행하지 않는 무위가 유익한 것인데,
이의 실행을 성취하는 나라가 드물다.

●

第 44 章

名與身孰親

....

名與身孰親
명여신숙친

身與貨孰多
신여화숙다

得與亡孰病
득여망숙병

是故甚愛 必大費
시고심애 필대비

多藏 必厚亡
다장 필후망

知足不辱 知止不殆
지족불욕 지지불태

可以長久
가이장구

| 직역 |

名與身孰親

명예가 일신에 주어지기를 누구나 원하고.

註 _ 與 : 주어지다, 베풀어지다. 親 : 그리다. 좋아하다.

身與貨孰多

일신에 재화가 베풀어지기를 누구나 무척 바라는데,

得與亡孰病

얻고 나면 따라오는 잃음은 누구나 괴로워하는 것이다.

註 _ 與 : 따라오는. 病 : 괴로워하는.

是故甚愛 必大費

그래서 (그러한 것을) 너무 좋아하면 꼭 큰 대가를 치르게 마련이고,

多藏 必厚亡

너무 많이 쌓아 두면 꼭 크게 망하게 마련이다.

註 _ 厚 : 크게. 必 : 꼭 ~하게 마련이다.

知足不辱 知止不殆

만족할 줄 알면 부끄러울 일이 없고, 그칠 줄 알면 위태로움이 없어서,

可以長久

능히 오래오래 가는 것이 가능하다.

| 직역모듬 |

명예가 일신에 주어지기를 누구나 원하고,

일신에 재화가 베풀어지기를 누구나 무척 바라는데,

따라오는 잃음은 누구나 괴로워하는 것이다.

그래서 그러한 것을 너무 좋아하면 꼭 큰 대가를 치르게 마련이고,

너무 많이 쌓아 두면 꼭 크게 망하게 마련이다.

만족할 줄 알면 부끄러울 일이 없고, 그칠 줄 알면 위태로움이 없어서,

능히 오래오래 가는 것이 가능하다.

| 한자의 뜻 |

名 : 명예. / 與 : 이루어지다, 주어지다. / 身 : 자신의 몸, 일신. / 孰 : 누구나. /
親 : 바라다, 좋아하다, 원하다.

身 : 자신의 몸, 일신. / 與 : 주어지다, 베풀어지다. / 貨 : 재물. /
孰 : 누구나. / 多 : 바라다, 원하다.

得 : 얻음, 성취. / 與 : 따라오는, 뒤쫓아 오다. / 亡 : 잃어버릴, 없어질. /
孰 : 누구에게나. / 病 : 고통.

是 : 이러한 것. / 故 : 까닭이다. / 甚 : 심히, 너무. / 愛 : 좋아하다. /
必 : 꼭. / 大 : 큰, 많은. / 費 : 대가.

多 : 많이. / 藏 : 쌓아 두다. / 必 : 꼭, 꼭 ~하게 마련이다. / 厚 : 많이. /
亡 : 잃어버리다.

知 : 깨닫다. / 足 : 충분함. / 不 : 않는다. / 辱 : 부끄러움.

知 : 알다. / 止 : 그치다. / 不 : 없다. / 殆 : 위태로움.

可 : 가능하다. / 以 : 어조사. / 長 : 오래. / 久 : 지속된다.

意 역

　자신이 명성을 얻고 영예로워지기를 누구나 간절히 바라고,

　누구나 다 일신이 부자가 되기를 원하는 욕심이 많은데,

　얻고 나면 뒤따라 오는 잃게 되는 일은 누구에게나 똑같이 찾아오는 고통이다.

　고로 명예나 재화같은 것을 너무 바라면 꼭 큰 대가를 치르게 마련이고,

　지나치게 많이 쌓아 두면 틀림없이 크게 망하는 법이다.

　욕심을 부리지 않고 갖고 있는 것에 만족하면 욕될 일이 없고,

　정도에 맞게 그칠 줄 알면 위태로움이 없어져서.

　당연히 오래오래 지속하는 것이 가능하다.

第45章

●

大成若缺 基用不弊

....

大成若缺 基用不弊
대성약결 기용불폐

大盈若沖 基用不窮
대영약충 기용불궁

大直若屈
대직약굴

大巧若拙
대교약졸

大辯若訥
대변약눌

躁勝寒 靜勝熱
조승한 정승열

淸靜爲 天下正
청정위 천하정

| 직역 |

大成若缺 其用不弊

훌륭하게 이루어진 것은 결함이 없어서 그 쓰임이 어렵지 않고,

註 _ 若 : 제거하다, 없애서. 弊 : 어려운.

大盈若沖 其用不窮

빈 데 없이 잘 채워진 것은 그 쓰임이 궁하지 않다.

大直若屈

(일을) 아주 바르게 하면 굽히고 청할 일이 없고,

註 _ 直 : 바르게 하다. 屈 : 굽히고 청하다, 굽히고 빌다.

大巧若拙

아주 공교한 재능은 버릴 데가 없으며,

註 _ 拙 : 못쓰게 되는, 버려야 하는.

大辯若訥

훌륭한 판단은 어눌한 데가 없다.

躁勝寒

조급한 행동이 무서워 떠는 것보다는 낫지만,

靜勝熱

안정을 꾀하는 것이 일을 일으키려는 것보다 낫다.

註 _ 熱 : 기세등등해서 일을 일으키다.

清靜爲 天下正
　　조용히 안정하게 하는 것이 세상을 바르게 하는 것이다.

| 직역모듬 |

훌륭하게 이루어진 것은 결함이 없어서 그 쓰임이 어렵지 않고,
빈 데 없이 잘 채워진 것은 그 쓰임이 궁하지 않다.
(일을) 아주 바르게 하면 굽히고 청할 일이 없고,
아주 공교한 것은 버릴 데가 없으며,
훌륭한 판단은 어눌한 데가 없다.
조급한 행동이 무서워 떠는 것보다는 낫지만,
안정을 꾀하는 것이 일을 일으키려는 것보다 낫다.
조용히 안정하게 하는 것이 세상을 바르게 하는 것이다.

| 한자의 뜻 |

大 : 대단히, 잘, 훌륭히. / 成 : 되다, 이루다. / 若 : 없다. 없애다. / 缺 : 결함.

基 : 그것의. / 用 : 작용, 사용. / 不 : 않다. / 弊 : 어려운, 쉽지 않은.

大 : 잘. / 盈 : 채워진. / 若 : 없다. / 沖 : 비어 있다.

基 : 그것의. / 用 : 작용, 사용. / 不 : 없다. / 窮 : 궁함.

大 : 아주. / 直 : 곧은 것. / 若 : 거슬리지 않다, 없다. /
屈 : 굽히다, 업드려 굽히다.

大 : 아주, 비범한. / 巧 : 공교한, 재능. / 若 : 거슬리지 않다, 없다. /
拙 : 버릴 데, 몹쓸 데.

大 : 훌륭한. / 辯 : 판단, 판별. / 若 : 거슬리지 않다, 없다. / 訥 : 어눌함.

躁 : 조급한 행동. / 勝 : 낫다. / 寒 : 무서워 떠는.

靜 : 안존한, 소동을 부리지 않는 안정. / 勝 : 낫다. /
熱 : 기세등등한, 일을 일으키는.

淸 : 조용한. / 靜 : 안존한, 소동을 부리지 않는 안정. / 爲 : 다스리다. /
天 : 하늘. / 下 : 땅. (天下 : 세상). / 正 : 올바르게.

의역

아주 잘 만들어진 것은 흠이 없어서 사용할 때 어렵지 않고,

잘 채워 놓은 것은 빈 데가 없어서 그 쓰임에 부족함이 없다.

지극히 올바른 행동은 굽히고 사정할 일이 없고,

훌륭한 재능은 버릴 데가 없으며,

훌륭한 판별은 시간을 끌며 꾸물대지 않는다.

요동을 피우며 일을 일으키는 것이, 두려워 떨면서 가만히 있는 것보다는 낫지만,

바르게 살피고 행하면서 안존을 도모하는 것이, 기세등등해 일을 벌이는 것보다 낫다.

조용하면서도 굳건히 다스려 편안하게 하는 것이 세상을 바로 돌아가게 하는 것이다.

第46章

●

天下有道 卻走馬以糞

....

天下有道 卻走馬以糞
천하유도 각주마이분

天下無道 戎馬生於郊
천하무도 융마생어교

禍莫大 於不知足
화막대 어부지족

咎莫大 於欲得
구막대 어욕득

故知足之足 常足矣
고지족지족 상족의

| 직역 |

天下有道 卻走馬以糞

세상이 도를 취하면 (전쟁터에서) 달리는 말을 뒤로 빼돌려 농사를 짓고,

註 _ 道 : 도리. 卻 : 빼돌리다. 走 : 달리는. 糞 : 농사를 짓다.

天下無道 戎馬生於郊

세상이 도를 취하지 않으면 전차를 끄는 말이 멀리 성밖 전쟁터로 나간다.

註 _ 戎 : 전차(戰車). 戎馬 : 전차를 끄는 말. 生 : 나가다. 郊 : 원교(遠郊 : 성밖 멀리).

禍莫大 於不知足

충분함을 깨닫지 못하는 데서 오는 화만큼 큰 화는 없고,

咎莫大 於欲得

더 얻으려는 욕심을 부려서 받는 미움만큼 큰 미움은 없다.

故知足之足 常足矣

그래서 족함을 만족할 줄 알면 풍족하게 되는 것이다.

| 직역모듬 |

세상이 도를 취하면 (전쟁터에서) 달리는 말을 뒤로 빼돌려 농사를 짓고,
세상이 도를 취하지 않으면 전차를 끄는 말이 멀리 성밖 전쟁터로 나간다.
충분함을 깨닫지 못하는 데서 오는 화만큼 큰 화는 없고,
더 얻으려는 욕심을 부려서 받는 미움만큼 큰 미움은 없다.
그래서 풍족한 것을 족한 줄 알면 만족하게 된다.

257

| 한자의 뜻 |

天 : 하늘. / 下 : 아래. (天下 : 세상, 나라). /
有 : 취하다, 따르다, 뜻을 같이하다. / 道 : 도, 이치.

卻 : 빼내서. / 走 : 바꾸어 쓰다, 돌려서 다른 데 쓰다. / 馬 : 말.
以 : 조동사. / 糞 : 재배하다, 농사짓다.

天 : 하늘. / 下 : 아래. (天下 : 세상, 나라). / 無 : 없다. 행하지 않다.
道 : 도, 이치.

戎 : 전차, 전쟁에 쓰이는 마차. / 馬 : 말. (戎馬 : 전차를 끄는 말).
生 : 나아가다. / 於 : ~로. / 郊 : 성밖 멀리 떨어진 시골.

禍 : 재앙. / 莫 : 불가하다, 없을. / 大 : 큰. / 於 : ~에서 오는.
不 : 못하다. / 知 : 알다. / 足 : 충분함.

咎 : 미움. / 莫 : 불가하다, 없을. / 大 : 큰. / 於 : ~에서 오는.
欲 : 욕심. / 得 : 취하다.

故 : 그래서. / 知 : 알다. / 足 : 풍족한 것. 충분한 것.
之 : 어조사, ~이다. / 足 : 풍족하다. 충분하다.

常 : ~을 하게 한다. ~하게 된다. / 足 : 만족. 풍족. / 矣 : 어조사

의역

    나라를 마땅히 지켜야 할 이치대로 다스리면 전쟁에 쓸 말을 후방으로 빼돌려 농사를 짓는 데 쓰고,

    나라를 이치를 따라서 다스리지 않으면 말이 전차를 끌고 멀리 성밖 전쟁터로 나간다.

    깨닫지 못해서 입는 재앙만큼 큰 재앙은 없고,

더 얻으려는 욕심 때문에 받는 미움보다 더 큰 미움은 없다.

그래서 부족한 것이 없는 것을 만족할 줄 알면 풍족하게 되는 것이다.

第 47 章

●

不出戶 知天下

....

不出戶 知天下
지출호 지천하

不闚牖 見天道
불규유 견천도

其出彌遠 其知彌少
기출미원 기지미소

是以聖人 不行而知
시이성인 불행이지

不見而名 不爲而成
불견이명 불위이성

| 직역 |

不出戶 知天下

백성을 멀리하지 않으면 온 천하를 알 수 있고,

註 _ 出 : 멀리하다. 戶 : 백성.

不闚牖 見天道

창문으로 엿보지 않아도 민심을 알 수 있는데,

註 _ 闚 : 엿보다. 天 : 백성. 道 : 마음.

其出彌遠 其知彌少

(백성을) 멀리하는 것을 더 오래 끌면 민심을 깨닫는 것이 더욱 더 적게 된다.

註 _ 彌 : 오래 끌다. 遠 : 멀리하다. 彌 : 더, 더욱 더.

是以聖人 不行而知

백성들을 가까이함으로써 성인은 행동을 취하지 않고도 (백성들을) 알게 되고,

不見而名

드러내 보이지 않고도 명성을 쌓고,

不爲而成

이루려 하지 않아도 이루게 된다.

| 직역모듬 |

백성을 멀리하지 않으면 온 천하를 알 수 있고,
창문으로 엿보지 않아도 민심을 알 수 있는데,
(백성을) 멀리하는 것을 더 오래 끌면 민심을 깨닫는 것이 더욱 더 적게 된다.
백성들을 가까이함으로써 성인은 행동을 취하지 않고도 (백성들을) 알게 되고,

261

드러내 보이지 않고도 명성을 쌓고,

이루려 하지 않아도 이루게 된다.

| 한자의 뜻 |

不 : 않다. / 出 : 멀리하다, 내치다, 친하지 않은, 가까이하지 않다. / 戶 : 백성. /
知 : 알다, 깨닫다. / 天 : 하늘. / 下 : 아래. (天下 : 백성, 세상, 나라).

不 : 않다. / 闚 : 엿보다, 엿듣다. / 牖 : 창문.

見 : 살피다. / 天 : 백성. / 道 : 생각. (天道 : 백성의 생각).

其 : 그, 그 백성. / 出 : 멀리하다. / 彌 : 오래 끌다. /
遠 : 오래가다, 시간을 오래 끌다.

其 : 그 마음, 백성들의 마음. / 知 : 알다, 깨달음. / 彌 : 더, 더욱 더. /
少 : 적게 하다.

是 : 그. / 以 : 같이. (是以 : 그래서). / 聖 : 성스러운. /
人 : 사람. (聖人 : 성인).

不 : 않다. / 行 : 행동을 취하다. / 而 : ~도, ~만. / 知 : 알다, 깨닫다.

不 : 않다. / 見 : 내보이다, 과시하다. / 而 : ~도. /
名 : 영예로워지다, 좋은 평판이 쌓이다:

不 : 않다. / 爲 : 이루다. / 而 : ~도. / 成 : 이루다, 성취하다.

의역

백성들을 가까이 하면 세상이 어떻게 돌아가는지 알게 되고,

창문으로 엿보지 않아도 백성들의 마음을 알 수 있는데,

백성을 배척하는 기간이 더 길어질수록 그들의 마음을 이해하는 것이 더 어려워진다.

그래서 성인은 백성을 멀리하지 않음으로써 가만히 있으면서도 그들의 마음을 이해할 수 있게 되고,

자신을 스스로 내세워 과시하지 않아도 좋은 평판을 쌓을 수 있고,

다스리지 않고 가만히 있어도 원하는 것이 성취된다.

第 48 章

●

爲學日益爲道日損

....

爲學日益
위학일익

爲道日損
위도일손

損之又損
손지우손

以至於無爲
이지어무위

無爲而無不爲
무위이무불위

取天下 常以無事
취천하 상이무사

及其有事
급기유사

不足以取天下
부족이취천하

| 직역 |

爲學日益

　학문은 하면 매일 더해지지만,

爲道日損

　도는 수련해서 행할 적마다 매일 덜게 되는데,

　註 _ 損 : 덜다.

損之又損

　덜고 또 덜면,

以至於無爲

　거짓을 행하지 않는 경지에 이른다.

無爲而無不爲

　꾸며서 행히는 짓을 하지 아니하면 이루지 못할 것이 없다.

取天下常以無事

　일을 벌이지 않아야 나라를 얻을 수 있는 것인데,

及其有事

　급기야 일이 일어나게 하면,

不足以取天下

　천하를 얻는 데는 충분치 못하다.

학문은 하면 매일 더해지지만,

도는 수련해서 행할 적마다 매일 덜게 되는데,

덜고 또 덜면,

거짓을 행하지 않는 경지에 이른다.

꾸며서 행하는 짓을 하지 아니하면 이루지 못할 것이 없다.

일을 벌이지 않아야 나라를 얻을 수 있는 것인데,

급기야 일이 일어나게 하면,

천하를 얻는 데는 충분치 못하다.

| 한자의 뜻 |

爲 : 하다. / 學 : 공부, 학문. / 日 : 날마다, 매일. / 益 : 더해지다, 늘다.

爲 : 행하다. / 道 : 도, 마음, 도리. / 日 : 때마다. / 損 : 덜다, 비우다.

損 : 덜다. / 之 : 어조사. / 又 : 또. / 損 : 덜다.

以 : 어조사. / 至 : 이르다. / 於 : ~에. / 無 : 없는. /
爲 : 일신을 위한 허위 조작, 거짓.

無 : 없는. / 爲 : 일신을 위한 허위 조작, 거짓. / 而 : ~이면.
無 : 없다. / 不 : 아니하다. / 爲 : 일신을 위한 허위 조작, 거짓.

取 : 얻다. / 天 : 하늘. / 下 : 아래. (天下 : 나라). / 常 : 하게 하다.
以 : 어조사. / 無 : 않다. / 事 : 일을 일으키다.

及 : 이르다, 결단을 행하다. / 其 : 어조사. (及其 : 급기야, 끝내).
有 : 취하다. / 事 : 일, 일을 벌이다.

不 : 못하다. / 足 : 충분하다. / 以 : 어조사. / 取 : 얻다, 취하다.

天 : 하늘. / 下 : 백성. (天下 : 나라, 온 천하).

의 역

학문은 배워서 깨우칠 적마다 매일 지식이 늘지만.

마음은 닦아서 그 도를 실천할 적마다 갖고 있는 욕심을 매일 더 비우게 되는데,

비우고 또 비우면, 자신의 이익을 위해 조작을 않으며 거짓을 행하지 않는 경지에 이르게 된다.

자신을 위해서 일을 조작하지 않으면 만사를 이룰 수 있다.

나라를 얻으려면 변란이 일어나지 않게 해야 하는 법인데,

끝내 변난을 일으키고 말면,

백성을 맡아서 다스리기에는 미흡하다.

第49章

●

聖人無常心 以百姓心

················

聖人無常心 以百姓心爲心
성인무상심 이백성심위심

善者吾善之 不善者吾亦善之德善
선자오선지 불선자오역선지 덕선

信者吾信之 不信者吾亦信之德信
신자오신지 불신자오역신지 덕신

聖人在天下 歙歙爲天下渾其心
성인재천하 흡흡위천하혼기심

百姓皆注其耳目
백성개주기이목

聖人皆孩之
성인개해지

| 직역 |

聖人無常心 以百姓心爲心

성인은 (자신의) 생각을 받아들이지 않고, 백성의 심정으로 생각을 한다.

註 _ 常 : 받아들이다. 心 : 심정

善者吾善之 不善者吾亦善之德善

우리는 선한 사람에게 잘해야 하지만, 선하지 못한 사람에게도 잘하는 것이 훌륭한 덕행이다.

信者吾信之 不信者吾亦信之德信

우리는 믿을 수 있는 사람을 믿지만, 믿지 못할 사람도 믿는 것이 심신한 덕이다.

聖人在天下歙歙 爲天下渾其心

성인이 백성을 가상히 여기고 베풀면서 다스리고 백성을 위하여 자신의 마음을 (백성의 마음과) 합쳐서 하나가 되게 하면,

註 _ 歙 : 가상히 여기다. 歙 : 베풀다. 渾 : 융합하다, 같이하다.

百姓皆注其耳目

백성들 모두가 다 그들의 눈과 귀를 기울여 주의하게 돼서,

聖人皆孩之

성인이 (백성들을) 다 같이 벙글벙글 웃게 만드는 것이다.

| 직역모듬 |

성인은 (자신의) 생각을 받아들이지 않고, 백성의 심정으로 생각을 한다.

우리는 선한 사람에게 잘해야 하지만, 선하지 못한 사람에게도 잘하는 것이 훌륭

한 덕행이다.

　우리는 믿을 수 있는 사람을 믿지만, 믿지 못할 사람도 믿는 것이 심신(深信)한 덕이다.

　성인이 백성을 가상히 여기고 베풀면서 다스리고 백성을 위하여 자신의 마음을 (백성의 마음과) 합쳐서 하나가 되게 하면,

　백성들 모두가 다 그들의 눈과 귀를 기울여 주의하게 돼서,

　성인이 (백성들을) 다 같이 벙글벙글 웃게 만드는 것이다.

| 한자의 뜻 |

聖 : 성스런. / 人 : 사람. / 無 : 않다. / 常 : 받아들이다. / 心 : 자신의 마음.

以 : ~으로. / 百 : 모든, 백성. / 姓 : 백성. /
心 : 심지(心志) , 심정(心情), 바라는 마음. / 爲 : 하다. / 心 : 생각.

善 : 선한, 좋은. / 者 : 자, 사람. / 吾 : 우리. / 善 : 선행, 잘하는 것. /
之 : ~이다.

不 : 아니한. / 善 : 선한, 좋은. / 者 : 자, 사람. / 吾 : 우리. /
亦 : 또한, 모두 다. / 善 : 선하게. / 之 : ~이다. / 德 : 덕행. / 善 : 선한.

信 : 믿을 수 있는. / 者 : 자, 사람. / 吾 : 우리들. / 信 : 믿어 주다. /
之 : ~이다, ~하다.

不 : ~을 할 수 없는. / 信 : 믿다. / 者 : 자, 사람. / 吾 : 우리들. /
亦 : 또한. / 信 : 믿다. / 之 : ~이다, ~하다. / 德 : 덕행. /
信 : 믿음이 가는.

聖 : 성스러운. / 人 : 사람. / 在 : 보살피다. / 天 : 하늘, 백성. /
下 : 백성. (天下 : 백성). / 歙 : 베풀다. / 歙 : 가상히 여기다. / 爲 : 위하다. /
天 : 하늘, 백성. / 下 : 백성. (天下 : 백성). /
渾 : 융합하다, 섞어서 하나가 되게 하다. / 其 : 그. / 心 : 마음.

百 : 모든, 백성. / 姓 : 백성. (百姓 : 백성). / 皆 : 모두, 전부 다.
注 : 주의를 기울이다.
其 : 그들의. / 耳 : 귀. / 目 : 눈.

聖 : 성스런. / 人 : 사람. / 皆 : 전부 다. / 孩 : 어린아이처럼 방긋 웃다.
之 : 어조사(~이다).

의역

성인은 자신의 마음대로 생각하지 않고 백성들이 원하는 바를 먼저 헤아린다.

선한 사람만이 아니고 그렇지 못한 사람에게까지도 모두 다 잘 대해 주는 것이 훌륭한 덕이다.

우리는 신뢰할 수 있는 사람만 신뢰하는데 그렇지 못한 사람도 믿어 주는 것이 진정으로 신뢰할 수 있는 덕행이다.

성인이 착한 사람과 그렇지 못한 사람 또 믿을 수 있는 사람과 그렇지 못한 사람 모두를 고루 기특하게 여기며 베풀면서 다스리고, 자신의 마음을 백성들의 마음과 같이 섞어서 하나가 되게 하면,

모든 백성들이 전부 다 성인에게 주목하고 경청을 하게 돼서,

결국 성인이 모든 백성들을 다 어린아이와 같이 벙글벙글 웃을 수 있게 순진하게 만드는 것이다.

第50章

●

出生入死

....

出生入死
출생입사

生之徒 十有三
생지도 십유삼

死之徒 十有三
사지도 십유삼

人之生動之死地亦 十有三
인지생동지사지역 십유삼

夫何故 以其生 生之厚
부하고 이기생 생지후

盖聞 善攝生者
개문 선녑생자

陸行 不遇兕虎
육행 불우시호

入軍 不被甲兵
입군 불피갑병

兕無所投其角
시무소투기각

虎無所措其爪
호무소조기조

兵無所容其刃
병무소용기인

夫何故 以其無死地
부하고 이기무사지

| 직역 |

出生入死

태어나서 자라다가 죽어서 끝을 맺는데,

註 _ 生 : 자라 나아가다. 入 : 끝마치다.

生之徒 十有三

성장이 서서히 진행돼 가는 데 수십 년 걸리고,

註 _ 徒 : 서서히 진행되다. 十 : 십 년. 有 : 걸리다, 지속되다. 三 : 수(數).

死之徒 十有三

서서히 쇠해 가면서 죽어서 끝나는 데 수십 년 걸리는데.

人之生動之死地 亦 十有三

인간의 살아서의 활동은 사후에도 역시 수십 년 동안 (영향을 미치는 것이) 그대로 지속된다.

註.生 : 살아 又 살아서의. 動 : 활동. 地 : 후 又 다음. 亦 : 똑같이.

夫何故 以其生 生之厚

왜냐하면 그 사람들이 살아 행한 모든 행적들로 그들의 일생이 차곡차곡 쌓여(기억되어서)서 보존되기 때문이다.

註 _ 生 : 살아 행한 행동 .生 : 일생. 厚 : 차곡차곡 쌓여 보존(기억)되다.

盖聞 善攝生者

명예는 보이지 않게 덮어 두고 삶을 잘 가꾸는 자는,

註 _ 盖 : 감추어 보이지 않게 하다. 聞 : 명예. 攝 : 가꾸다 又 거두다.

陸行 不遇兕虎

나무가 무성한 숲 길을 가도 외뿔소나 호랑이를 만나지 않고,

註_陸 : 나무가 무성한 수풀을

入軍不被甲兵

군사가 침입해도 갑옷 입은 병사들을 만나지 않는다.

註_被 : 만나다.

兕無所投其角

외뿔소가 그 뿔로 받을 곳이 없고,

虎無所措其爪

범이 그 발톱으로 할퀼 곳이 없으며,

兵無所容其刃

병사가 그 칼로 벨 형상이 없다.

夫何故 以其無死地

왜냐하면 죽은 후에는 (그 사람이) 없기 때문이다.

| 직역모듬 |

태어나서 자라다가 죽어서 끝을 맺는데,

성장이 서서히 진행돼 가는 데 수십 년 걸리고,

서서히 쇠해 가면서 죽어서 끝나는 데 수십 년 걸린다.

그리고 인간의 살아서의 활동은 사후에도 역시 수십 년 동안 (영향을 미치는 것이) 그대로 지속된다.

왜냐하면 그사람들이 살아 행한 모든 행적들로 그들의 일생이 차곡차곡 쌓여(기

억되어서)서 보존되기 때문이다.

　명예는 보이지 않게 덮어 두고 삶을 잘 가꾸는 자는,

　나무가 무성한 숲 길을 가도 외뿔소나 호랑이를 만나지 않고,

　군사가 침입해도 갑옷 입은 병사들을 만나지 않는다.

　외뿔소가 그 뿔로 받을 곳이 없고,

　범이 그 발톱으로 할퀼 곳이 없으며,

　병사가 그 칼로 벨 형상이 없다.

　왜냐하면 죽은 후에는 (그 사람이) 없기 때문이다.

| 한자의 뜻 |

出 : 출생하다, 태어나다. / 生 : 성장하다, 성장해 가다. /
入 : 들어가다, 끝나다, 없어지다. / 死 : 서서히 쇠해 가면서 죽다.

生 : 자라다, 자라가다. / 之 : 어조사. / 徒 : 진행돼 나아가다. /
十 : 십, 십 년. / 有 : 취하다, 걸리다, 소요되다. / 三 : 수, 여러, 몇, 여러 번.

死 : 죽음으로 끝마치다. / 之 : 어조사. / 徒 : 진행돼 가다. /
十 : 십, 십년. / 有 : 걸리다, 소요되다. / 三 : 수, 여러번.

人 : 인간. / 之 : 어조사. / 生 : 살아서. / 動 : 활동하다. /
之 : 어조사. / 死 : 죽은. / 地 : 후. 다음. / 亦 : 똑같이, 그대로. /
十 : 십, 십년. / 有 : 영향을 끼친다, 영향을 준다. / 三 : 계속, 지속.

夫 : 그것이. / 何 : 어떻게. / 故 : 그런 까닭은 /
以 : ~으로. / 其 : 그. / 生 : 생동. 생의 활동. / 生 : 일생. /
之 : 어조사. / 厚 : 보이지 않게 차곡차곡 축적하다.

盖 : 보이지 않게 감추다. 덮어 두다. / 聞 : 명예. /
善 : 잘. 훌륭히. / 攝 : 추구하다. 가꾸다. 거두다. / 生 : 삶. /
者 : 자, 사람.

陸 : 나무가 무성한 숲, 험난한 길. / 行 : 가다. / 不 : 않다. /
遇 : 마주치다. / 兕 : 코뿔소. / 虎 : 호랑이.

入 : 쳐들어 오다. / 軍 : 군대. / 不 : 않다. / 被 : 만나다, 마주치다. /
甲 : 무장한, 갑옷을 입은. / 兵 : 병사.

兕 : 코뿔소. / 無 : 없다. / 所 : 곳. / 投 : 넣다, 받다. /
其 : 그의. / 角 : 뿔.

虎 : 호랑이. / 無 : 없다. / 所 : 데, 곳. / 措 : 할퀴다. /
其 : 그의. / 爪 : 발톱.

兵 : 병사. / 無 : 없다. / 所 : 데, 곳. / 容 : 형체, 물체. / 其 : 그의. /
刃 : 병기(창검). 칼날을 휘두르다.

夫 : 그. / 何 : 어찌. / 故 : 그런 까닭. /
以 : 이기 때문이다. / 其 : 그 사람(섭생을 잘 한 사람). /
無 : 않다. / 死 : 죽다. / 地 : 후에, 다음에.

의역

　출생해서 성장해 나아가다 가는 서서히 기가 흩어져 쇠해져 죽음으로
끝을 맺는데,
　나서 성숙하며 자라는 기간이 수십 년이 걸리고,
　서서히 쇠약해져 가다가 죽음으로 끝마치는 데 수십 년 걸린다.
　그리고 인간의 생전의 활동은 죽어서 없어진 후에도 그 뜻이 오래 영향
을 미치면서 그대로 지속된다.
　어떻게 죽은 후에도 생전의 활동이 그와 같이 영향을 미칠 수 있는가
하면 사람들의 살아 생전의 업적은 그들이 죽은 후에도 생생하게 기억되
서 남아 있기 때문이다.

명예에 연연치 않고 훌륭히 도리를 따르려는 삶을 추구한 자는,

나무가 무성해 험한 산길을 가도,

외뿔소나 호랑이를 만나는 것 같은 위험에 빠지는 일이 없으며,

군사의 침입이 있어도 무장한 병사들을 마주치지 않는다.

외뿔소가 받을 데가 없고,

호랑이가 그 발톱으로 할켜서 상처를 줄 데도 없으며,

병사가 그들의 칼을 휘둘러 자를 형체가 없다.

왜냐하면 섭생을 훌륭히 하고 생을 마친 자에게는, 죽은 후에 칭송받을 영예로움 밖에는 그 사람이 사라져서 없기 때문이다.

| 약설 |

우리 인간들이 올바른 삶을 살고 가야 할 이유를 특이하게 말해 주고 있다.

죽으면 그만인데 하는 말을 우리들은 입버릇처럼 하면서 살아가는데, 죽고 나서도 그만이 아님을 일깨워 주는 장이다.

아무리 포악한 왕도 무지막지한 독재자도 그리고 교활한 정치인들도 우리가 그처럼 예찬하는 옛위인들만은 어떻게 할 수 없었지 않은가! 위인들의 생의 업적이 아무리 저들의 허위에 찬 거짓(爲)에 걸림돌이 되어도.

第 51 章

●

道生之

....

道生之 德畜之 物形之 勢成之
도생지 덕축지 물형지 세성지

是以 萬物莫不尊道 而貴德
시이 만물막부존도 이귀덕

道之尊 德之貴
도지존 덕지귀

夫莫之命 而常自然
부막지명 이상자연

故 道生之 德畜之
고 도생지 덕축지

長之 育之 亭之 毒之 養之 覆之
장지 육지 정지 독지 양지 복지

生而不有 爲而不恃 長而不宰
생이불유 위이불시 장이부재

是謂玄德
시위현덕

| 직역 |

道生之

마음이 의로운 생각을 하고,

註 _ 生 : 의로운 생각을 품다.

德畜之

(그에 따라) 덕행이 쌓여서,

物形之

만사가 형성되기에,

註 _ 物 : 만사.

勢成之

(도에는) 위엄이 이루어진다.

註 _ 勢 : 위엄.

是以萬物 莫不尊道 而貴德

그래서 모든 일에 있어서 도를 존중하면서 덕을 소중히 여기지 않을 수 없다.

道之尊 德之貴

도를 존중하고 덕을 소중히 여기는 것은,

夫莫之命 而常自然

생각해 보면 법령이 없는 데도 저절로 그렇게 되어지는 것이다.

故道生之 德畜之

　　왜냐하면 마음이 생각을 해서 덕을 쌓는 것은,

　　註 _ 道 : 마음. 生 : 생각하다.

長之 育之 亭之

　　비범하고 의로운 마음을 지니고 곧고,

　　註 _ 長 : 비범한. 育 : 의로운 마음을 갖다. 亭 : 곧은.

毒之 養之 覆之

　　뉘우치고 걱정하며 거듭 살피면서,

　　註 _ 毒 : 뉘우치다. 養 : 걱정하다. 覆 : 거듭 살피다.

生而不有

　　(백성들이) 생산해 낸 것을 취하지 않고,

　　註 _ 而 : 억울하게.

爲而不恃

　　거짓이면 쫓지 않으며.

長而不宰

　　우두머리가 되어도 억지로 다스리지 않기 때문이다.

是謂玄德

　　이러한 것을 지극한 덕이라 이른다.

| 직역모듬 |

마음이 의로운 생각을 하고,

(그에 따라) 덕행이 쌓여서,

만사가 형성되기에,

(도에는) 위엄이 이루어진다.

그래서 모든 일에 있어서 도를 존중하면서 덕을 소중히 여기지 않을 수 없다.

도를 존중하고 덕을 소중히 여기는 것은,

생각해 보면 법령이 없는 데도 저절로 그렇게 되어지는 것이다.

왜냐하면 마음이 생각을 해서 덕을 쌓는 것은,

비범하고 의로운 마음을 지니고 곧고

뉘우치고 걱정하며 거듭 살피면서,

(백성들이) 생산해 낸 것을 취하지 않고,

거짓이면 쫓지 않으며.

우두머리가 되어도 억지로 다스리지 않기 때문이다.

이러한 것을 지극한 덕이라 이른다.

| 한자의 뜻 |

道 : 마음, 생각. / 生 : 마음을 갖다, 생각을 품다. / 之 : 어조사.

德 : 덕, 덕행. / 畜 : 쌓다, 축적하다. / 之 : 어조사(~이다).

物 : 도리. / 形 : 형성, 표현되다, 형성돼 나타나다. / 之 : 어조사(~이다).

勢 : 위엄, 권위. / 成 : 성립되다, 이루어지다. / 之 : 어조사(~이다).

是 : 이, 이것. / 以 : 같아, 같아서. (是以 : 그래서, 이와 같이). / 萬 : 온갖, 모든. / 物 : 일. / 莫 : 없다. / 不 : 않다. (莫不 : 않을 수 없다). / 尊 : 소중히 여기다. / 道 : 생각. / 而 : 그리고, 또. / 貴 : 귀하게 여기다. / 德 : 덕행.

道 : 생각. / 之 : 어조사(~이다). / 尊 : 소중히 여기다. / 德 : 덕행. /
之 : 어조사(~이다). / 貴 : 귀중하게 여기다.

夫 : 무릇, 생각건대. / 莫 : 없다, 없이. / 之 : 어조사(~이다). /
命 : 법령, 왕명. / 而 : 그러할지라도. / 常 : 되다, 행해지다. / 自 : 스스로. /
然 : 그러하다. (自然 : 자연히).

故 : 그런데. / 道 : 생각, 마음. / 生 : 생기다, 일어나다. / 之 : 어조사(~이다). /
德 : 덕, 덕행. / 畜 : 쌓이다. / 之 : 어조사(~이다).

長 : 훌륭한, 비범한. / 之 : 어조사(~이다). /
育 : 의로운 마음. / 之 : 어조사(~이다). /
亭 : 곧다, 공평하다. / 之 : 어조사(~이다).

毒 : 뉘우치다. / 之 : 어조사(~이다). /
養 : 걱정하다, 근심하다. / 之 : 어조사(~이다). /
覆 : 거듭 살피다. / 之 : 어조사(~이다).

生 : 생각. / 而 : 억울하게, 불공평하게. / 不 : 않는다. / 有 : 취하다.

爲 : 조작, 허위. / 而 : 억지로. / 不 : 않는다. / 恃 : 추구하다.

長 : 우두머리가 되다. / 而 : 억지로. / 不 : 않는다. / 宰 : 부리면서 다스리다.

是 : 이, 이러한 것. / 謂 : 이라고 말한다. / 玄 : 깊은, 현명한. / 德 : 덕, 덕행.

마음이 인간이 마땅히 행해야 할 것을 생각하고,
그 생각에 따라 덕행이 이루어지고 축적되면서,
인간이 행하는 모든 일이 형성되기 때문에, 도에는 위엄이 있다.
그래서 세상만사에 있어서 마음이 생각하는 것을 중히 여기고 덕을 행하는 것을 높이 여길 수밖에 없다.

　도가 높이 존중되고 덕행이 귀중하게 생각되어지는 것은,

　생각해 보면 법으로 강제로 시켜서 그렇게 되는 것이 아니고 저절로 그렇게 귀하게 되는 것이다.

　왜냐하면 마음이 생각을 해내고 그에 따라 덕을 행해 쌓아 가는 것은,

　마음이 비범하고 의롭고 공평하고 잘못될까 번민하며 되돌아보기 때문에,

　불공평하게 생각하지 않고,

　내가 득을 보고자 조작한 거짓을 남에게 억울하게 행하지 않으며,

　최고로 높은 지위에 올라도 억지로 다스리지 않기 때문이다.

　이렇게 하는 것을 심오한 덕을 행하는 것이라 한다.

第52章

●

天下有始 以爲天下母

....

天下有始 以爲天下母
천하유시 이위천하모

旣得其母 以知其子
기득기모 이지기자

旣知其子 復守其母
기지기자 복수기모

沒身不殆
몰신불태

塞其兌 閉其門 終身不勤
새기태 폐기문 종신불근

開其兌 濟其事 終身不救
개기태 제기사 종신불구

見小曰明 守柔曰强
견소왈명 수유왈강

用其光 復歸其明 無遺身殃
용기광 복귀기명 무유신앙

是謂習常
시이습상

| 직역 |

天下有始 以爲天下母

천하를 취하면서 비로소 백성이 원하는 것을 시행하는데,

註 _ 爲 : 시행하다, 해 주다. 母 : 원하는 것.

旣得其母 以知其子

이미 그 원하는 것들을 얻게 하고 나선 흡족해 하는지 아닌지를 알아야 한다.

註 _ 母 : 원하다. 知 : ~이 아닌지. 子 : 흡족한.

旣知其子 復守其母

일단 그들이 흡족해 하는 것을 알고 나서 그들이 원하는 것을 계속해 주면,

註 _ 復 : 반복해서. 守 : 지속하다.

沒身不殆

(통치자의) 일신이 몰락할 위태로움이 없다.

塞其兌 閉其門

백성들과 의사소통을 막고 마음을 닫으면,

註 _ 塞 : 막다. 兌 : 의사소통. 門 : 마음.

終身不勤

(통치자의) 일신이 망해서 끝나는 것을 (백성들이) 걱정해 주지 않지만,

註 _ 終 : 망해서 끝나다. 勤 : 걱정해 주다.

開其兌 濟其事

그들과의 왕래를 열고 일을 도와주면,

註 _ 濟 : 도와주다.

終身不救

(통치자의) 일신을 무너뜨리는데 (백성들이) 호응하지 않는다.

註 _ 救 : 두둔하다.

見小曰明 守柔曰强

약자를 보살피는 것을 현명하다 하고 부드러움을 고수하는 것을 강하다고 하는데,

用其光 復歸其明

그들에게 그러한 현명한 마음을 쓰면, 그 현명함이 되돌아와서,

註 _ 光 : 현명한 마음.

無遺身殃

일신에 재앙을 끼치지 않는다.

是謂習常

이러한 것을 항상 변치않는, 습득한 깨우침이라 일컫는다.

註 _ 習 : 습득한 깨우침, 常 : 항상 변치않는.

| 직역모듬 |

천하를 취하면서 비로소 백성이 원하는 것을 시행하는데,

이미 그 원하는 것들을 얻게 하고 나선 흡족해 하는지 아닌지를 알아야 한다.

일단 그들이 흡족해 하는 것을 알고 나서 그들이 원하는 것을 계속해 주면,

(통치자의) 일신이 몰락할 위태로움이 없다.

백성들과 의사소통을 막고 마음을 닫으면,

(통치자의) 일신이 망해서 끝나는 것을 (백성들이) 걱정해 주지 않지만,

그들과의 왕래를 열고 일을 도와주면,

(통치자의) 일신을 무너트리는데 (백성들이) 호응하지 않는다.

약자를 보살피는 것을 현명하다 하고 부드러움을 고수하는 것을 강하다고 하는데,
그들에게 그러한 현명한 마음을 쓰면, 그 현명한 마음이 되돌아와서,
일신에 재앙을 끼치지 않는다.
이러한 것을 끊임없이 습득해 오는, 깨우쳐야 할 교훈이라 한다.

│ 한자의 뜻 │

天 : 하늘. / 下 : 아래. (天下 : 나라). / 有 : 취하다, 얻다. /
始 : 비로소, 처음. / 以 : ~이다. / 爲 : 행하다, 다스리다. / 天 : 하늘. /
下 : 아래, 백성. (天下 : 나라의 백성). / 母 : 원하는.

旣 : 이미, 다하게 하다. / 得 : 얻다. / 其 : 그들, 백성들. / 母 : 원하는. /
以 : 하다. / 知 : 알다, 깨닫다. / 其 : 그들, 백성들. / 子 : 만족하다.

旣 : 이미, 다하게 하다. / 知 : 알다, 깨닫다. / 其 : 백성들. / 子 : 만족하다. /
復 : 반복해서, 계속해서. / 守 : 고수하다, 지키다. / 其 : 그들, 백성들. /
母 : 만족하게.

沒 : 망할. / 身 : 일신. / 不 : 없다. / 殆 : 위태로움.

塞 : 막다. / 其 : 백성들. / 兌 : 통로, 의사소통. /
閉 : 닫다. / 其 : 그. / 門 : 마음.

終 : 끝나다, 몰락하다. / 身 : 일신. / 不 : 않다. / 勤 : 걱정하다.

開 : 열다, 개방하다. / 其 : 그들, 백성들. / 兌 : 통로, 의사소통. /
濟 : 도와주다, 서로 도와주게 하다. / 其 : 그들의, 백성들의. / 事 : 일.

終 : 무너지다, 멸망하다. / 身 : 일신. / 不 : 않는다. /
救 : 두둔하다, 호응하다, 동조하다.

見 : 생각해 주다, 보살피다. / 小 : 약자, 약한 백성. / 曰 : 이라 한다. /
明 : 현명함. /

守 : 고수하다, 견지하다. / 柔 : 부드러움, 유연함. / 曰 : ~이라 한다. /
强 : 강함, 유력.

用 : 쓰다, 적용하다, 행하다. / 其 : 그러한. / 光 : 현명함, 현명한 마음. /
復 : 보답한다, 갚는다. / 歸 : 돌아오다. / 其 : 그, 그러한. /
明 : 현명한 마음.

無 : 않는다. / 遺 : 끼치다, 남기다. / 身 : 일신. / 殃 : 재앙.

是 : 이를. / 謂 : ~이라 한다. / 習 : 습득한 가르침, 전해 내려오는 교훈.
常 : 항상 그러한, 불변하는.

의역

나라를 얻으면 처음에 백성들이 바라는 대로 해 주기 시작하는데,
　일단 백성들이 바라는 것을 해 주고 나선 그들이 만족해 하는지를 확인
해야 한다.
　일단 백성들이 만족해 하는 것을 확인하고서 그들이 바라는 대로 그대
로 계속해 주면,
　임금의 자리에서 쫓겨날 위험이 없어지게 된다.
　임금이 백성과의 소통을 차단해 버리고 백성을 생각하는 마음을 갖지
않으면,
　백성들이 통치자의 몰락을 상관하지 않지만,
　백성들과의 의사소통을 열어 놓고 그들의 일을 진심으로 걱정하고 성
심껏 도와주면,
　통치자가 몰락하는 데 백성들이 동조하지 않는다.
　약한 백성을 돌봐 주는 것을 현명하다 하고 백성을 부드럽게 돌보는 것

을 견지하는 것을 강력하다 하는데,

　백성들에게 베푼 그러한 현명한 마음이 영향을 미치게 되면,

　영향을 받은 백성들의 고마워하는 마음이 임금에게 보답으로 되돌아
와서,

　임금의 일신에 재앙을 끼치지 않는다.

　이러한 것을 끊임없이 습득해 온, 깨우쳐야 할 교훈이라 한다.

第53章

●

使我介然有知

. . . .

使我介然有知 行於大道
사아개연유지 행어대도

唯施是畏 大道甚夷 而民好徑
유시시외 대도심이 이민호경

朝甚除 田甚蕪 倉甚虛
조심제 전심무 창심허

服文彩 帶利劍
복문채 대이검

厭飮食 財貨有餘
염음식 재화유여

是謂盜夸 非道也哉
비도야재 시위도과

| 직역 |

使我介然有知 行於大道

내가 설사 근본 도리를 행할 것을 깨우쳐서 받아들이도록 도와주려 해도,

註 _ 使 : 설사. 介 : 알려 주다, 도와주다. 然 : 응하다, 받아들이다. 大道 : 근본 도리.

唯施是畏 大道甚夷 而民好徑

단지 이를 행하길 꺼리면서, 지켜야 할 도리는 아주 쉬운데도 사람들은 (행하지 않고) 지나치기를 좋아한다.

註 _ 夷 : 쉬운. 徑 : 지름길, 급히 지나가다.

朝甚除 田甚蕪 倉甚虛

조정이 너무 거두어들여서 밭이 심히 황폐하게 되고 창고가 심하게 비어도,

註 _ 除 : 거두다. 蕪 : 황폐하다.

服文彩 帶利劍

문장을 넣어 빛나는 옷을 입고 날카로운 칼을 차고,

註 _ 文 : 문장. 彩 : 칠하다, 입히다. 利 : 날카로운.

厭飲食 財貨有餘

음식을 포식하고 재물을 여유 있게 갖고 있으면,

註 _ 厭 : 배부르게, 포식하다.

是謂盜夸

이를 일러 도적질한 것을 과시하는 것이라 한다.

非道也哉

도리가 아니지 않느냐.

| 직역모듬 |

　내가 설사 근본 도리를 행할 것을 깨우쳐서 받아들이도록 도와주려 해도,

　단지 이를 행하길 꺼리면서, 지켜야 할 도리는 아주 쉬운데도 사람들은 (행하지 않고) 지나치기를 좋아한다.

　조정이 너무 거두어들여서 밭이 심히 황폐하게 되고 창고가 심하게 비어도,

　문장을 넣어 빛나는 옷을 입고 날카로운 칼을 차고,

　음식을 포식하고 재물을 여유 있게 갖고 있으면,

　이를 일러 도적질한 것을 과시하는 것이라 한다.

　도리가 아니지 않느냐?

| 한자의 뜻 |

　使 : 설사. / 我 : 나, 내가. / 介 : 알려 주다, 도와주다. / 然 : 들어주다, 경청하다. /
　有 : 취하다. / 知 : 알다. (有知 : 알아서 취하다, 터득하다) /
　行 : 가다, 행하다, 실천하다. / 於 : ~로, 향해서. /
　大 : 훌륭한, 대단한. / 道 : 도. (大道 : 인간이 마땅히 지켜야 할 근본, 도리).

　唯 : 다만, 오직. / 施 : 행하다. / 是 : 이를, 그것을. / 畏 : 꺼리다, 주저하다.

　大 : 훌륭한, 대단한. / 道 : 도. (大道 : 인간이 마땅히 지켜야 할 근본, 도리).
　甚 : 대단히, 아주. / 夷 : 쉬운, 평평한.

　而 : ~이지만, 그런데도. / 民 : 사람들. / 好 : 좋아한다, 선호한다.
　徑 : 비켜 가다, 지나가다.

　朝 : 조정. / 甚 : 심히. / 除 : 거두다.

　田 : 전답. / 甚 : 몹시. / 蕪 : 거칠다, 황폐하다.

　倉 : 창고. / 甚 : 몹시. / 虛 : 비다.

服 : 복장. / 文 : 문장. / 彩 : 입히다, 채색하다.

帶 : 후대하다. / 利 : 날카로운, 예리한. / 劒 : 검, 칼. / 厭 : 배부르게.
飮 : 음식. / 食 : 먹다.

財 : 재물. / 貨 : 보화. / 有 : 갖고 있다. / 餘 : 여유 있게.

是 : 이것, 이러한 것. / 謂 : 이른다. / 盜 : 도적. / 夸 : 어조사.

非 : 아니다. / 道 : 도리, 도. / 也 : 어조사(~라). / 哉 : 어조사(~지 않느냐?).

의역

설사 내가 사람들에게 마땅히 지켜야 할 근본 도리를 그들이 터득해서 행할 수 있도록 도와주려 해도,

지켜야 할 도리는 아주 쉬운데도, 그저 이를 행하길 두려워하면서, 사람들은 마땅히 지켜야 할 근본 도리를 행하지 않고 비켜 가기를 좋아한다.

정부가 심하게 거두어 가서 농사를 지어도

남는 것이 별로 없어 창고가 거의 비게 돼도,

문장을 박아 번쩍이는 옷을 입고 날카로운 검을 차고,

음식을 배부르게 먹고 재물을 너무 많이 여유 있게 갖고 있으면,

이러한 것을 말해 억지로 빼앗은 것을 자랑하는 것이라 한다.

도리에 맞지 않지 않느냐?

第54章

●

善建者不拔

················

善建者不拔 善抱者不脫
선건자불발 선포자불탈

子孫以祭祀不輟
자손이제사불철

修之於身 其德乃眞
수지어신 기덕내진

修之於家 其德乃餘
수지어가 기덕내여

修之於鄉 其德乃長
수지어향 기덕내장

修之於國 其德乃豊
수지어국 기덕내풍

修之天下 其德乃普
수지천하 기덕내보

故以身觀身 以家觀家
고이신관신 이가관가

以鄉觀鄉 以國觀國
이향관향 이국관국

以天下觀天下
이천하관천하

吾何以知天下然哉 以此
오하이지천하연재 이차

| 직역 |

善建者不拔

좋은 인연을 맺은 자는 버리고 떠나지 않고,

註 _ 建 : 인연을 맺다. 拔 : 버리고 떠나다.

善抱者不脫

잘 품어져 있는 자는 벗어나지 않아서.

註 _ 脫 : 벗어나다.

子孫以祭祀不輟

순종하는 백성들의 공경하는 마음이 끊이지 않는다.

註 _ 子 : 백성. 孫 : 순종하는. 祭 : 공경. 祀 : 같이 받드는.

修之於身 其德乃眞

일신의 마음을 수련하면 그 덕이 진실해지고,

註 _ 身 : 품성, 마음, 도, 일신.

修之於家 其德乃餘

가정에 대한 도를 닦고 깨우치면 (집안에) 덕행이 가득하게 되고,

註 _ 家 : 가정(家政). 餘 : 가득차다.

修之於鄉 其德乃長

마을에 대한 도를 닦고 깨우치면 (온 마을에) 덕행이 늘고,

註 _ 鄉 : 마을을 향한 뜻. 長 : 자라다, 늘다.

修之於國 其德乃豊

나라에 대한 도를 닦고 깨우치면 (온 나라 안에) 그 덕행이 후하게 풍성해지고,

註 _ 國 : 나라. 豊 : 넉넉한.

修之天下 其德乃普

천하에 대한 도를 깨우치면 온 백성들에게 그가 베푸는 덕이 두루 미친다.

註 _ 普 : 두루 미치다.

故以身觀身

그래서 다른 사람들(을 살펴보는 것)처럼 자신을 주의하여 똑똑히 살펴보며 알아야 하고,

註 _ 身 : 다른 사람들. 觀 : 주의하여 똑똑히 보다. 身 : 자신.

以家觀家

남의 가정들에 대해서 (살피는 것)처럼 내 가정도 똑똑히 살펴보며 알아야 하고,

註 _ 家 : 다른 가정들. 家 : 내 가정.

以鄕觀鄕

남의 동네에 대해서 (지켜보고 아는 것)처럼 내 동네도 똑똑히 지켜보며 잘 알아야 하고,

註 _ 鄕 : 다른 동네들. 鄕 : 내동네.

以國觀國

남의 나라에 대해서 (지켜보고 아는 것)처럼 내 나라도 잘 지켜보며 알아야 하고,

註 _ 國 : 다른 나라들. 國 : 내 나라.

以天下觀天下

다른 백성들에 대해서 (지켜보고 아는 것)처럼 내 백성들도 잘 지켜보면서 알아야 한다.

註 _ 天下 : 다른 나라들의 백성들. 天下 : 내 나라 백성.

吾何以知天下然哉

　　내가 어떻게 천하가 (나를) 따라줄지를 아느냐?

以此

　　이와 같이이다.

| 직역모듬 |

　　좋은 인연을 맺은 자는 버리고 떠나지 않고,

　　잘 품어져 있는 자는 벗어나지 않아서.

　　순종하는 백성들의 공경하는 마음이 끊이지 않는다.

　　일신의 마음을 수련하면 그 덕이 진실해지고,

　　가정에 대한 도를 닦고 깨우치면 (집안에) 덕행이 가득하게 되고,

　　마을에 대한 도를 닦고 깨우치면 (온 마을에) 덕행이 늘고,

　　나라에 대한 도를 닦고 깨우치면 온 나라 안에 그 덕행이 후하게 풍성해지고,

　　천하에 대한 도를 깨우치면 온 백성들에게 그가 베푸는 덕이 두루 미친다.

　　그래서 다른 사람들(을 살펴보는 것)처럼 자신을 주의하여 똑똑히 살펴보며 알아야 하고,

　　남의 가정들에 대해서 (살피는 것)처럼 내 가정도 똑똑히 살펴보며 알아야 하고,

　　남의 동네에 대해서 (지켜보고 아는 것)처럼 내 동네도 똑똑히 지켜보며 잘 알아야 하고,

　　남의 나라에 대해서 (지켜보고 아는 것)처럼 내 나라도 잘 지켜보며 알아야 하고,

　　다른 백성들에 대해서 (지켜보고 아는 것)처럼 내 백성들도 잘 지켜보면서 알아야 한다.

　　내가 어떻게 천하가 (나를) 따라줄지를 아느냐?

　　이와 같이이다.

善 : 잘, 바르게. / 建 : 인연을 맺다. / 者 : 자, 사람. / 不 : 아니하다. /
拔 : 버리고 떠나다.

善 : 잘, 바르게. / 抱 : 감싸다. / 者 : 자, 사람. / 不 : 아니하다. /
脫 : 떠나다, 벗어나다.

子 : 백성. / 孫 : 순종하는, 도리에 따르는. / 以 : 어조사. /
祭 : 존경하다, 공경하다. / 祀 : 함께 받들다. / 不 : 않는다. /
輟 : 그치다, 중지하다.

修 : 수련하다, 마음을 닦다, 도리를 깨우치다. / 之 : 어조사. /
於 : ~에. / 身 : 품성, 마음, 도. /
其 : 그. / 德 : 덕, 덕행. / 乃 : 어조사. / 眞 : 진실한.

修 : 수련하다, 마음을 닦다, 도리를 깨우치다. / 之 : 어조사. /
於 : ~에. / 家 : 가사, 집안, 가내(家內) , 일가(一家).
其 : 그. / 德 : 덕, 덕행. / 乃 : 어조사. / 餘 : 넉넉한, 두터운, 가득찬.

修 : 수련하다, 마음을 닦다, 도리를 깨우치다. / 之 : 어조사. /
於 : ~에. / 鄕 : 동네, 마을.
其 : 그. / 德 : 덕, 덕행. / 乃 : 어조사. / 長 : 쓰이다, 작용하다, 화목한.

修 : 수련하다, 마음을 닦다, 도리를 깨우치다. / 之 : 어조사. /
於 : ~에. / 國 : 나라, 제후를 봉할, 봉해진 나라의 제후.
其 : 그. / 德 : 덕, 덕행. / 乃 : 어조사. / 豊 : 넉넉한. 베풀다.

修 : 수련하다, 마음을 닦다, 도리를 깨우치다. / 之 : 어조사. /
天 : 하늘. / 下 : 밑. (天下 : 천하, 세상 사람들).

其 : 그. / 德 : 덕, 덕행. / 乃 : 어조사. / 普 : 두루 미치다.

故 : 고로, 그래서. / 以 : ~처럼. / 身 : 남들, 다른 사람들(복수).

觀 : 주의하여 똑똑히 보다, 관찰하다, 되돌아보다. / 身 : 자기 자신(단수).

以 : ~처럼. / 家 : 다른 집안, 남의 집들(복수). /
觀 : 주의하여 똑똑히 살펴보다, 관찰하다, 되돌아보다.
家 : 내집, 자신의 집, (단수).

以 : ~처럼. / 鄕 : 다른 마을들, 다른 동내들, (복수). /
觀 : 주의하여 똑똑히 보다, 관찰하다, 되돌아보다. /
鄕 : 내 마을, 내 동내, (단수).

以 : ~처럼. / 國 : 다른 나라들. /
觀 : 주의하여 똑똑히 보다, 관찰하다, 되돌아보다. / 國 : 내 나라.

以 : ~처럼. / 天 : 백성들, 천하. /
下 : 백성들, 천하, 다른 나라의 백성들. (天下 : 천하, 세상 사람들). /
觀 : 주의하여 똑똑히 보다, 관찰하다, 지켜보며 깨닫다. /
天 : 백성. / 下 : 내 백성. (天下 : 천하, 백성들).

吾 : 나, 내가. / 何 : 어떻게, 어떻게 해야. / 以 : 어조사. / 知 : 알다. /
天 : 하늘, 백성. / 下 : 땅, 아래, 백성. (天下 : 백성). / 然 : 들어주다, 따르다. /
哉 : 의문사.

以 : ~와 같이 이다, ~와 같다. / 此 : 이.

의역

통치자(후왕)와 좋은 관계를 맺고 있는 백성들은 그를 버리고 떠나지
를 않고,
잘 감싸서 품고 있으면 백성들은 그를 벗어나지 않아서,
도리에 순종하는 순박한 백성들의 존경심이 그치지 않는다.
자신의 품성을 닦고 도리를 깨우치면 그가 행하는 덕행이 진실해지고,

가정에 관한 마음을 닦고 도리를 깨우치면 덕행이 집안에 가득차게 되고,

마을에 관한 도를 닦고 도리를 깨우치면 온 마을에 덕행이 크게 많아지고,

왕이 국가에 관한 도리를 깨우치면 그가 베푸는 덕행이 넉넉해지게 되고,

백성들을 잘 다스리려고 마음을 닦아 도리를 깨우치면 그의 덕행이 백성들이 살고 있는 온 구석구석에 고루 미치게 된다.

그래서 다른 사람들을 자세히 관찰하듯이 자기 스스로를 되돌아보며 올바르게 행하고 있는지 깨닫고 있어야 하고,

다른 사람들의 집들을 자세히 관찰하듯이 내 집안도 제대로 돌아가고 있는지 지켜보며 깨닫고 있어야 하고,

다른 사람들이 살고 있는 동네들을 자세히 살피듯이 내 동네도 잘 살펴보면서 제대로 돌아가고 있는지 알고 있어야 하고,

다른 나라들이 돌아가는 모습을 자세히 들여다보듯이 내 나라도 제대로 돌아가고 있는지 잘 살펴보면서 깨닫고 있어야 하고,

다른 나라 백성들의 삶이 어떠한지를 살펴보듯이 내 배성들이 어떻게 살고 있는지 자세히 살펴보면서 파악하고 있어야 한다.

백성들과 좋은 관계를 맺고 품고 있으려면 어떻게 해야 하는지 내가 어떻게 알 수 있느냐?

위에서 말해 준 것과 같이이다.

第 55 章

●

含德之厚 比於赤子

....

含德之厚 比於赤子
함덕지후 비어적자

毒蟲不螫 猛獸不據 攫鳥不搏
독충불석 맹수불거 확조불박

骨弱筋柔 而握固
골약근유 이악고

未知牝牡之合 而峻作 精之至也
미지빈모지합 이최작 정지지야

終日號 而不嗄 和之至也
종일호 이불사 화지지야

知和曰常 知常曰明
지화왈상 지상왈명

益生曰祥 心使氣曰强
익생왈상 심사기왈강

物壯則老
물장즉노

謂之不道
위지부도

不道早已
부도조이

| 직역 |

含德之厚比於赤子

간직하고 있는 덕이 두터우면 아무것도 없는 사람에 비유된다.

註 _ 赤 : 아무것도 없는. 子 : 사람.

毒蟲不螫

악독한 다스림도 간사하게 하지 못하고,

註 _ 毒 : 악한, 악독한. 蟲 : 다스림, 통치. 螫 : 간사하게 굴다.

猛獸不據

심한 핍박에도 이끌리지 아니하고,

註 _ 猛 : 엄한, 심한. 獸 : 핍박. 據 : 이끌리다, 굴하다.

攫鳥不搏

후려치는 다스림으로도 손에 꽉 잡지 못한다.

註 _ 攫 : 후려치다. 鳥 : 다스리다. 搏 : 손에 꽉 잡다.

骨弱筋柔而握固

백성들이 가냘프고 힘이 연약하지만 악착스럽게 견뎌 나가는데,

註 _ 骨 : 백성. 筋 : 힘. 握 : 악착스러운. 固 : 견뎌 나가다.

未知牝牡之 合而峻作

(백성들이) 애써서 쟁취하는 것이 당연하다고 생각하지 못하면서 순종하게 하는 것은,

註 _ 知 : 생각하다. 牝 : 힘써 일하다. 牡 : 쟁취하다. 合 : 당연한. 峻 : 순종하는. 作 : 하다.

精之至也

그 생각을 되돌아봐야 한다.

註 _ 精 : 분별, 정신. 至 : 되돌아보다, 반성하다.

終日號而不嗄

(통치자는) 종일 호령을 해도 명예로워지지 못하지만,

註 _ 嗄 : 명예로워지다.

和之至也

(백성들과) 화목하며 친히 지내면 결국에는 (명예로워지는 데) 이른다.

知和日常

화목하며 서로 친히 지내는 것이 오래간다고 하는데,

註 _ 知 : 서로 친하다. 常 : 당당하고 오래가다.

知常日明

(그렇게) 오래 친한 것을 현명하다고 한다.

註 _ 知 : 서로 친하다.

益生日祥

의로운 마음을 존중하는 것을 선하다 하고,

註 _ 益 : 존중하다. 生 : 의로운 마음가짐.

心使氣日强

마음을 이상하게 쓰는 것은 남에게 해롭다고 말한다.

註 _ 氣 : 괴상하게. 强 : 해로운.

物壯則老

상처를 입히면 모든 일이 쇠하는 법이어서,

註 _ 物 : 사물. 壯 : 상처를 입히다. 老 : 줄어들어 작아지다.

謂之不道

도가 아니라 한다.

不道早已

도가 아니면 일찍이 끝이 난다.

| 직역모듬 |

간직하고 있는 덕이 두터우면 아무것도 없는 사람에 비유된다.

악독한 다스림도 간사하게 하지 못하고,

심한 핍박에도 이끌리지 아니하고,

후려치는 다스림으로도 손에 꽉 잡지 못한다.

백성들이 가냘프고 힘이 연약하지만 악착스럽게 견뎌 나가는데,

(백성들이) 애써서 쟁취하는 것이 당연하다고 생각하지 못하면서, 순종하게 하는 것은, 그 생각을 되돌아봐야 한다.

(통치자는) 종일 호령을 해도 명예로워지지 못하지만,

(백성과) 화목하며 친히 지내면 결국에는 (명예로워지는 데) 이른다.

화목하며 서로 친히 지내는 것이 오래간다고 하는데,

(그렇게) 오래 친한 것을 현명하다고 한다.

의로운 마음을 존중하는 것을 선하다 하고,

마음을 이상하게 쓰는 것은 남에게 해롭다고 말한다.

상처를 입히면 모든 일이 쇠하는 법이어서,

도가 아니라 한다.

도가 아니면 일찍이 끝이 난다.

┃ 한자의 뜻 ┃

含 : 머금고 있다, 함유하다. / 德 : 덕. / 之 : 어조사. / 厚 : 두터운. /
比 : 비유되다, 가깝다. / 於 : ~에. / 赤 : 아무것도 없는. / 子 : 사람, 백성.

毒 : 악한, 악독한. / 蟲 : 다스림, 통치. / 不 : 못하다. /
螫 : 간사하게 못한다, 일그러뜨리다, 삐뚤어지게 하다.

猛 : 엄하게. / 獸 : 억압, 핍박. / 不 : 아니하다. /
據 : 이끌리다, 굴하다.

攫 : 후려치다. / 鳥 : 고통. / 不 : 못하다. /
搏 : 손에 가득하게 잡다, 꽉 잡다, 휘어잡다.

骨 : 백성. / 弱 : 가냘픈. / 筋 : 힘, 기력. / 柔 : 연약한. /
而 : ~이지만. / 握 : 악착스럽게, 끈질기게. /
固 : 고수하다, 유지하다, 견뎌 나가다.

未 : 못하다. / 知 : 생각하다, 알다. /
牝 : 힘써 일해서 쌓다, 애써서 쌓다.
牡 : (재산이나 권리를) 쟁취하다, 싸워서 획득하거나 또는 지키다. /
之 : 어조사. / 合 : 당연하게. / 而 : ~이지만. / 峻 : 순종하는. /
作 : 한다, 행하다.

精 : 분별, 정신, 생각. / 之 : 어조사. / 至 : 되돌아보다, 반성하다. /
也 : 어조사.

終 : 끝나다, 마치다. / 日 : 날, 일. (終日 : 종일, 하루 종일). /
號 : 호령하다, 큰소리치다. / 而 : ~해도. / 不 : 못하다. /
嗄 : 영예롭게.

和 : 화목하다, 가까이 친하게 지내다. / 之 : 어조사. /
至 : ~에 이르게 하다, ~을 성취하게 하다. / 也 : 어조사.

知 : 서로 친하다, 서로 가까이 지내다. / 和 : 화목하다, 가까이 친하게 지내다. /
曰 : 왈, ~이라 한다. / 常 : 떳떳하다, 당당하고 어엿하다.

知 : 알다, 깨닫다. / 常 : 떳떳하다, 당당하고 어엿하다. /
曰 : 왈, ~이라 한다. / 明 : 현명하다.

益 : 존중하다, 중히 생각하다. / 生 : 의로운 마음을 갖다, 의로운 생각을 하다. /
曰 : 이르다. / 祥 : 선한, 옳은.

心 : 마음. / 使 : ~하게 하다, 부리다. / 氣 : 이상한, 괴상한 /
曰 : 이르다, 말하다. / 强 : 해롭다, 해치다.

物 : 일, 세상만사. / 壯 : 상하게 하다, 상처를 입히다, 흠집을 내다.
則 : 즉, ~법이다. / 老 : 쭈그러지다, 감쇠하다, 오그라지다.

謂 : 말하다, 이른다. / 之 : 어조사. / 不 : 아니다. / 道 : 도, 도리.

不 : 아니면. / 道 : 도, 도리. / 早 : 일찍이, 빨리. /
已 : 마치다, 끝나다, 버려지다.

의역

두터운 덕을 간직하고 있으면 아무것도 없는 사람에 비유된다.
악독한 통치도 백성들을 아첨하게 만들지 못하고,
모진 억압에도 굴하지 아니하고,
혹독한 매로 다스려도 백성들을 장악하지 못한다.
백성들이 가냘퍼서 별 힘이 없지만 굴하지 않고 끈질기게 유지해 나가
는데,
　(백성들이 자신들의 권익을) 악착같이 견뎌 가면서 쟁취하는 것을 당
연하다고

(통치자가) 인식하지 못하면서 순종하게 하는 것은,

그러한 마음을 되돌아보고 반성해야 한다.

통치자는 하루 종일 큰 소리로 호령을 해도 위신이 서지 않지만,

백성들과 화목하며 친히 지내면 궁극에는 명예를 성취한다.

화목하며 친하게 지내는 것이 오래가는 것이라고 하는데,

백성들과 오래오래 화목하게 지내는 것을 현명하다고 한다.

백성들과 화목하려는 착한 마음을 중히 여기는 것을 옳다고 말하고,

마음을 이상하게 쓰는 것은 남에게 해롭다고 말한다.

세상만사가 흠집을 내면 오그라드는 법이어서,

흠집을 내는 것은 도리가 아니라고 하는 것이다.

도가 아니면 일찌감치 끝나 버린다.

第56章

●

知者不言

················

知者不言 言者不知
지자불언 언자부지

塞其兌 閉其門
색기태 폐기문

挫其銳 解其粉 和其光 同其塵
좌기예 해기분 화기광 동기진

是謂玄同
시위현동

故不可得而親 不可得而疏
고불가득이친 불가득이소

不可得而利 不可得而害
불가득이이 불가득이해

不可得而貴 不可得而賤
불가득이귀 불가득이천

故爲天下貴
고위천하귀

│ 직역 │

知者不言

깨닫는다는 것은 말로 표현하는 것이 아니고,

註 _ 知 : 깨닫다. 言 : 말로 표현하다.

言者不知

말하는 것이 깨달은 것도 아니다.

註 _ 言 : 말로 표현하다.

塞其兌

그 (깨닫는다는) 것은 (사물을) 쉽게 풀어서 깨달아 쌓는 것인데,

註 _ 塞 : 받아들이다. 兌 : 쉽게 바꿔서 차곡차곡 쌓은.

閉其門

그 깨달은 것은 마음속에 저장해 둔다.

註 _ 閉 : 저장해 간직하다. 門 : 마음속.

挫其銳

그 깨달은 마음은 날카로워지는 마음을 어루만져 바로잡아 주고,

解其紛

어지러워지는 마음을 풀어 주고,

和其光

갈등하는 마음을 화합하게 하고,

註 _ 光 : 상충하다, 갈등하다.

同其塵

마음에 낀 티끌을 거두어 내 맑게 해 준다.

註 _ 同 : 거두어 버리다.

是謂玄同

이러한 것을 일러 (마음의) 현묘한 순화라 한다.

註 _ 同 : 순화(順和). 玄 : 현묘한.

故不可得而親

그런데 (그 깨달음은) 터득해도 좋아서 즐거워할 수 있는 것도 아니고,

註 _ 親 : 좋아서 즐거워하다.

不可得而疏

터득했다고 소홀하게 여길 수 있는 것도 아니며,

註 _ 疏 : 소홀히 하다.

不可得而利

터득해도 이롭게 여길 수 있는 것도 아니고,

不可得而害

터득해도 해롭게 여길 수 있는 것도 아니다.

不可得而貴

(또) 터득해도 귀하게 여길 수 있는 것도 아니고,

不可得而賤

터득해도 천하게 여길 수 있는 것도 아니다.

故爲天下貴

그래서 (그러한 깨달음은) 세상을 바르고 사가 없이 행해지게 한다.

註 _ 爲 : 행해지게 하다. 貴 : 곧고 사가 없이.

| 직역모듬 |

깨닫는다는 것은 말로 표현하는 것이 아니고,

말하는 것이 깨달은 것도 아니다.

그 (깨닫는다는) 것은 (사물을) 쉽게 풀어서 깨달아 쌓는 것인데,

그 깨달은 것은 마음속에 저장해 둔다.

그 깨달은 마음은 날카로워지는 마음을 어루만져 바로잡아 주고,

어지러워지는 마음을 풀어 주고,

갈등하는 마음을 화합하게 하고,

마음에 낀 티끌을 거두어 맑게 해 준다.

이러한 것을 일러 (마음의) 현묘한 순화라 한다.

그런데 (그 깨달음은) 터득해도 좋아서 즐거워할 수 있는 것도 아니고,

터득했다고 소홀하게 여길 수 있는 것도 아니며,

터득해도 이롭게 여길 수 있는 것도 아니고,

터득해도 해롭게 여길 수 있는 것도 아니다.

(또) 터득해도 귀하게 여길 수 있는 것도 아니고,

터득해도 천하게 여길 수 있는 것도 아니다.

그래서 (그러한 깨달음은) 세상을 바르고 사가 없이 행해지게 한다.

| 한자의 뜻 |

知 : 깨닫다, 깨우치다. / 者 : 것. / 不 : 아니다. /
言 : 말로 하다, 말로 표현하다.

言 : 말로 표현하다. / 者 : ~것. / 不 : 아니다. / 知 : 깨우치다. /

塞 : 받아들이다. / 其 : 그, 그러한 깨우침. / 兌 : 통달하다, 형통하다, 갖추다.

閉 : 저장해 간직하다. / 其 : 그, 그러한 깨우침. / 門 : 마음속에.

挫 : 어루만져 부드럽게 하다. / 其 : 지물지사(指物之辭), 그. /
銳 : 예민한, 날카로운.

解 : 풀다, 풀어서 가지런히 하다. / 其 : 지물지사(指物之辭), 그. /
粉 : 어질러진, 복잡한, 혼잡한.

和 : 화합하다, 어울리다. / 其 : 그, 지물지사(指物之辭). /
光 : 갈등하다, 엇갈리는.

同 : 거두어 버리다, 거두어 맑게 하다. / 其 : 어조사. / 塵 : 티끌, 먼지.

是 : 이, 이를. / 謂 : 이르다, 말하다. / 玄 : 현묘한, 심오한. /
同 : 순화(順和), 이치에 맞게 화합하다.

故 : 그래서. / 不 : ~할 수 없다. /
可 : 가능하다. (不可 : ~을 할 수 없다, ~을 할 수 있는 게 아니다). /
得 : 터득하다. / 而 : ~해도. / 親 : 좋아서 즐거워하다, 가까이하다.

不 : ~할 수 없다. /
可 : 가능하다. (不可 : ~을 할 수 없다, ~을 할 수 있는 게 아니다). /
得 : 터득하다. / 而 : ~해도. / 疏 : , 대수롭게 생각하지 않다, 소홀히 하다.

不 : ~할 수 없다. /
可 : 가능하다. (不可 : ~을 할 수 없다, ~을 할 수 있는 게 아니다). /
得 : 터득하다. / 而 : ~해도. / 利 : 이롭다.

不 : ~할 수 없다. /
可 : 가능하다. (不可 : ~을 할 수 없다, ~을 할 수 있는 게 아니다). /
得 : 터득하다. / 而 : ~해도. / 害 : 해롭다.

不 : ~할 수 없다. /
可 : 가능하다. (不可 : ~을 할 수 없다, ~을 할 수 있는 게 아니다). /
得 : 터득하다. / 而 : ~해도. / 貴 : 중하다. /

不 : ~할 수 없다. /
可 : 가능하다. (不可 : ~을 할 수 없다, ~을 할 수 있는 게 아니다). /
得 : 터득하다. / 而 : ~해도. / 賤 : 천하다. /

故 : 그래서, 때문에.
爲 : 도가 행해지게 하다, 도리에 따라 돌아가게 하다, 도에 따라 작동하게 하다.
天 : 하늘. / 下 : 아래. (天下 : 세상). / 貴 : 곧고 사가 없이.

의 역

도를 닦아서 깨우친다는 것은 말로 표현하는 것이 아니고,
말로 나타내는 것은 도를 닦아서 깨달은 것이 아니다.
마음은 만사를 풀어 새겨서 이해하고 깨달아 받아들이고,
그 깨달은 것들을 마음속에 간직해 둔다.
그렇게 모든 것을 깨달은 마음은 예민해지면 쓰다듬어 가라앉히고,
혼잡해지면 풀어서 가즈런히 해 주고,
갈등을 일으키면 풀어서 서로 어울리게 하고.
흐리게 하는 먼지들을 거두어 내고 맑게 해 준다.
이러한 깨달음을 깊고 오묘하게 순리에 맞게 화합하는 것이라 이른다.
그런데 깨달음은 터득을 했다고 너무 가까이할 수 있는 일도 아니고,
깨달아 터득을 했다고 가벼이 생각하며 소홀히 여길 수 있는 것도 아니며,
깨달아 터득을 했다고 이로워질 수 있는 것도 아니고,

깨달아 터득을 했다고 해로워질 수 있는 것도 아니다.

또 깨달아 터득을 했다고 귀해질 수 있는 것도 아니고,

깨달아 터득을 했다고 천해질 수 있는 것도 아니다.

그래서 세상이 곧고 잘못되는 일이 없이 도리에 따라 돌아가게 하는 것이다.

第 57 章

●

以正治國

....

以正治國 以奇用兵
이정치국 이기용병

以無事取天下
이무사취천하

吾何以知其然哉 以此
오하이지기연재 이차

天下多忌諱 而民彌貧
천하다기휘 이민미빈

民多利器 國家滋昏
민다이기 국가자혼

人多伎巧 奇物滋起
인다기교 기물자기

法令滋彰 盜賊多有
법영자창 도적다유

故聖人云
고성인운

我無爲 而民自化
아무위 이민자화

我好靜 而民自正
아호정 이민자정

我無事 而民自富
아무사 이민자부

我無欲 而民自樸
아무욕 이민자박

以正治國

나라는 바르게 다스려야 하는 것이고,

以奇用兵

군사는 분별해서 써야 하는 것이며,

註 _ 奇 : 분별하다.

以無事取天下

세상은 일이 벌어지지 않도록 다스려야 하는 것이다.

註 _ 取 : 다스리다.

吾何以知其然哉

내가 어떻게 그러한 말들이 당연하다고 아느냐?

以此

이것으로서이다.

天下多忌諱 而民彌貧

백성들이 하기 싫어서 피하는 것을 시키면 백성들의 괴로움이 더 늘고,

註 _ 多 : 시키다. 忌 : 하기 싫은. 諱 : 피하는. 彌 : 증가하다. 貧 : 괴로움.

民多利器 國家滋昏

백성을 (왕이) 사사로운 도구로 쓰면 국가에 혼란이 발생한다.

註 _ 多 : 쓰다. 器 : 도구. 滋 : 성장(生長)하다.

人多伎巧 奇物滋起

(왕이) 백성에게 잔재주를 부리면 괴상한 일이 성하고,

註 _ 多 : 부리다. 起 : 번성하다.

法令滋彰 盜賊多有

법령을 더 만들어 고할수록 도적이 더 탈취해 간다.

註 _ 滋 : 더. 彰 : 만들어 내다. 多 : 더.有 : 탈취하다.

故聖人云

그래서 성인이 말하길,

我無爲 而民自化

내가 거짓을 행하지 않으면 백성이 자연히 화합하고,

註 _ 爲 : 거짓. 化 : 본받다.

我好靜 而民自正

내가 잘 보살펴 주면 백성들이 자연히 안정되며,

註 _ 好 : 잘하다. 靜 : 편안하게 보살펴 주다. 正 : 안정되다.

我無事 而民自富

내가 일을 일으키지 않으면 백성이 저절로 부유해지고,

我無欲 而民自樸

내가 욕심을 내지 않으면 백성들이 저절로 순박해진다고 했다.

| 직역모듬 |

나라는 바르게 다스려야 하는 것이고,

317

군사는 분별해서 써야 하는 것이며,

세상은 일이 벌어지지 않도록 다스려야 하는 것이다.

내가 어떻게 그러한 말들이 당연하다고 아느냐?

이것으로서이다.

백성들이 하기 싫어서 피하는 것을 시키면 백성들의 괴로움이 더 늘고,

백성을 (왕이) 사사로운 도구로 쓰면 국가에 혼란이 발생한다.

(왕이) 백성에게 잔재주를 부리면 괴상한 일이 성하고,

법령을 더 만들어 고할수록 도적이 더 탈취해 간다.

그래서 성인이 말하길,

내가 거짓을 행하지 않으면 백성이 자연히 화합하고,

내가 잘 보살펴 주면 백성들이 자연히 안정되며,

내가 일을 일으키지 않으면 백성이 저절로 부유해지고,

내가 욕심을 내지 않으면 백성들이 저절로 순박해진다고 했다.

| 한자의 뜻 |

以 : ~이다, ~으로 하는 것이다. / 正 : 바르게, 정당하게. /
治 : 다스리다, 돌보다. / 國 : 나라.

以 : ~이다, ~으로 하는 것이다. / 奇 : 분별하다, 판단하다. /
用 : 쓰다, 사용하다. / 兵 : 군사.

以 : ~이다, ~으로 하는 것이다. / 無 : 없이, ~하지 않고. /
事 : 일을 벌이다, 사변을 일으키다. / 取 : 다스리다. / 天 : 하늘. /
下 : 아래, 백성. (天下 : 천하, 세상, 백성).

吾 : 나, 우리. / 何 : 어떻게. / 以 : ~이다, ~하다. / 知 : 알다. /
其 : 그, 그러한 것. / 然 : 당연하다. / 哉 : 의문사.

以 : ~으로 이다. / 此 : 이것, 아래의 것. /

天 : 하늘. / 下 : 아래, 백성. (天下). / 多 : 시키다, 맡기다, 부리다. /
忌 : 싫어하는. / 諱 : 피하는, 기피하는 일. / 而 : ~하면. / 民 : 백성. /
彌 : 더 많아지게 하다, 증가하다. / 貧 : 괴로움.

民 : 백성. / 多 : 시키다, 맡기다, 부리다. / 利 : 이득이 나는. /
器 : 도구(道具), 수단. / 國 : 나라. / 家 : 집. (國家 : 국가, 나라). /
滋 : 생겨서 자라다, 증가하다. / 昏 : 혼란.

人 : 백성. / 多 : 시키다, 맡기다, 부리다. /
伎 : 능통한 재주. / 巧 : 재주, 간사한 속임수, 기교(機巧). / 奇 : 이상한. /
物 : 일. / 滋 : 생겨서 자라다, 증가하다. / 起 : 일어나다, 생겨서 자라다.

法 : 법. / 令 : 령, 명령. / 滋 : 생겨서 자라다, 증가하다. /
彰 : 문채, 나타냄, 명시, 포고. / 盜 : 훔치다. / 賊 : 도적. / 多 : 더. /
有 : 탈취하다.

故 : 그래서. / 聖 : 성스러운. / 人 : 사람. (聖人 : 성인) /
云 : 이르다, 이러이러하다고 이르다.

我 : 나. / 無 : 아니하다. / 爲 : 거짓, 행하다, 거짓을 행하다. /
而 : ~하면. / 民 : 백성. / 自 : 저절로, 자연히. / 化 : 화합하다.

我 : 나. / 好 : 잘하다. / 靜 : 편안하게 보살펴 주다. /
而 : ~하면. / 民 : 백성. / 自 : 자연히, 저절로. / 正 : 안정되다.

我 : 나. / 無 : 아니하다. / 事 : 일, 큰 일, 사변. / 而 : ~하면. /
民 : 백성. / 自 : 자연히, 저절로. / 富 : 넉넉해지다, 부유해지다.

我 : 나. / 無 : 아니하다. / 欲 : 욕심내다. / 而 : ~하면. / 民 : 백성들. /
自 : 자연히, 저절로. / 樸 : 순박해지다, 거짓이 없이 순박해지다.

나라는 올바르게 다스려야 하는 것이고,

군사를 동원할 때는 잘 판단해서 반드시 필요할 때만 사용해야 하는 것이고,

세상은 사변이 나지 않도록 보살펴 주어야 하는 것이다.

내가 어떻게 위에서 한 말들이 당연히 옳은 것이라고 알 수 있느냐?

아래의 말들로서이다.

온 세상 사람들이 다 증오해서 기피하는 것을 하게 하면 백성들의 고통이 증가하고,

백성을 통치자가 자신의 이득을 얻으려는 수단으로 부리면 나라에 혼란이 생기고,

백성들에게 기교를 부리면 이상한 일들이 번성하게 되고,

더 많은 법령을 제조해 포고할수록 도적들이 더 많이 도적질을 하게 된다.

그래서 성인이 말하길,

내가 일을 허위로 조작해서 거짓을 행하지 않으면 백성들은 저절로 화합하게 되고,

내가 편안하게 잘 살펴주면 백성들은 저절로 안정되며,

내가 사변같은 큰 일을 일으키지 않으면 백성들의 살림이 자연히 넉넉해지고,

내가 백성들의 것을 걷어들이려는 욕심을 부리지 않으면 백성들도 자연히 꾸밈이 없이 순량해진다고 했다.

第58章

●

基政悶悶

....

其政悶悶
기정민민

其民淳淳
기민순순

其政察察
기정찰찰

其民缺缺
기민결결

禍兮福之所倚
화혜복지소의

福兮禍之所伏
복혜화지소복

孰知其極 其無正
숙지기극 기무정

正復爲奇 善復爲妖
정복위기 선복위요

人之迷 其日固久
인지미 기일고구

是以聖人 方而不割
시이성인 방이불할

廉而不劌 直而不肆 光而不耀
렴이불궤 직이불사 광이불요

| 직역 |

其政悶悶

정치는 좋다가 걱정스럽고,

註 _ 悶 : 좋아하다. 悶 : 근심하다.

其民淳淳

백성들은 조용하다가도 유동(流動)하고,

註 _ 淳 : 조용한. 淳 : 유동하다.

其政察察

정치는 바르게 하다가 편벽되기도 하고,

註 _ 察 : 살펴서 모두 다 잘 알다. 察 : 편벽되다, 편견을 갖고 잘못 알다.

其民缺缺

백성들은 넘치다가 모자라기도 한다.

註 _ 缺 : 넘치다. 缺 : 빠지다, 모자라다.

禍兮福之所倚

재앙이라는 것은 복이 붙어 있는 곳이고,

註 _ 倚 : 붙어 있다.

福兮禍之所伏

복이라는 것은 재앙이 숨어 있는 곳이다.

註 _ 伏 : 숨어 있다.

孰知其極

누가 그 깊은 뜻을 알 수 있겠느냐?

註 _ 極 : 깊은 뜻.

322

其無正

거기에는 정답이 없다.

註 _ 正 : 정답.

正復爲奇

바르던 것이 반대로 틀리게 되고,

註 _ 復 : 반대로. 奇 : 속임수.

善復爲妖

선이 반대로 위선이 되기도 하는데,

註 _ 善 : 진실. 妖 : 거짓.

人之迷 其日固久

사람들이 미혹해서 당장의 일을 오랫동안 갈 것처럼 생각한다.

註 _ 固 : 굳게 믿다. 日 : 당장의. 久 : 오랫동안.

是以聖人方 而不割

그러나 성인은 (그러한 일들을) 함께 연관시켜 생각하지 분리해서 생각하지 않고,

註 _ 方 : 나란히 연관시키다.

廉而不劌

가벼이 생각하지 근심하지 않으며,

註 _ 廉 : 가벼이 여기다. 劌 : 근심하다.

直而不肆

당장의 일로 여기지 오래갈 것으로 생각지 않고,

註 _ 直 : 당장의 일. 肆 : 오래가다.

光而不耀

영광스러워도 내비치지 않는다

註 _ 光 : 영광스러운 . 耀 : 자랑하다.

| 직역모듬 |

정치는 좋다가 걱정스럽고,

백성들은 조용하다가도 유동(流動)하고,

정치는 바르게 하다가 편벽되기도 하고,

백성들은 넘치다가 모자라기도 한다.

재앙이라는 것은 복이 붙어 있는 곳이고,

복이라는 것은 재앙이 숨어 있는 곳이다.

누가 그 깊은 뜻을 알 수 있겠느냐?

거기에는 정답이 없다.

바르던 것이 반대로 틀리게 되고,

선이 반대로 위선이 되기도 하는데,

사람들이 미혹해서 당장의 일을 오랫동안 갈 것처럼 생각한다.

그러나 성인은 (그러한 일들을) 함께 연관시켜 생각하지 분리해서 생각하지 않고,

가벼이 생각하지 근심하지 않으며,

당장의 일로 여기지 오래갈 것으로 여기지 않고,

영광스러워도 내비치지 않는다.

| 한자의 뜻 |

其 : 어조사. / 政 : 정치, 백성을 다스리는 것. /

悶 : 좋아하다, 잘 할 수 있어서 좋아하다. / 悶 : 괴로워하다, 근심하다.

其 : 어조사. / 民 : 백성들. / 淳 : 조용한. / 淳 : 유동하다.

其 : 어조사. / 政 : 정치, 다스림. / 察 : 살피다, 살펴서 알다.

察 : 편벽되다, 편견을 갖다, 잘못된. / 其 : 어조사. /
民 : 백성. / 缺 : 넘치다, 지나치게 많다. / 缺 : 적다, 모자라다.

禍 : 화. / 兮 : 어조사. / 福 : 복. / 之 : 어조사. / 所 : 곳. /
倚 : 붙어 있다, ~으로 연결되다.

福 : 복. / 兮 : 어조사. / 禍 : 화. / 之 : 어조사. / 所 : 곳. /
伏 : 잠재해 있다, 잠복해 있다.

孰 : 어떻게. / 知 : 알다. / 其 : 어조사. / 極 : 옳은 답.

其 : 어조사, 지물지사. / 無 : 없다. / 正 : 정답, 바른 판단. / 正 : 바른 것. /
復 : 반대로. / 爲 : 되다. / 奇 : 속임수.

善 : 선, 진실. / 復 : 반대로. / 爲 : 되다. / 妖 : 위선, 거짓.

人 : 사람. / 之 : 어조사. / 迷 : 미혹하다, 잘 모르고 갈팡질팡하다. /
其 : 어조사. / 日 : 먼저번 것. / 固 : 고집을 피다, 끝까지 믿다. /
久 : 오래오래, 오랫동안.

是 : 이. / 以 : 어조사. / 聖 : 성스런. / 人 : 사람. /
方 : 나란히, 나란히 아울러서. / 而 : 어조사. / 不 : 않는다. /
割 : 따로 분리하다.

廉 : 사소하게, 가벼이. / 而 : 어조사. / 不 : 않다. /
劌 : 걱정하다, 근심하다.

直 : 당장의, 현재의. / 而 : 어조사. / 不 : 않다. / 肆 : 오래가다.

光 : 영광스러운. / 而 : ~해도. / 不 : 않는다. /
耀 : 환히 비치다, 조명하다, 자랑하다.

백성들은 잘 다스리면 좋지만 잘못 다스리면 일이 벌어져 곤란하게
되며,

잘 살펴서 바르게 다스릴 수도 있지만 편견을 갖고 잘못 다스릴 수도
있고,

백성들은 계속 붙어 있을 수도 있지만 흐트러져 없어질 수도 있다.

재앙이라! 그곳은 복이 붙어 있는 곳이고,

복이라! 그곳은 재앙이 잠재해 있는 곳이다.

누가 그 심오한 뜻을 알 수 있겠느냐?

거기에는 정답이 없다.

옳던 것이 반대로 잘못된 것이 되기도 하고,

진실이 반대로 거짓으로 바뀌기도 하는데,

사람들이 현재 처해 있는 사실이 영원히 갈 것처럼 믿는다.

그러나 성인은 옳은 것과 그른 것 또는 진실과 거짓 같은 것을

서로 연관시켜서 생각하지 따로 분리해서 생각하지 않고,

사소하게 여기지 심각하게 생각하지 않으며,

당장의 일로 생각하지 영원할 것으로 생각하지 않으며,

영광스러운 일이 있어도 내세워 자랑하지 않는다.

第 59 章

●

治人事天莫如嗇

················

治人事天 莫如嗇
치인사천 막여색

夫唯嗇 是謂早服
부유색 시위조복

早服謂之重積德
조복위지중적덕

重積德 則無不克
중적덕 즉무불극

無不克 則莫知其極
무물극 즉막지기극

莫之其極 可以有國
먹지기극 가이유국

有國之母 可以長久
유국지모 가이장구

是謂深根固柢 長生久視之道
시위심근고저 장생구시지도

治人事天 莫如嗇

백성을 보살피는 일을 하는 이치로는 경험으로 얻은 지혜만한 것이 없다.

註 _ 嗇 : 노인(老人)들이 경험으로 얻은 지혜.

夫唯嗇 是謂早服

그저 생각해 보면 경험으로 얻은 지혜라는 것은 전에 행해진 것을 추종하는 것인데,

註 _ 早 : 앞서 나아가는 것. 服 : 따르다.

早服謂之重積德

전에 행해진 것을 추종한다는 것은 덕행을 계속해서 쌓는 것을 말하는 것이다.

註 _ 重 : 이어서, 계속해서.

重積德 則無不克

계속해서 덕을 쌓아 나가면 불가능한 것이 없는 법인데,

註 _ 克 : 가능하다.

無不克 則莫知其極

불가능한 것이 없다 함은 즉 (무슨 일을 하는 데) 능력의 한계가 없다는 것이다.

註 _ 克 : 능하다. 知 : 표시. 極 : 한계.

莫之其極 可以有國

한계가 없다면 나라를 얻는 것이 가능해지고,

註 _ 有 : 얻다.

有國之母 可以長久

나라를 얻은 소원도 오래가는 것이 가능해진다.

註 _ 母 : 소원.

是謂深根固柢 長生久視之道

이러한 현묘한 근본으로 바탕을 굳게 하고 선량한 의로운 마음으로 오래오래 살
피며 돌봐 주는 것을 도라고 한다.

| 직역모듬 |

백성을 보살피는 일을 하는 이치로는 경험으로 얻은 지혜만한 것이 없다.

그저 생각해 보면 경험으로 얻은 지혜라는 것은 전에 행해진 것을 추종하는 것
인데,

전에 행해진 것을 추종한다는 것은 덕행을 계속해서 쌓는 것을 말하는 것이다.

계속해서 덕을 쌓아 나가면 불가능한 것이 없는 법인데,

불가능한 것이 없다 함은, 즉 (무슨 일을 하는 데) 능력의 한계가 없다는 것이다.

한계가 없다면 나라를 얻는 것이 가능해지고,

나라를 얻은 소원도 오래가는 것이 가능해진다.

이러한 현묘한 근본으로 바탕을 굳게 하고 선량한 의로운 마음으로 오래오래 살
피며 돌봐 주는 것을 도라고 한다.

| 한자의 뜻 |

治 : 보살피다, 다스리다. / 人 : 백성. / 事 : 일을 하다. / 天 : 이치. /
莫 : 없다. / 如 : ~와 같은. /
嗇 : 노인의 지혜, 노인이 경험으로 얻은 지혜.

夫 : 생각해 보건대, 무릇. / 唯 : 단지, 그저. /
嗇 : 노인의 지혜, 노인이 경험으로 얻은 지혜. / 是 : 이. / 謂 : 이르다. /

早 : 앞서 행해져 나가는. / 服 : 따르다.

早 : 앞서 행해져 나가는. / 服 : 따르다. / 謂 : 이르다. / 之 : 어조사. /
重 : 이어서, 계속해서. / 積 : 쌓다. / 德 : 덕, 덕행.

重 : 계속해서. / 積 : 쌓다. / 德 : 덕, 덕행. / 則 : 곧, ~법이다. / 無 : 없다. /
不 : 못할. / 克 : 가능하다, 이기다, 극복하다.

無 : 없다. / 不 : 못할. / 克 : 가능하다, 이기다, 극복하다. /
則 : 즉, 곧. / 莫 : 없다. / 知 : 표시(標示). / 其 : 어조사. / 極 : 한계, 끝.

莫 : 없다. / 知 : 표시(標示). / 其 : 어조사. / 極 : 한계, 끝. /
可 : 가능. / 以 : ~이. / 有 : 얻다, 취득하다. / 國 : 나라.

有 : 취하다. / 國 : 나라. / 之 : 어조사. / 母 : 소원, 원하다. / 可 : 가능. /
以 : ~이. / 長 : 길게. / 久 : 지속하다.

是 : 이. / 謂 : 이르다. (是謂 : 이를 ~이라 이르다). /
深 : 이치가 오묘하여 알기 어려운, 현묘한. / 根 : 근본. / 固 : 든든히 하다. /
柢 : 바탕. / 長 : 착하게, 잘. / 生 : 의로운 마음을 갖은. / 久 : 오래오래. /
視 : 살피며 돌보다. / 之 : 어조사. / 道 : 마땅히 행해야 할 도리.

의역

백성을 다스리는 일을 하는 참된 이치로는 선인들이 경험으로 쌓은 지
혜만한 것이 없다.

돌이켜 생각해 보면 선인들이 얻은 지혜라는 것은 예전에 행해진 것을
그대로 따르는 것인데,

선인들이 예전에 행한 대로 따라오는 지혜라는 것은 덕행을 끊임없이
쌓아가는 것을 뜻하는 것이다.

계속해서 덕행을 이루어 나가면 불가능할 것이 없는 법인데,

불가능한 것의 한계가 없다는 것은 곧 무엇이든지 할 수 있다는 의미
이다.

무엇이든지 할 수 있다면 나라를 취득하는 것이 가능해지고,

그렇게 덕을 쌓아 무슨 일이든지 할 수 있게 되서 얻은 나라라면, 나라
를 얻는 것을 이룬 소원도 오래가는 것이 가능해진다.

그래서 이렇게 심오한 이치를 근본으로 나라의 기반을 튼튼히 하고 착
하고 의로운 마음으로 백성을 오래오래 잘 돌보는 것을 마땅히 행해야 할
도라고 한다.

第60章

●

治大國若烹小鮮

....

治大國 若烹小鮮
치대국 약팽소선

以道莅天下
이도리천하

其鬼不神
기귀불신

非其鬼不神
비기귀불신

其神不傷人
기신불상인

非其神不傷人
비기신불상인

聖人亦不傷人
성인역불상인

夫兩不相傷
부양불상상

故德交歸焉
고덕교귀언

332

│ 직역 │

治大國 若烹小鮮

　큰 나라를 다스리는 것은 마치 작은 생선을 삶는 것과 같이 해야 한다.

以道莅天下

　도리에 따라 천하를 받들면,

　註 _ 莅 : 밑에서 받들어 대하다.

其鬼不神

　요귀가 재앙을 가져오는 신통력을 부리지 못하게 되는데,

　註 _ 鬼 : 재앙을 가져오는 요귀. 神 : 신통력을 부리다.

非其鬼不神

　요귀가 재앙을 가져오는 신통력을 부리지 못하는 일이 없다 해도,

　註 _ 非 : 없다, 아니라도

其神不傷人

　하늘이 백성들을 근심하지 않게 한다.

　註 _ 神 : 하느님. 傷 : 근심하다.

非其神不傷人

　또한 하늘이 백성들을 근심하지 않게 하는 일이 없더라도,

聖人亦不傷人

　성인이 백성들을 근심하지 않게 화합해 준다.

　註 _ 亦 : 화합하다.

夫兩不相傷

생각해 보면 둘(하느님과 성인)이 서로 바꿔가며 (백성들을) 걱정하지 않게 해 준다.

註 _ 相 : 서로 바꿔가며.

故德交歸焉

그래서 덕행이 쉽게 돌아가는 것이다.

註 _ 交 : 쉽게.

| 직역모듬 |

큰 나라를 다스리는 것은 마치 작은 생선을 삶는 것과 같이 해야 한다.

도리에 따라 천하를 받들면,

요귀가 재앙을 가져오는 신통력을 부리지 못하게 되는데,

요귀가 재앙을 가져오는 신통력을 부리지 못하는 일이 없다 해도,

하늘이 백성들을 근심하지 않게 한다.

또한 하늘이 백성들을 근심하지 않게 하는 일이 없더라도,

성인이 백성들을 근심하지 않게 화합해 준다.

생각해 보면 둘(하느님과 성인)이 서로 바꿔가며 (백성들을) 걱정하지 않게 해 준다.

그래서 덕행이 쉽게 돌아가는 것이다.

| 한자의 뜻 |

治 : 다스리다. / 大 : 큰. / 國 : 나라. / 若 : 같은. / 烹 : 삶다. / 小 : 작은. / 鮮 : 생선.

以 : ~으로. / 道 : 도, 도리, 이치. / 莅 : 임하다, 대하다. / 天 : 하늘. / 下 : 밑, 아래. (天下 : 천하, 세상).

其 : 어조사, 지물지사. / 鬼 : 사람에게 재앙을 가져오는 요귀. /

不 : 못하게 하다. / 神 : 신통력을 부리다.

非 : 어긋나다, 없다. / 其 : 어조사. / 鬼 : 재앙을 가져오는 요귀. /
不 : 못하게 하다. / 神 : 신통력을 부리다.

其 : 어조사. / 神 : 하느님, 하늘, 자연의 이치. / 不 : 못하게 하다. /
傷 : 근심하다, 걱정하다, 해치다. / 人 : 사람들, 백성.

非 : 없다. / 其 : 어조사. / 神 : 하느님, 하늘, 자연의 이치. /
不 : 못하게 하다. / 傷 : 근심하다, 걱정하다, 해치다. / 人 : 사람들, 백성.

聖 : 성스런. / 人 : 사람. (聖人 : 성인). / 亦 : 화합시키다. /
不 : 못하게 하다. / 傷 : 근심하다, 걱정하다, 해치다. / 人 : 사람들, 백성.

夫 : 생각해 보건대, 대저, 무릇. / 兩 : 둘, 양자. / 不 : 못하게 하다. /
相 : 교대로, 바꾸어 가면서. / 傷 : 근심하다, 걱정하다, 해치다.

故 : 그래서. / 德 :덕, 덕행. / 交 : 쉽게. / 歸 : 돌아가다, 행해져 가다. /
焉 : 어조사, 어기지사(語己之辭).

의역

큰 나라를 다스리는 것은 마치 작은 생선을 삶는 것과도 같다.

통치자가 수양한 마음으로 세상만사를 대하면,

사람들에게 재앙을 가져다 주는 요귀가 그의 신통한 재주를 피지 못하게 되는데,

재앙을 가져오는 요귀가 신통한 재주를 발휘하지 못하게 하는 일이 일어나지 않아도,

하늘이 백성들을 걱정하지 않게 한다.

또한 하늘이 백성들을 걱정하지 않게 하는 일이 일어나지 않아도,

성인이 백성들을 걱정하지 않도록 세상 모든 일을 순화시켜 준다.

생각해 보면 하늘, 즉 무위자연의 이치의 신통력과 성인의 화합시켜 주는 능력 이 둘이 교대로 백성들을 걱정하지 않게 해 준다.

그래서 자연의 이치와 성인 둘이 덕행을 쉽게 행해져 돌아가게 해 준다.

第 61 章

●

大國者下流

....

大國者下流
대국자하류

天下之交
천하지교

天下之牝
천하지빈

牝常以靜勝牡 以靜爲下
빈상이정승모 이정위하

故大國以下小國 則取小國
고대국이하소국즉취소국

小國以下大國 則取大國
소국이하대국 즉취대국

故或下以取 或下而取
고혹하이취 혹하이취

大國不過欲 兼畜人
대국불과욕 겸축인

小國不過 入事人
소국불과 입사인

夫兩者各得其所欲
부양자각득기소욕

大者宜爲下
대자의위하

| 직역 |

大國者下流

대국이 (자신을) 낮추고 (소국들과) 평등하게 하면,

註 _ 下 : 낮추다. 流 : 평등하게 하다.

天下之交 天下之牝

천하가 세상의 작은 나라들과 섞여서 친해져,

註 _ 牝 : 약자, 소국. 交 : 섞여서 친해지다.

牝常以靜勝牡以靜爲下

소국이 조용히 자신을 낮추면서 대국에 맡기고 화합하게 한다.

註 _ 牝 : 약자, 소국. 靜 : 화합하다, 조용히. 牡 : 강자, 대국.

故大國以下小國 則取小國

그래서 대국은 소국들에게 (자신을) 낮추는 것이다. 즉 소국으로부터 득을 보는 것이고,

註 _ 取 : 득을 보다.

小國以下大國 則取大國

소국은 대국에게 (자신을) 낮추는 것이다. 즉 대국으로부터 득을 보는 것이다.

故惑下以取 惑下而取

그래서 혹 (대국이 소국에게 낮추어서) 득을 보기도 하지만, 혹 (소국이 대국에게 낮추어서) 득을 보기도 하는 것이다.

大國不過欲 兼畜人

대국이 욕심을 부리지 않고 백성을 받들어 봉양하고,

註 _ 兼 : 아우르다, 순종하다. 畜 : 봉양하다, 받들다.

小國不過欲 入事人

소국들도 욕심을 부리지 않고 백성을 돌보는 데 몰두한다면,

註 _ 人 : 몰두하다. 事 : 봉양하다, 돌보다.

夫兩者各得其所欲

그저 양자가 각기 다 그들이 원하는 것을 얻는다.

大者宜爲下

대국이 백성을 위하는 것은 당연히 옳은 것이다.

| 직역모듬 |

대국이 (자신을) 낮추고 (소국들과) 평등하게 하면,

천하가 세상의 작은 나라들과 섞여서 친해져,

소국이 조용히 자신을 낮추면서 대국에 맡기고 화합하게 한다.

그래서 대국은 소국들에게 (자신을) 낮추는 것이다. 즉 소국으로부터 득을 보는 것이고,

소국은 대국에게 (자신을) 낮추는 것이다. 즉 대국으로부터 득을 보는 것이다.

그래서 혹 (대국이 소국에게 낮추어서) 득을 보기도 하지만, 혹 (소국이 대국에게 낮추어서) 득을 보기도 하는 것이다.

대국이 욕심을 부리지 않고 백성을 받들어 봉양하고,

소국들도 욕심을 부리지 않고 백성을 돌보는 데 몰두한다면,

그저 양자가 각기 다 그들이 원하는 것을 얻는다.

대국이 백성을 위하는 것은 당연히 옳은 것이다.

大 : 큰. / 國 : 나라. / 者 : ~라는 것. / 下 : 낮추다. /
流 : 평등하게 하다.

天 : 하늘. / 下 : 아래. (天下 : 나라). / 之 : 어조사. /
交 : 섞여서 친해지다.

天天 : 하늘. / 下 : 아래. (天下 : 나라). / 之 : 어조사. /
牝 : 소국들.

牝 : 약자, 소국. / 常 : 하게 하다. / 以 : 어조사. / 靜 : 화합하다. /
勝 : 맡기다. / 牡 : 강자, 대국.

以 : 어조사. / 靜 : 조용히. / 爲 : ~행하다. / 下 : 낮추다.

故 : 그래서, 고로. / 大 : 큰. / 國 : 나라. / 以 : ~이다. / 下 : 낮추다.
小 : 작은. / 國 : 나라.

則 : 즉, 곧, 말하자면. / 取 : 얻다, 득을 보다. / 小 : 작은. / 國 : 나라.

小 : 작은. / 國 : 나라. / 以 : ~이다. / 下 : 낮추다. / 大 : 큰. / 國 : 나라.

則 : 즉, 곧, 말하자면. / 取 : 얻다, 득을 보다. / 大 : 큰. / 國 : 나라.

故 : 그래서. / 或 : 혹시, 간혹, 어쩌다. / 下 : 낮추다. / 以 : ~이다.
取 : 득을 보다.

或 : 혹시, 간혹, 어쩌다. / 下 : 낮추다. / 而 : ~하고도. /
取 : 득을 보다.

大 : 큰. / 國 : 나라. / 不 : 아니하다. / 過 : 지나친, 과한. /
欲 : 욕심을 부리다.

兼 : 순종하다, 아우르다. / 畜 : 봉양하다, 돌보다. / 人 : 백성.

小 : 작은. / 國 : 나라. / 不 : 아니하다. / 過 : 지나친, 과한. /
欲 : 욕심을 부리다.

入 : 몰두하다, 열중하다. / 事 : 봉양하다, 잘살도록 돌보다. /
人 : 백성.

夫 : 생각해 보건대, 그저, 대저. / 兩 : 둘. / 者 : 자. / 各 : 각각, 각기. /
得 : 얻다. / 其 : 지물지사, 그, 그것. / 所 : ~하는 바, ~하는 것을. /
欲 : 원하는.

大 : 큰, 대국. / 者 : 자, 사람, 통치자. / 宜 : 옳다, 당연하다. /
爲 : 도움이 되는 (이로운) 정치를 하다. / 下 : 백성.

의역

대국이 스스로를 낮추고 소국들과 같이 평등하게 지내면,

온 세상의 소국들과 대국이 함께 어울려 친해져서,

작은 나라들이 모든 것을 큰 나라에 맡기고 서로 화합하게 된다.

그래서 대국은 자신을 소국에 낮추어서 소국들이 화합하고 협력해 소국들로부터 득을 보게 되는 것이고,

소국들은 스스로 대국 밑에 들어가 자신들을 맡기고 보호를 받으면서 대국으로 부터 득을 보게 되는 것이다.

그래서 소국들이 대국에게 자신을 낮추고 득을 보기도 하지만 혹 대국이 소국들에게 낮추고 소국들로부터 득을 보기도 하는 것이다.

그래서 만약 큰 나라가 오직 백성들을 잘 돌보고,

작은 나라들도 백성들을 보살피는 데만 열중한다면,

그저 큰 나라와 작은 나라들이 모두 다 그들이 원하는 것을 얻게 될 것

이다.

　큰 나라가 다른 뜻을 품지 않고 오직 백성들만을 위한 정치를 하는 것은 당연히 옳은 것이다.

第62章

●

道者 萬物之奧

················

道者萬物之奧
도자만물지오

善人之寶
선인지보

不善人之所保
불선인지소보

美言可以市尊
미언가이시존

善行可以加人
선행가이가인

人之不善 何棄之有
인지불선 하기지유

故立天子 置三公
고입천자 치삼공

雖有拱璧 以先駟馬
수유공벽 이선사마

不如坐進 此道
불여좌진 차도

古之所以貴此道者
고지소이귀차도자

何不曰以求得
하부왈이구득

有罪以免邪 故爲天下貴
유죄이면사 고위천하귀

道者萬物之奧

　도라는 것은 만물의 근본이다.

　註_奧 : 근본.

善人之寶

　선한 사람은 중히 여기고,

　註_寶 : 중히 여기다.

不善人之所保

　선하지 못한 사람은 그저 지니고 있는 것이다.

　註_所 : ~라 하는 바, ~하는 것. 保 : 지니다.

美言可以市尊

　(도는) 잘 표현하면 (존중을) 받을 수 있고,

　註_市 : 취하다, 얻다, 받다.

善行可以加人

　(도를 따르는) 훌륭한 행동은 사람을 이롭게 해 주는 것이 가능한데,

　註_加 : 이롭게 하다.

人之不善 何棄之有

　선하지 못한 사람이라고 어떻게 (도를) 얻기를 포기할 수 있겠느냐?

故立天子 置三公

　왜냐하면, 천자로 즉위해서 삼공의 신하들을 두고,

　註_三公 : 주나라 때의 太師 太傅 太保, 이 세 높은 벼슬을 三公이라 칭함.

雖有拱璧 以先駟馬

비록 옥띠를 두르고 네 마리가 끄는 수레를 앞세우고 있어도,

註 _ 拱璧 : 옥박은 띠. 坐 : 맡다. 進 : 실천하다.

不如坐進此道

이러한 도를 지키면서 실천하는 것만 같지 못하기 때문이다.

註 _ 坐 : 지키다. 進 : 행하다, 실행하다.

古之所以貴此道者

옛날에 이러한 도를 귀중히 여기라고 이른바,

何不日以求得有罪以免邪

어떻게 과오를 범하지 않고 득을 보는 것이 아니라 말할 수 있느냐?

故爲天下貴

그래서 (도는) 세상을 위해서 귀중한 것이다.

│ 직역모듬 │

도라는 것은 만물의 근본이다.
선한 사람은 중히 여기고,
선하지 못한 사람은 그저 지니고 있는 것이다.
(도는) 잘 표현하면 (존중을) 받을 수 있고,
(도를 따르는) 훌륭한 행동은 사람을 이롭게 해 주는 것이 가능한데,
선하지 못한 사람이라고 어떻게 (도를) 얻기를 포기할 수 있겠느냐?
왜냐하면, 천자로 즉위해서 삼공의 신하들을 두고,
비록 옥띠를 두르고 네 마리가 끄는 수레를 앞세우고 있어도,
이러한 도를 지키면서 실천하는 것만 같지 못하다.

옛날에 이러한 도를 귀중히 여기라고 이른바,

어떻게 과오를 범하지 않고 득을 보는 것이 아니라 말할 수 있느냐?

그래서 (도는) 세상을 위해서 귀중한 것이다.

| 한자의 뜻 |

道 : 도. / 者 : ~라는 것. / 萬 : 모든. / 物 : 일. (萬物 : 세상만사). /
之 : 어조사. / 奧 : 근본.

善 : 잘 해득하는, 잘 이해하는. / 人 : 사람. / 之 : 어조사. /
寶 : 귀하게 여기다.

不 : 못하는. / 善 : 잘 해득하는, 잘 이해하는. / 人 : 사람. / 之 : 어조사. /
所 : 정도. / 保 : 지니다.

美 : 잘. / 言 : 주석해 주는, 해석해 주는. / 可 : 가능하게 하다. / 以 : ~이다. /
市 : 취하다, 하다. / 尊 : 존경. (市尊 : 존경을 취하다 = 존경하다).

善 : 선한. / 行 : 행동하다. / 可 : 가능하게 하다. / 以 : ~이다. /
加 : 이롭게 해 주다. / 人 : 사람들, 백성들.

人 : 사람들, 백성들. / 之 : 어조사. / 不 : 못하다. / 善 : 선하다.

何 : 어떻게. / 棄 : 버려두다, 포기하다. / 之 : 어조사. / 有 : 취하다.

故 : 왜냐하면 ~이기 때문이다. / 立 : 즉위하다. / 天 : 하늘. / 子 : 아들. /
置 : 두다. / 三 : 세. / 公 : 벼슬 이름. (三公 : 주나라 때의 太師 太傅 太保 이 세
높은 벼슬을 三公이라 칭함).

雖 : 비록. / 有 : 있다, 취하다. / 拱 : 옥. / 璧 : 띠. (拱璧 : 옥띠, 옥이 박힌 띠). /
以 : ~해서. / 先 : 앞에 내세우다. / 駟 : 네 마리가 끄는 수레. / 馬 : 말.

不 : 못하다. / 如 : ~와 같다. / 坐 : 지키다. / 進 : 실천하다. /

此 : 이것, 이러한 것. / 道 : 도, 만물의 이치.

古 : 예전에, 옛날에. / 之 : 어조사. / 所 : ~말한 바. / 以 : ~라고. /
貴 : 귀중히 여기다. / 此 : 이러한. / 道 : 도. / 者 : 것.

何 : 어떻게. / 不 : 아니다. / 曰 : 말하다. / 以 : ~이라고. / 求 : 주다. /
得 : 이득. / 有 : 얻다. / 罪 : 잘못. (有罪 : 자못을 행함, 잘못). / 以 : ~하게 /
免 : 그치다. / 邪 : 그런가 의심하다.

故 : 그래서. / 爲 : 생각하다. / 天 : 하늘. / 下 : 아래. / 貴 : 귀하게.

의역

도라는 것은 만물의 근본인데,

만물의 근본인 이치를 잘 이해하는 훌륭한 사람은 도를 중히 여기고,

만물의 근본인 도를 잘 이해하지 못하면서 그렇지 않다고 생각하는 그릇된 사람들은 도를 그냥 지니고만 있다.

도를 잘 이해하지 못하는 사람에게 알기 쉽게 잘 설명해서 이해하게 해 주면 도를 존중하게 하는 것이 가능하고,

도를 잘 행하면 백성들에게 이득이 돌아가게 해 주는 것이 가능해지는데,

훌륭하지 못한 사람이라고 어떻게 도를 실천함으로써 얻을 수 있는 득을 포기할 수 있겠느냐?

왜냐하면, 천자가 돼서 삼공의 신하를 거느리고, 옥을 박은 띠를 두르고 네 마리의 말이 끄는 거창한 수레를 앞세우는 위엄을 부려도,

만물의 이치인 이러한 도를 지키면서 실천해 나가는 것만 같지 못하기 때문이다.

옛적에 이러한 만물의 이치인 도를 중히 여기라고 한 말이 있는데,

어떻게 도를 잘 실행함으로써 과오를 범하지 않고 득을 본다고 말하지 않을 수 있느냐?

이래서 세상만물의 이치인 도가 천하를 위해서 귀중한 것이다.

第63章

●

爲無爲 事無事

....

爲無爲事無事
위무위 사무사

味無味 大小多少
미무미 대소다소

報怨以德
보원이덕

圖難於其易 爲大於其細
도난어기이 위대어기세

天下難事必作於易
천하난사필작어이

天下大事必作於細
천하대사필작어세

是以聖人終不爲大
시이성인종불위대

故能成其大
고능성기대

夫輕諾必寡信 多易必多難
부경락필과신 다이필다난

是以聖人猶難之
시이성인유난지

故終無難矣
고종무난의

| 직역 |

爲無爲 事無事

거짓이 없이 다스리고, 일을 벌이지 말고 섬기고,

味無味

성취하고자 하는 의지가 없는 마음을 갖고,

註 _ 味 : 마음을 갖다. 味 : 뜻을 성취하고자 하는 의지.

大小多少

작은 것에 관대하고 남의 단점을 지적하는 것을 삼가면,

註 _ 大 : 관대하다. 多 : 삼가다. 少 : 남의 단점을 지적하다.

報怨以德

원망 대신 덕으로 보답을 받는다.

圖難於其易 爲大於其細

쉬운 일에 대해선 어렵게 생각하고 거친 큰 일을 잠잠하게 행하면,

註 _ 圖 : 생각하다. 大 : 거친 큰 일 . 細 : 잠잠하게.

天下難事必作於易

세상의 어려운 일들이 꼭 쉽게 되고,

天下大事必作於細

세상의 비범한 일들이 꼭 쉽게 행해진다.

註 _ 大 : 비범한.

是以聖人終不爲大

그래서 성인은 끝까지 위대해지려 들지 않는다.

故能成其大

때문에 큰 일을 성취할 수 있는 것이다.

夫輕諾必寡信

대체로 보아서 스스로 경솔하게 내리는 판단을 살펴보면 확신이 부족하니,

註 _ 必 : 살펴보다, ~결과를 가져오다.

多易必多難

지나치게 쉬운 것은 꼭 철저하게 캐물어야 한다.

註 _ 多 : 지나치게. 多 : 철저하게. 難 : 캐묻다.

是以聖人猶難之

그래서 성인은 오히려 (쉬운 일을) 어려워하는 것이다.

註 _ 猶 : 오히려. 難 : 어려운.

故終無難矣

끝까지 어려움을 겪는 일이 없는 이유이다.

| 직역모듬 |

거짓이 없이 다스리고, 일을 벌이지 말고 섬기고,

성취하고자 하는 의지가 없는 마음을 갖고,

작은 것에 관대하고 남의 단점을 지적하는 것을 삼가면,

원망 대신 덕으로 보답을 받는다.

쉬운 일에 대해선 어렵게 생각하고, 거친 큰 일을 잠잠하게 행하면,

세상의 어려운 일들이 꼭 쉽게 되고,

세상의 비범한 일들이 꼭 쉽게 행해진다.

그래서 성인은 끝까지 위대해지려들지 않는다.

때문에 큰일을 성취할 수 있는 것이다.

대체로 보아서 스스로 경솔하게 내리는 판단을 살펴보면 확신이 부족하니,

지나치게 쉬운 것은 꼭 철저하게 캐물어야 한다.

그래서 성인은 오히려 (쉬운 일을) 어려워하는 것이다.

끝까지 어려움을 겪는 일이 없는 이유이다.

| 한자의 뜻 |

爲 : 행하다, 다스리다. / 無 : ~을 하지 않고, ~이 없이. / 爲 : 조작, 허위, 거짓.

事 : 봉사하다, 섬기다. / 無 : 없이. / 事 : 사변, 일을 벌이다.

味 : 마음을 갖다, 의지를 품다. / 無 : 없이. /
味 : 뜻을 성취하고자 하는 의지, 공을 세우고자 하는 뜻.

大 : 관대하다. / 小 : 작은 것. / 多 : 삼가다. / 少 : 남의 단점을 지적하다.

報 : 보답하다, 갚다. / 怨 : 원한. / 以 : ~으로. / 德 : 덕, 은혜.

圖 : 생각하다. / 難 : 어렵게. / 於 : ~에 대해선. / 其 : 어조사. / 易 : 쉬운.

爲 : 행하다, 다스리다. / 大 : 지극히, 깊게 생각해서. / 於 : ~에 대해선. /
其 : 지물지사. / 細 : 작은, 사소한. 소소한.

天 : 하늘. / 下 : 밑. (天下 : 세상의). / 難 : 어려운, 힘든. / 事 : 일. /
必 : 꼭, 반드시. / 作 : 되다. / 於 : ~하게. / 易 : 쉽다.

天 : 하늘. / 下 : 밑. (天下 : 세상의). / 大 : 대단한 거친 일, 엄청난 험한 일. /
事 : 일. / 必 : 꼭, 반드시. / 作 : 행하다. / 於 : ~하게. /

細 : 조용하게, 잠잠하게.

是 : 이. / 以 : 까닭으로. (是以 : 그래서). / 聖 : 성스런. /
人 : 사람. (聖人 : 성인). / 終 : 끝까지. / 不 : ~하지 않다. / 爲 : 되다. /
大 : 우두머리. (爲大 : 위대하게 되다).

故 : 그런 까닭에. / 能 : 가능하다. / 成 : 성취하다, 달성하다. /
其 : 어조사. / 大 : 대단하게, 위대하게.

夫 : 그저 생각해 보건대. / 輕 : 쉽게, 경솔하게. / 諾 : 판단, 승락. /
必 : 꼭, 거의. / 寡 : 작다, 부족하다, 희박하다. / 信 : 신뢰. /
多 : 너무, 지나치게. / 易 : 쉽다. / 必 : 꼭. / 多 : 철저하게, 꼼꼼하게. /
難 : 캐묻다, 따져서 밝히다.

是 : 이. / 以 : 까닭으로. (是以 : 그래서). / 聖 : 성스러운. (聖人 : 성인). /
人 : 사람. / 猶 : 오히려. / 難 : 어려워하다. / 之 : 어조사.

故 : 고로, 때문에. / 終 : 내내, 끝까지. / 無 : 없다. / 難 : 어려움. /
矣 : 어기사(語已辭).

의역

허위를 조작해서 백성을 속이면서 다스리지 말고,

사변이 일어나지 않도록 하면서 백성을 섬기고,

큰 공을 이루고자 하는 마음을 버리고,

작은 것에 관대하고 남의 과오를 눈감아 주면,

백성들이 원망하지 않고 오히려 고마워하며 은혜로 보답한다.

무시할 수 있는 쉬운 일에 특별히 마음을 쓰고, 험한 일을 조용하게 행
하면,

온 세상의 힘드는 일들이 틀림없이 쉽게 행해지게 되고.

세상의 대단한 일들이 사소한 일처럼 꼭 쉽게 해결할 수 있게 된다.

그래서 성인은 종래 위대한 인물이 되려하지 않는다.

때문에 오히려 성인은 위대한 일을 행할 수 있는 인물이 되는 것이다.

생각해 보건대 직접 쉽게 내리는 판단은 어그러지는 결과를 가져오니,

너무 쉬우면 꼭 꼼꼼히 따져서 이유를 밝혀야 한다.

그래서 성인은 오히려 쉬운 일을 신중하게 생각하며 어렵게 여기는 것
이다.

그렇게 하기 때문에 성인은 내내 어려움을 격지 않는 것이다.

第64章

●

基安易持

....

其安易持 其未兆易謀 其脆易泮 其微易散
기안이지 기미조이모 기취이반 기미이산

爲之於未有 治之於未亂
위지어미유 치지어미란

合抱之木 生於毫末 九層之臺起於累土
합포지목 생어호말 구층지대기어누토

千里之行始於足下
천리지행시어족하

爲者敗之 執者失之
위자패지 집자실지

是以聖人 無爲 故無敗 無執故無失
시이성인 무위 고무패 무집고무실

民之從事常於幾成而敗之
민지종사상어기성이패지

愼終如始 則無敗事
신종여시 즉무패사

是以聖人欲不欲
시이성인욕불욕

不貴難得之貨 學不學
불귀난득지화 학불학

復衆人之所過
복중인지소과

以輔萬物之自然 而不敢爲
이보만물지자연 이불감위

其安易持 其未兆易謀

안정이 화목하게 유지되면, 음모를 꾸미려는 방자한 조짐이 없어지고,

註_ 易 : 화목한. 易 : 방자한. 謀 : 음모.

其脆易泮 其微易散

그런 (음모를 꾸미고자 하는) 욕심이 평정되면 경솔한 거짓말들이 싹 없어진다.

註_ 脆 : 욕심. 易 : 무난히. 泮 : 평정되다. 微 : 싹 없어진다. 易 : 경솔하게. 散 : 거짓말.

爲之於未有 治之於未亂

제대로 섬긴다는 것은 거두어들이지 않는 데 있고, 바르게 다스린다는 것은 난리가 나지 않게 하는 데 있는 것이다.

註_ 有 : 거두어들이다. 於 : ~에.

合抱之木生於毫末

(두 손을) 합해서 품을 수 있는 나무도 가늘고 긴 가지 같은 작은 나무가 커지는 것이고,

註_ 合 : (두 손을) 합쳐서. 抱 : 껴안다. 生 : 커진다. 毫 : 가늘고 긴. 末 : 가지 같은 작은 나무.

九層之臺起於累土

높은 축대도 흙을 거듭 쌓아 가는 데서부터 세워지며,

千里之行始於足下

천릿길도 첫 발이 떨어지는 데서 시작된다.

爲者敗之

일을 꾸며서 거짓을 행하는 자는 패하고,

執者失之

　　잡고 있는 자는 잃는다.

　　註 _ 執 : 맡다, 장악하다.

是以聖人無爲 故無敗

　　그러나 성인은 거짓을 행하지 않아서 실패하지 아니하고,

無執故無失

　　맡은 일이 없으니 잘못할 것이 없다.

民之從事 常於幾成 而敗之

　　백성들을 추종하게 하면서 봉사하게 해 기어이 업적을 이루고자 하면 실패하니,

　　註 _ 從 : 좇아서. 事 : 봉사하다. 幾 : 기어이 又 꼭.

愼終如始 則無敗事

　　처음에 말한 것처럼 신중하게 끝을 맺으면 일을 그르치는 법이 없다.

是以聖人欲不欲

　　그래서 성인은 욕심을 부리지 않기를 원하고,

　　註 _ 欲 : 원하다, 기원하다.

不貴難得之貨

　　식량을 구하기 힘들지 않게 하고,

　　註 _ 貨 : 식량.

學不學

　　백성이 배우지 못한 것을 가르쳐 주고,

復衆人之所過

　　뭇사람들의 잘못된 바를 되돌려 놓아,

　　註 _ 復 : 회복되다, 고쳐지다.

以輔萬物之自然

　　만사가 자연 그대로 지탱되도록 하면서,

　　註 _ 輔 : 지탱하다 又 보전되다.

而不敢爲

　　감히 거짓을 행하지 아니한다.

| 직역모듬 |

　　안정이 화목하게 유지되면, 음모를 꾸미려는 방자한 조짐이 없어지고,

　　그런 (음모를 꾸미고자 하는) 욕심이 평정되면, 경솔한 거짓말들이 싹 없어진다.

　　제대로 섬기는 것은 거두어들이지 않는 데 있는 것이고, 바르게 다스린다는 것은

　　난리가 나지 않게 하는 데 있는 것이다.

　　(두 손을) 합해서 품을 수 있는 나무도 가늘고 긴 가지 같은 작은 나무가 커지는 것

이고,

　　높은 축대도 흙을 거듭 쌓아서 세워지며,

　　천릿길도 첫 발이 떨어지는 데서 시작된다.

　　일을 꾸며서 거짓을 행하는 자는 패하고,

　　잡고 있는 자는 잃는다.

　　그러나 성인은 거짓을 행하지 않아서 실패하지 아니하고,

　　맡은 일이 없으니 잘못할 것이 없다.

　　백성들을 추종하게 하면서 봉사하게 해 기어이 업적을 이루고자 하면 실패하니,

　　처음에 말한 것처럼 신중하게 끝을 맺으면 일을 그르치는 법이 없다.

　　그래서 성인은 욕심을 부리지 않기를 원하고,

식량을 구하기 힘들지 않게 하고,

백성이 배우지 못한 것을 가르쳐 주고,

뭇사람들의 잘못된 바를 되돌려 놓아,

만사가 자연 그대로 지탱되도록 하면서,

감히 거짓을 행하지 아니한다.

| 한자의 뜻 |

其 : 어조사, 지물지사. / 安 : 안정. / 易 : 화친, 화목하게. / 持 : 유지하다. /
其 : 어조사, 지물지사. / 未 : 없어지다. / 兆 : 조짐, 징조. / 易 : 방자한. /
謀 : 음모, 계교.

其 : 어조사, 지물지사. / 脆 : 욕심, 야망. /
易 : 화목하게, 화친하며, 화합하며. / 泮 : 평정되다. / 其 : 어조사, 지물지사. /
微 : 싹 없어지다. / 易 : 경솔한. / 散 : 거짓말, 헛소리.

爲 : 보살피다, 섬기다. / 之 : 어조사. / 於 : ~에 있는. / 未 : 않는. /
有 : 거두어들임. / 治 : 다스리다. / 之 : 어조사. / 於 : ~에 있는. /
未 : 없게, 안 나게. / 亂 : 난리, 사변.

合 : (두 팔을) 합쳐서. / 抱 : 껴안음. (合抱 : 아름드리). / 之 : 어조사. /
木 : 나무. / 生 : 자라다, 커지다. / 於 : 바뀌어서, 변해서. /
毫 : 털같이 가늘고 긴. / 末 : 작은 나무. (毫末 : 묘목).

九 : 아홉. / 層 : 층. (九層 : 높은). / 之 : 어조사. / 臺 : 성문, 축대. /
起 : 세우다. / 於 : 어조사. / 累 : 거듭 쌓다. / 土 : 흙,

千 : 천. / 里 : 리. / 之 : 어조사. / 行 : 길. / 始 : 시작한다. / 於 : 어조사. /
足 : 발. / 下 : 내리다, 딛다.

爲 : 일을 꾸며서 하다. / 者 : 자. / 敗 : 패하다, 패망하다. / 之 : 어조사. /
執 : 갖고 있다. / 者 : 자. / 失 : 잃다, 실패하다. / 之 : 어조사.

是 : 이. / 以 : ~으로. (是以 : 그래서). / 聖 : 성스러운. / 人 : 사람.
無 : 아니하다. / 爲 : 거짓. / 故 : 고로, 그래서. / 無 : 아니하다. /
敗 : 그르치다, 잘못하다.

無 : 아니하다. / 執 : 잡다, 맡다, 장악하다. / 故 : 고로, 그래서. /
無 : 아니하다. / 失 : 잃다, 실패하다.

民 : 백성. / 之 : 오조사. / 從 : 따르다.
事 : 일하다, 봉사하다. (從事 : 종사하다). / 常 : 하게 하다. /
於 : 어조사. / 幾 : 기어이, 기어코, 꼭. / 成 : 업적을 세우다, 공적을 이루다. /
而 : ~하면. / 敗 : 실패하다, 그르치다. / 之 : 어조사.

愼 : 신중하게. / 終 : 끝마치다. / 如 : ~ 같이,~처럼. /
始 : 처음, 처음에 ~한 것. (如始 : 처음에 말한 것처럼). /
則 : ~하는 법이다. / 無 : 없는. / 敗 : 그르치다, 실패하다. / 事 : 일.

是 : 이. / 以 : ~으로. (是以 : 그래서). / 聖 : 성스러운. / 人 : 사람. /
欲 : 원하다, 바라다. / 不 : 않기를. / 欲 : 욕심을 부리다.

不 : 않기를. / 貴 : 귀해져서. / 難 : 어렵게, 힘들게. / 得 : 얻기. /
之 : 어조사. / 貨 : 식량, 양식.
學 : 가르치다, 깨우쳐 주다. / 不 : 못한. / 學 : 배우다.

復 : 회복시켜 주다. / 衆 : 많은. / 人 : 사람들. (衆人 : 많은 사람들, 백성들). /
之 : 어조사. / 所 : ~하는 바, 소위. / 過 : 과오.

以 : ~으로. / 輔 : 지탱되다, 보전되다, 유지되다. / 萬 : 모든. /
物 : 일. (萬物 : 만사, 세상만사). / 之 : 어조사. / 自 : 스스로. /
然 : 그러한. (自然 : 자연).

而 : ~하면서. / 不 : 아니하다. / 敢 : 감히. / 爲 : 거짓.

의역

　화목하게 평안이 유지되면, 거리낌 없이 음모를 조작하려는 징조가 사라지고,

　그러한 방자한 음모를 조작하려는 욕심이 진정되면 난발하는 거짓말들이 자취를 감춘다.

　백성을 수탈하지 않는 것이 제대로 다스리는 것이고, 난리를 일으키지 않는 것이 올바른 다스림이다.

　아름드리의 큰 나무도 작고 가느다란 묘목이 커져서 생기고,

　높은 성문의 축대도 흙을 계속 조금씩 쌓아서 세워지는 것이며,

　아무리 먼 길이라도 첫 발걸음을 내딛는 데서부터 시작되는 것이다.

　자신의 이익을 위해 조작하면서 허위를 행하는 자는 패망하고,

　권력에 집착하는 자는 실패하고 만다.

　그러나 성인은 사리를 위한 거짓된 정치를 행하지 아니하여 실정을 하는 법이 없고,

　권력 같은 것을 장악하지 않으니 그르칠 일이 없다.

　백성들을 추종하게 하면서 봉사하게 해 꼭 사사로이 업적을 성취하고자 하면 일을 그르치는 것이니,

　앞에서 처음에 안정을 유지하고 거짓을 행하지 말고 권력을 마음대로 행하지 말라고 말한 것과 같이 신중하게 끝마치면 일이 잘못되지 않는 법이다.

　그래서 성인은 업적을 성취하려는 욕심을 부리지 않기를 원하고,

　너무 거두어들여 백성들이 먹을 식량이 떨어지지 않게 하고,

　백성들이 배우지 못해 모르고 있는 것을 깨우쳐 주고,

백성의 그릇된 바를 바로잡아 제대로 고쳐 놓아,
세상만사가 자연의 이치에 따라 유지되도록 하면서,
분수에 어긋나는 거짓을 저지르지 않는다.

第65章

●

古之善爲道者

....

古之善爲道者 非以明民
고지선위도자 비이명민

將以愚之
장이우지

民之難治以其智多
민지난치이기지다

故以智治國 國之賊
고이지치국 국지적

不以智治國 國之福
불이지치국 국지복

知此兩者 亦稽式
지차양자 적계식

常知稽式
상지계식

是謂玄德
시위현덕

玄德深矣遠矣
현덕심의원의

與物反矣 乃至大順
여물반의 내지대순

古之善爲道者非以明民

옛날에 도를 잘 행한다는 것은 백성을 경계하며 감시하는 것이 아니고,

註 _ 明 : 경계, 감시, 호령.

將以愚之

다만 고지식하게 다스리는 것이다.

註 _ 將 : 다만, 다스리다. 愚 : 고지식하게.

民之難治以其智多

백성을 억제하려는 계교로 다스리는 것은 무리인 것이다.

註 _ 智 : 계교, 술책. 多 : 이기다, 억제하다.

故以智治國 國之賊

왜냐하면 술책으로 나라를 다스리는 것은 나라에 해가 되고,

註 _ 賊 : 해가 되다.

不以智治國 國之福

술책으로 나라를 다스리지 않으면 나라가 도움을 받게 되기 때문이다.

註 _ 福 : 도움, 축복.

知此兩者 亦稽式

이 두 가지를 깨우친 사람은 오직 제도의 그릇된 점을 바로잡고 ,

註 _ 亦 : 오로지. 稽 : 잘못을 조사하여 바로잡다. 式 : 제도. 知 : 깨우쳐 알려 주다.

常知稽式

바로잡은 제도를 활용한다.

註 _ 稽 : 잘못을 조사하여 바로잡다. 式 : 제도.

是謂玄德

이러한 것을 일러 지극한 덕행이라 이르는 것이다.

玄德深矣遠矣

현묘한 덕행이란 오묘하고 심원한 것이어서,

註 _ 深 : 이치가 오묘하여 알기 어려운. 遠 : 심원해서 알기 어려운.

與物反矣乃至大順

세상의 이치에 어긋나는 것 같지만 이렇게 해서 훌륭히 순리에 이르는 것이다.

註 _ 與 : 같다. 物 : 도리. 反 : 거스르다, 이치에 어긋나다.

| 직역모듬 |

옛날에 도를 잘 행한다는 것은 백성을 경계하며 감시하는 것이 아니고,
다만 고지식하게 다스리는 것이다.
백성을 억제하려는 계교로 다스리는 것은 무리인 것이다.
왜냐하면 술책으로 나라를 다스리는 것은 나라에 해가 되고,
술책으로 나라를 다스리지 않으면 나라가 도움을 받게 되기 때문이다.
이 두 가지를 깨우친 사람은 오직 제도의 그릇된 점을 바로잡고,
바로잡은 제도를 활용한다.
이러한 것을 일러 지극한 덕행이라 이르는 것이다.
현묘한 덕행이란 오묘하고 심원한 것이어서,
세상의 이치에 어긋나는 것 같지만 이렇게 해서 훌륭히 순리에 이르는 것이다.

| 한자의 뜻 |

古 : 옛날, 옛적. / 之 : 어조사. / 善 : 잘, 훌륭히. / 爲 : 행한. /
道 : 도, 세상의 이치. / 者 : 자, 사람.

非 : 아니다. / 以 : ~한 것이. / 明 : 감시하다, 경계하다, 호령하다. /
民 : 백성.

將 : 다만, 다스리다, 오로지 다스리다. / 以 : ~하게. /
愚 : 고지식하게, 우직하게. / 之 : 어조사.

民 : 백성. / 之 : 어조사. / 難 : 어려운. / 治 : 다스리다, 통치하다. /
以 : ~으로. / 其 : 어조사, 지물지사. / 智 : 계교, 술책. / 多 : 이기다, 억압하다.

故 : 왜냐하면, 그 이유는. / 以 : ~으로. / 智 : 계교, 술책. / 治 : 다스리다. /
國 : 나라, 국가.

國 : 나라, 국가. / 之 : 어조사. / 賊 : 해로운, 위험한.

不 : 아니하다. / 以 : ~으로. / 智 : 계교, 술책. / 治 : 다스리다. /
國 : 나라, 국가.

國 : 나라, 국가. / 之 : 어조사. / 福 : 도움, 축복.

知 : 깨우치다. / 此 : 이. / 兩 : 둘. / 者 : 자, 사람. / 亦 : 오직. /
稽 : 잘못을 조사하여 바로잡다. / 式 : 제도.

常 : 사용하다, 활용하다. / 知 : 깨우쳐 알려주다. /
稽 : 잘못을 조사하여 바로잡다. / 式 : 제도.

是 : 이, 이것을. / 謂 : ~이라 이른다. / 玄 : 지극한, 현묘한. / 德 : 덕, 덕행.

玄 : 현묘한, 심오한. / 德 : 덕, 덕행. / 深 : 오묘, 이치가 오묘하여 알기 어려운. /
矣 : 어의사(語矣辭). / 遠 : 심원, 이치가 심원해서 알기 어려운. /
矣 : 어의사(語矣辭).

與 : ~와 같은. / 物 : 도리, 이치. / 反 : 어긋나는, 도리에 맞지 않는. /
矣 : 어의사(語矣辭).

乃 : ~이에, 이에 따라서. / 至 : 이르다. / 大 : 훌륭히. / 順 : 순리, 도.

의역

옛적에 이치에 따라 훌륭하게 다스린다는 것은,

경계하며 감시하는 것이 아니고,

술책을 부리지 않고 오로지 우직하게 다스리는 것이다.

백성을 억제하려는 술책으로 다스리는 것은 이치에 맞지 않는 것이다.

그 이유는 술책을 써서 나라를 다스리는 것은,

오히려 나라에 위험한 것이고,

계략으로 나라를 다스리지 않는 것은,

오히려 나라가 축복을 받게 되기 때문이다.

이 두 가지, 즉 계교로 나라를 다스리는 것이 위험하고

그렇게 하지 않는 것이 오히려 복을 받는 진리라는 것을 깨우친 자는,

시행되고 있는 제도의 잘못된 점을 바로잡고,

바로잡은 것이 제도를 활용한다.

이러한 것을 일러 현묘한 덕행이라 이르는 것이다.

심오한 덕행이란 오묘하여 알기 어렵고 또한 심원해서 알 수 없어,

세상의 도리에 맞지 않는 것 같지만,

그렇게 해서 훌륭히 도를 따르는 데 이르는 것이다.

●

第 66 章

江海所以能爲百谷王者

....

江海所以能爲百谷王者
강해소이능위백곡왕자

以其善下之
이기선하지

故能爲百谷王
고능위백곡왕

是以欲上民 必以言下之
시이욕상민 필이언하지

欲先民 必以身後之
욕선민 필이신후지

是以聖人處上 而民不重
시이성인처상 이민부중

處前 而民不害
처전 이민부해

是以天下樂推 而不厭
시이천하악추 이불염

以其不爭 故天下莫能與之爭
이기부쟁 고천하막능여지쟁

| 직역 |

江海所以能爲百谷王者

강과 바다가 여러 계곡의 물을 (강과 바다로) 향해서 흐르게 할 수 있는 이유는

註 _ 所以 : 연고, 까닭, 이유. 百 : 여럿, 모든. 王 : ~으로 향해서 흐르다.

以其善下之

그 강과 바다가 (계곡의 물이) 잘 통해 내려갈 수 있게 낮게 있기 때문이다.

註 _ 善 : 잘 통해 내려가다.

故能爲百谷王

고로 많은 계곡의 물을 (강과 바다로) 흘러가게 할 수 있는 것이다.

是以欲上民 必以言下之

그래서 백성 위에 오르고자 하면 자신을 낮추는 것이 꼭 필요하고,

註 _ 上 : 위에 오르다. 言 : 나, 자신.

欲先民 必以身後之

백성을 선도하고자 하면 꼭 자신의 몸부터 먼저 뒤에 두어야 한다.

註 _ 以 : ~부터. 後 : 뒤에서 기다리다.

是以聖人處上 而民不重

그래야 성인이 높은 자리에 거해도 백성들을 버겁게 하지 않고,

註 _ 處 : 거하다. 重 : 힘들다, 버겁다.

處前 而民不害

앞에 자리 잡아도 백성들이 증오하지 않는다.

註 _ 害 : 증오, 꺼리다.

是以天下樂推 而不厭

그렇게 하는 것이 백성들이 좋아서 추천하면서 헐뜯지 않게 하는 것이고,

註 _ 厭 : 싫어하다, 헐뜯다.

以其不爭 故天下莫能與之爭

그렇게 견주려 들지 않으니 그래서 세상 사람들이 그와 다툴 수 없게 된다.

註 _ 爭 : 견주다. 與 : ~와 같이 하다. 爭 : 다투다, 맞서다.

| 직역모듬 |

강과 바다가 여러 계곡의 물을 (강과 바다로) 향해서 흐르게 할 수 있는 이유는,

그 강과 바다가 (계곡의 물이) 잘 통해 내려갈 수 있게끔 낮게 있기 때문이다.

고로 많은 계곡의 물을 (강과 바다로) 흘러가게 할 수 있는 것이다.

그래서 백성 위에 오르고자 하면 자신을 낮추는 것이 꼭 필요하고,

백성을 선도하고자 하면 꼭 자신의 몸부터 먼저 뒤에 두어야 한다.

그래야 성인이 높은 자리에 거해도 백성들을 버겁게 하지 않고,

앞에 자리 잡아도 백성들이 증오하지 않는다.

그렇게 하는 것이 백성들이 좋아서 추천하면서 헐뜯지 않게 하는 것이고,

그렇게 견주려 들지 않으니 그래서 세상 사람들이 그와 다툴 수 없게 된다.

| 한자의 뜻 |

江 : 강. / 海 : 바다. / 所 : 연고. / 以 : ~이다. (所以 : 연고, 이유, 까닭). /
能 : 가능하게. / 爲 : 하다. / 百 : 많은, 모든. / 谷 : 계곡의 물. /
王 : 흐르다. / 者 : 것.

以 : 때문이다. / 其 : 지물지사. / 善 : 통과하다, 통해서 흘러내려 가다. /
下 : 낮게 있는. / 之 : 어조사.

故 : 그래서. / 能 : 가능하게 하다. / 爲 : 하다. / 百 : 많은, 모든. /

谷 : 계곡의 물. / 王 : 흐르다.

是 : 이. / 以 : ~이. (是以 : 그래서, 이렇게 하는 것이). / 欲 : 원하다. /
上 : 위에 있기를. / 民 : 백성. / 必 : 필히, 반드시. / 以 : ~이. /
言 : 나, 자신. / 下 : 밑에 있기를. / 之 : 어조사.

欲 : 원하다. / 先 : 앞에 있기를, 앞에 서기를. / 民 : 백성. /
必 : 필히, 반드시. / 以 : ~이. / 身 : 몸, 자신의 몸. / 後 : 뒤로 하다, 뒤에 두다. /
之 : 어조사.

是 : 이. / 以 : ~이. (是以 : 그래서, 이렇게 하는 것이). / 聖 : 성스런. /
人 : 사람. / 處 : 거하다, 두다. / 上 : 위에 거하다, 위에 있다. /
而 : ~해도. / 民 : 백성. / 不 : 않는다, 않게 하다. /
重 : 버겁게 하다, 부담을 주다.

處 : 거하다, 두다. / 前 : 선두, 앞에. / 而 : ~해도. / 民 : 백성. /
不 : 않는다, 않게 하다. / 害 : 증오하다, 꺼리다.

是 : 이. / 以 : ~이. (是以 : 그래서, 이렇게 하는 것이). / 天 : 하늘. /
下 : 아래. / 樂 : 기꺼이, 즐거이. / 推 : 추천하다. / 而 : ~하면서. /
不 : 아니하다. / 厭 : 싫어하다, 헐뜯다.

以 : ~이니, ~때문에. / 其 : 지물지사. / 不 : 아니하다. / 爭 : 견주다.

故 : 고로, 그래서. / 天 : 하늘. / 下 : 아래. (天下 : 세상, 세상 사람들). /
莫 : 아니하다. / 能 : 할 수 있는. / 與 : ~와 같이, ~와 같이 행하다(다투다). /
之 : 어조사. / 爭 : 다투다, 맞서다.

의역

강과 바다가 모든 계곡의 물을 그곳(강과 바다)을 향해 흘러가게 할 수
있는 까닭은,

강과 바다가 계곡의 물이 잘 흘러내려 들어갈 수 있게끔 계곡의 물보다 낮게 있기 때문이다.

그래서 모든 계곡의 물이 강과 바다를 향해 흘러내려 갈 수 있는 것이다.

그래서 백성 위에 오르기를 원하면 스스로의 몸을 낮추는 것이 반드시 필요하고,

앞장서서 백성을 이끌길 원하면 반드시 먼저 자신의 몸을 뒤에 두고 기다려야 한다.

그렇게 해야 성인이 제일 높은 자리에 자리 잡고 앉아도 백성들이 힘들어 하지 않고,

앞에서 이끌어도 백성들이 꺼리지 않는다.

그렇게 함으로써 백성들이 기꺼이 천거하면서 반대하지 않게 되는 것이고,

그와 같이 나서려 하지 않음으로써 세상 사람들이 그와 맞설 수가 없게 되는 것이다.

第67章

●

天下皆謂我道大

....

天下皆謂 我道大似不肖
천하개위 아고대이불초

夫唯大故似不肖若肖久矣
부유대고사불초약초구의

其細也
기세야

夫我有三寶持而保之
부아유삼보지이보지

一曰慈 二曰儉 三曰不敢爲天下先
일왈자 이왈검 삼왈불감위천하선

慈故能勇 儉故能廣 不敢爲天下先 故能成器長
자고능용 검고능광 불감위천하선 고능성기장

今舍慈且勇 舍儉且廣 舍後且先
금사자차용 사검차광 사후차선

死矣
사의

夫慈以戰則勝
부자이전즉승

以守則固
이수즉고

天將救之 以慈衛之
천장구지 이자위지

| 직역 |

天下皆謂 我道大似不肖

세상 모든 사람들이 자신이 불초하다고 함으로써 자신의 도가 훌륭하게 된 것처럼 말하는데,

註 _ 大 : 훌륭한. 似 : ~같이. 肖 : 본받을 모범.

夫唯大故似不肖 若肖久矣

생각해 보면, 만약 충분히 모범이 되는데도 단지 모범이 될 수 없다고 했다는 이유만으로 (자신의 도가) 훌륭해진다(고 생각한다)면,

註 _ 若 : 만약 ~에 달하는데도. 肖 : 모범이 되다. 久 : 꽉 차다, 충분하다.

其細也

그러한 (위선적인) 것은 말을 말아야 하는 것이다.

註 _ 細 : 조용히 말 않을.

夫我有三寶持而保之

그저 나는 세 가지 본보기가 되는 모범을 택해서 간직한다.

註 _ 寶 : 모범.

一曰慈

첫째는 자혜이고,

二曰儉

둘째는 검소함이고,

三曰不敢爲天下先

셋째는 감히 백성 앞에 나서려 하지 않는 것이다.

慈故能勇

자혜로워서 그윽하게 생각할 수 있고,

註 _ 勇 : 그윽하게 생각하다.

儉故能廣

검소해서 너그러울 수 있으며,

註 _ 儉 : 검소하다. 廣 : 너그러운.

不敢爲天下先 故能成器長

세상 일에 백성 앞에 나서려 하지 않아서 기구의 우두머리가 될 수 있게 되는데,

註 _ 器 : 기구, 국가.

今舍慈且勇

만약 지혜롭길 그치고 바꾸어서 교만하고,

註 _ 今 : 만약. 舍 : 그치다, 그만두다. 且 : 바꾸다. 勇 : 교만하다.

舍儉且廣

검소하길 그치고 바꾸어서 가득 채우며 욕심을 부리고,

註 _ 廣 : 가득 채우다.

舍後且先

뒤에 있길 마다하고 앞에 나서려 한다면,

死矣

죽음에 이르는 것이다.

夫慈以戰則勝

생각해 보면 자혜로움은 걱정하는 것, 즉 베풀면서 받들어 주는 것이고,

以守則固

보살펴 주는 것은 곧 당연한 것이어서,

註 _ 守 : 보살펴 주다. 固 : 당연한, 떳떳한.

天將救之以慈衛之

진리를 옹호하면서 따르는 것이 자혜를 행하는 것이다.

註 _ 將 : 좇다, 따르다. 救 : 두둔하다, 옹호하다. 衛 : 영위(營爲), 맡아서 행하다.

| 직역모듬 |

세상 모든 사람들이 자신이 불초하다고 함으로써 자신의 도가 훌륭하게 된 것처럼 말하는데,

생각해 보면, 만약 충분히 모범이 되는데도 단지 모범이 될 수 없다고 했다는 이유만으로 (자신의 도가) 훌륭해진다(고 생각한다)면,

그러한 (위선적인) 것은 말을 말아야 하는 것이다.

그저 나는 세 가지 본보기가 되는 모범을 택해서 간직한다.

첫째는 자혜이고,

둘째는 검소함이고,

셋째는 감히 백성 앞에 나서려 하지 않는 것이다.

자혜로워서 그윽하게 생각할 수 있고,

검소해서 너그러울 수 있으며,

세상 일에 백성 앞에 나서려 하지 않아서 기구의 우두머리가 될 수 있게 되는데,

만약 자혜롭길 그치고 바꾸어서 교만하고,

검소하길 그치고 바꾸어서 가득 채우며 욕심을 부리고,

뒤에 있길 마다하고 앞에 나서려 한다면,

죽음에 이르는 것이다.

생각해 보면 자혜로움은 걱정하는 것, 즉 베풀면서 받들어 주는 것이고,

보살펴 주는 것은 곧 당연한 것이어서,

진리를 옹호하면서 따르는 것이 자혜를 행하는 것이다.

┃ 한자의 뜻 ┃

天 : 하늘. / 下 : 아래. (天下 : 세상, 세상 사람들). / 皆 : 모두 다, 전부 다. /
謂 : 말하다. / 我 : 자신의. / 道 : 품성, 마음. / 大 : 훌륭하다. / 似 : ~같다. /
不 : 않은, 않은 것. / 肖 : 본받을. (不肖 : 현명하지 못한).

夫 : 생각해 보건대. / 唯 : 오직, 다만. / 大 : 훌륭하다. / 故 : 고로, 때문에. /
似 : ~이기. (故似 : ~이기 때문에, ~인 이유로). / 不 : 않다, 못하다. /
肖 : 본받을 만하다, 현명한. (不肖 : 본받을 만하지 않다, 현명하지 못하다).

若 : 만약 ~에 달하는데, 혹시 ~에 이르는데. /
肖 : 본보기가 될 만하다, 현명하다. / 久 : 차다, 충분하다. /
矣 : 말 그칠 의, 어기사(語己辭).

其 : 지물지사. / 細 : 조용히 말 않고 있다, 잠자코 있다. /
也 : 말맺을 야(決定辭), 무의미 어조사 야, 이를.

夫 : 생각해 보면, 그저. / 我 : 나. / 有 : 택한다, 취한다. / 三 : 셋, 세 가지. /
寶 : 모범, 보감(寶鑑). / 持 : 갖다, 지니다. / 而 : ~하면서. /
保 : 보존하다. / 之 : 어조사.

一 : 첫째. / 曰 : 말하다. / 慈 : 자혜.

二 : 둘째. / 曰 : 말하다. / 儉 : 검소.

三 : 셋째. / 曰 : 말하다. / 不 : 아니하다. / 敢 : 감히. / 爲 : 행하다. /
天 : 하늘. / 下 : 아래. (天下 : 세상, 세상 사람들). /
先 : 앞에, 앞서다, 앞에 나서다.

慈 : 자혜로운. / 故 : 그 때문에. / 能 : 할 수 있다. / 勇 : 걱정하다, 염려하다.

儉 : 검소하다. / 故 : 그 때문에, 그래서. / 能 : 할 수 있다. /
廣 : 너그럽다, 관대하다.

不 : 아니하다. / 敢 : 감히. / 爲 : 행하다. / 天 : 하늘. /
下 : 아래. (天下 : 세상, 세상 사람들). / 先 : 앞에 나서다.

故 : 그 이유로, 그래서. / 能 : 할 수 있다. / 成 : 이루다, 성취하다. /
器 : 기구, 국가. / 長 : 우두머리, 왕.

今 : 만약. / 舍 : 그치다, 그만두다. / 慈 : 자혜로운. / 且 : 바꾸다.
勇 : 걱정하다, 염려하다.

舍 : 그치다, 그만두다. / 儉 : 검소하다. /
且 : 바꾸다. / 廣 : 가득 채우다, 욕심부리다.

舍 : 그치다, 그만두다. / 後 : 뒤에 서다, 뒷전에 서다. / 且 : 또, 또한. /
先 : 앞에 서다, 앞에서 이끌다, 선도하다.

死 : 죽음. / 矣 : 말 끝낼 의, 어기사(語己辭).

夫 : 그저, 생각해 보면. / 慈 : 자혜로운, 측은히 여기며 아끼는. / 以 : ~이. /
戰 : 두려워하다, 걱정하다. / 則 : 곧 ~법이다. / 勝 : 베풀며 받들다.

以 : ~이. / 守 : 보살피다, 보호해 주다. / 則 : 곧 ~법이다. /
固 : 당연한, 마땅한.

天 : 진리, 무위자연의 이치. / 將 : 좇다, 이어가다. /
救 : 두둔하다, 옹호하다. / 之 : 어조사.

以 : ~이. / 慈 : 자혜로움, 아끼는. / 衛 : 영위, 맡아서 행하다. / 之 : 어조사.

의역

　세상 사람들이 모두 자신이 변변치 못하다고 말하는 것으로 자신이 훌륭해지는 것으로 생각하고 말하는데,

　생각해 보건대, 혹시라도 충분히 모범이 되는 사람인데도 불구하고 다만 자신이 모범이 될 수 없다는 말을 했다고 해서 스스로 훌륭해진다고 생각한다면,

　그러한 위선적인 말은 하지 말고 잠자코 있어야 하는 것이다.

　그저 나는 세 가지 본보기가 되는 모범을 선택해서 간직한다.

　첫째가 어진 사랑이고,

　둘째는 검소한 것이고,

　셋째는 감히 백성앞에 나서려 하지 않는 것이다.

　자혜로우면 그래서 그윽하게 생각할 수 있고,

　검소하면 그래서 너그러울 수 있으며,

　세상 일에 앞에 나서려 하지 않으면 기구의 우두머리가 될 수 있는데,

　만약 자혜로움을 그치고 대신 백성들에게 교만하고,

　검소하길 마다하고 반대로 욕심부려 가득 채우면서 사치하며,

　뒷전에 물러서 있기를 마다하면서 백성들 앞에 나서면,

　망하고 마는것이다.

　생각해 보면 자혜로움은 걱정하는 것이고,

　보살펴 주는 것은 곧 당연한 것이어서,

　무위자연의 이치를 옹호하면서 따르는 것이

　백성을 아끼면서 맡아서 돌보는 것이다.

第68章

●

善爲士者不武

....

善爲士者不武
선위사자불무

善戰者不怒
선전자불노

善勝敵者不與
선승적자불여

善用人者爲之下
선용인자위지하

是謂不爭之德
시위부쟁지덕

是謂用人之力
시위용인지력

是謂配天古之極
시위배천고지극

| 직역 |

善爲士者不武

천도를 알고 잘 다스리는 자는 (사람을) 위협하지 않는다.

註 _ 士 : 천도를 잘 아는 사람. 武 : 위협하다.

善戰者 不怒

잘 다스리는 자는 뽐내지 않으며,

註 _ 戰 : 다스리다. 怒 : 뽐내다, 위엄을 떨치다.

善勝敵者 不與

적수를 맡아서 잘 감당한다는 것은 화합하는 것이고

註 _ 勝 : 맡아서 감당할 수 있는. 敵 : 무리. 與 : 화합하다.

善用人者 爲之下

백성들에게 좋은 영향을 미치는 자는 처신을 낮추어서 행한다.

註 _ 用 : 일에 미치는 영향.

是謂不爭之德

이와 같은 행위를 다투지 않는 덕행이라 하며,

是謂用人之力

이를 일러 백성과 화합하는 은덕이라고 한다.

註 _ 用 : 화합하다. 力 : 은덕(恩德).

是謂配天古之極

이를 일러 오랜 진리에 일치하는 (이치의) 극치라 한다.

註 _ 配 : 일치하는. 天 : 진리. 古 : 오랜. 極 : 심오한 경지, 극치.

천도를 알고 잘 다스리는 자는 (사람을) 위협하지 않는다.

잘 다스리는 자는 뽐내지 않으며,

적수를 맡아서 잘 감당한다는 것은 화합하는 것이고

백성들에게 좋은 영향을 미치는 자는 처신을 낮추어서 행한다.

이와 같은 행위를 다투지 않는 덕행이라 하며,

이를 일러 백성과 화합하는 은덕이라고 한다.

이를 일러 오랜 진리에 일치하는 (이치의) 극치라 한다.

| 한자의 뜻 |

善 : 훌륭한, 잘. / 爲 : 다스리게 하는. / 士 : 천도를 아는 사람. /
者 : 사람, 것. / 不 : 아니하다. / 武 : 위협.

善 : 잘. / 戰 : 다스리다. / 者 : 자, 사람. / 不 : 아니하다. /
怒 : 뽐내다, 위엄을 떨치다.

善 : 잘. / 勝 : 맡아서 감당할 수 있는. / 敵 : 무리. / 者 : 자, 사람. /
不 : 아니하다. / 與 : 화합하다.

善 : 좋은. / 用 : 일에 미치는 영향. / 人 : 백성. / 者 : 자, 사람. /
爲 : 행하다, 처신하다. / 之 : 어조사. / 下 : 낮추다.

是 : 이, 이러한 것. / 謂 : 이르다, 말한다. / 不 : 아니하다. /
爭 : 맞서다, 다투다. / 之 : 어조사. / 德 : 덕, 덕행.

是 : 이, 이러한 것. / 謂 : 이르다, 말한다. / 用 : 일에 미치는 영향. /
人 : 사람들, 백성. / 之 : 어조사. / 力 : 은덕.

是 : 이, 이러한 것. / 謂 : 이르다, 말한다. / 配 : 일치하는. /
天 : 진리, 하늘의 이치. / 古 : 오랜, 오래 전해 내려오는. / 之 : 어조사. /

極 : 심오한 경지, 극치(極 致).

의 역

무위자연의 이치로 백성을 잘 다스리는 사람은 백성을 위협하지 않는다.

백성을 훌륭히 보살피는 사람은 위엄을 떨치며 뽐내지 않고,

적수를 맞아서 훌륭히 감당해 낸다는 것은 화친하는 것이고,

백성을 돌보면서 훌륭한 업적을 쌓는 사람은 일을 나대지 않고 조용히 시행한다.

이렇게 다스리는 행위를 다투지 않는 덕행이라 하며,

이와 같이 백성을 포용하는 것을 은혜를 베푸는 덕행이라 이르는 것이다.

이러한 것을 전해내려 오는 진리에 부합하는 극치, 즉 더할 나위 없는 경지라 이르는 것이다.

第69章

●

用兵有言

．．．．．．．．．．．．．．

用兵有言
용병유언

吾不敢爲主 而爲客
오불감위주 이위객

不敢進寸 而退尺
불감진촌 이퇴척

是謂行無行
시위행무행

壤無臂
양무비

扔無敵
인무적

執無兵
집무병

禍莫大於輕敵
화막대어경적

輕敵幾喪吾寶
경적기상오보

故抗兵相加
고항병상가

哀者勝矣
애자승의

｜ 직역 ｜

用兵有言

용병에 대한 말이 있는데,

註 _ 言 : 유익한 말.

吾不敢爲主 而爲客

내가 주동적으로 침범을 행하지 않으면서, (도전을 받았을 때) 수동적으로 지키면,

註 _ 敢 : 침략하다. 主 : 주동해서. 爲 : 지키다. 客 : 수동적으로.

不敢進寸 而退尺

한 촌도 쳐들어가지 않으면서 적을 물리친다.

是謂行不行

이러한 것을 일러 쳐들어가지 않고 얻는 공적이라 하는데,

註 _ 行 : 공적.

攘無臂

완력을 쓰지 않고 물리치는 것이고,

註 _ 攘 : 물리치다, 막다. 臂 : 완력, 기량.

扔無敵

대적함이 없이 (침입을) 끝내는 것이며,

註 _ 扔 : 막다, 끝내다. 敵 : 대적하다.

執無兵

전쟁이 없이 지키는 것이다.

註 _ 兵 : 전쟁.

385

禍莫大於輕敵

막대한 화를 입는 것은 쉽게 대적하는 데서 비롯되는데,

輕敵幾喪吾寶

대적해서 싸우는 것은 반드시 내가 중히 여기는 것을 잃게 한다.

註 _ 幾 : 반드시, 기어이. 喪 : 목숨을 잃다.

故抗兵相加

그래서 전쟁을 반대하면서 반대로 화합하는데,

註 _ 抗 : 막다, 반대하다. 相 : 반대로, 상반되게. 加 : 화합하다.

哀者勝矣

전쟁은 걱정(안타까워)하는 자가 이기는 것이다.

| 직역모듬 |

용병에 대한 말이 있는데,

내가 주동적으로 침범을 행하지 않으면서, (도전을 받았을 때) 수동적으로 지키면,

한 촌도 쳐들어가지 않으면서 적을 물리친다.

이러한 것을 일러 쳐들어가지 않고 얻는 공적이라 하는데,

완력을 쓰지 않고 물리치는 것이고,

대적함이 없이 (침입을) 끝내는 것이며,

전쟁이 없이 지키는 것이다.

막대한 화를 입는 것은 쉽게 대적하는 데서 비롯되는데,

대적해서 싸우는 것은 반드시 내가 중히 여기는 것을 잃게 한다.

그래서 전쟁을 반대하면서 반대로 화합하는데,

전쟁은 걱정(안타까워)하는 자가 이기는 것이다.

| 한자의 뜻 |

用 : 부리다. / 兵 : 군사, 군대. / 有 : 있다. / 言 : 말, 유익한 말.

吾 : 나, 내가, 스스로. / 不 : 아니하다. / 敢 : 쳐들어가다, 침공하다. /
爲 : 하다, 행하다. / 主 : 주동적으로, 능동적으로.

而 : ~하면서. / 爲 : 하다, 행하다. / 客 : 초청을 받아서, 도전을 받아서.

不 : 아니하다. / 敢 : 쳐들어가다, 침공하다. / 進 : 전진하다, 쳐들어가다. /
寸 : 촌, 조금.

而 : ~하면서. / 退 : 물리치다. / 尺 : 척, 많이, 완전히.

是 : 이, 이것을. / 謂 : 말한다, ~이라 이른다. / 行 : 공적. / 無 : 않은. /
行 : 쳐들어가다.

攘 : 막다, 물리치다. / 無 : 없이, 않고. / 臂 : 완력, 기량.

扔 : 막다, 끝내다. / 無 : 않고. / 敵 : 대적하다.

執 : 지키다, 보호하다. / 無 : 없이. / 兵 : 전쟁.

禍 : 화, 재앙. / 莫 : 대단히, 엄청. / 大 : 크다, 많다. / 於 : ~하는 데서. /
輕 : 우습게 여기다, 경솔히 여기다. / 敵 : 대적.

輕 : 우습게 여기다, 경솔히 여기다. / 敵 : 대적. / 幾 : 반드시, 기어이. /
喪 : 목숨을 잃다. / 吾 : 나, 내가. / 寶 : 아끼는, 귀중히 여기는.

故 : 고로, 그런 까닭에. / 抗 : 항거하다, 반대하다. / 兵 : 전쟁. /
相 : 반대로, 바꾸어서. / 加 : 화합하다, 타협하다.

哀 : 걱정하다, 애석해하다. / 者 : 자, 사람, 통치자. / 勝 : 승리. /
矣 : 말 그칠 어조사.

군사를 부리는 유익한 말이 있는데,

스스로 나서서 먼저 쳐들어가지 않고 침략을 받고서 수동적으로 방어하면,

조금도 쳐들어가지 않지만 완전히 물리친다.

이러한 것을 일러 쳐들어가지 않고 공적을 쌓는 것이라 하는데,

기량을 쓰지 않고 침입자를 막는 것이고,

적과 마주침이 없이 침입을 막는 것이며,

적과 싸우는 일이 없이 나라를 보호하는 것이다.

경솔하게 전쟁에 임하면 대단한 재앙을 입게 되는데,

적과 맞서서 전쟁을 하면 기어이 내가 아끼는 백성들이 목숨을 잃는다.

때문에 전쟁을 하지 않으려 항거하면서 반대로 타협을 하는데,

전쟁으로 백성들이 목숨을 잃을까 걱정하는 통치자가 승리하는 것이다.

第70章

●

吾言甚易知

....

吾言甚易知 甚易行
오언심이지 심이행

天下莫能知 莫能行
천하막능지 막능행

言有宗 事有君
언유종 사유군

夫唯無知
부유무지

是以不我知
시이부아지

知我者希 則我者貴
지아자희 즉아자귀

是以聖人 被褐 懷玉
시이성인 피갈 회옥

吾言甚易知 甚易行

내 말은 아주 이해하기도 쉽고 아주 행하기도 쉬운데,

天下莫能知 莫能行

세상 사람들이 익히려 들지도 않고 좇아 행하려 들지도 않는다.

註 _ 能 : 좇아 익히다.

言有宗 事有君

내 말에는 근본 이치가 들어 있고 이를 받아들여 실행함은 존경을 얻는데.

註 _ 宗 : 근본. 事 : 받들어 실행하다, 君 : 지존, 존엄.

夫唯無知

그저 깨닫지를 못하니,

是以不我知

그래서 자신들이 깨달은 것이 없다.

知我者希 則我者貴

스스로 깨달은 것이 없다는 것은, 곧 그들 스스로를 귀하게 여긴다는 것이다.

註 _ 希 : 드물다, 별로 없다. 者 : 곧. 貴 : 귀하게 여기다.

是以聖人被褐 懷玉

그래서 성인은 베옷을 걸치고 행해야 할 깨달음은 마음속에 품는다.

註 _ 玉 · 반드시 좇아서 행해야 할 깨달음.

| 직역모듬 |

내 말은 아주 이해하기도 쉽고 아주 행하기도 쉬운데,

세상 사람들이 익히려 들지도 않고 좇아 행하려 들지도 않는다.

내 말에는 근본 이치가 들어 있고 이를 받아들여 실행하면 존경을 얻는데.

그저 깨닫지를 못하니,

그래서 자신들이 깨달은 것이 없다.

스스로 깨달은 것이 없다는 것은, 곧 그들 스스로를 귀하게 여긴다는 것이다.

그래서 성인은 베옷을 걸치고 행해야 할 깨달음은 마음속에 품는다.

| 한자의 뜻 |

吾 : 나의, 내. / 言 : 말, 문장. / 甚 : 심히, 대단히. / 易 : 쉬운. /
知 : 알기, 깨닫기. / 甚 : 심히, 대단히. / 易 : 쉬운. / 行 : 행하기, 실행하기.

天 : 하늘. / 下 : 밑. (天下 : 세상, 온 세상 사람들). / 莫 : 못하다. /
能 : 좇아 익히다. / 知 : 깨닫다. / 莫 : 못하다. / 能 : 좇아 익히다. /
行 : 행하다, 실행하다.

言 : 내 말, 나의 말. / 有 : 있다, 들어 있다. / 宗 : 근본, 무위자연의 이치. /
事 : 받들다, 받아들여 그대로 실행하다. / 有 : 얻다. / 君 : 존경.

夫 : 생각해 보건대. / 唯 : ~할 뿐. / 無 : 못하다. / 知 : 알지를, 깨닫지를.

是 : 이. / 以 : 때문에. (是以 : 그래서). / 不 : 못하다. / 我 : 자기 자신. /
知 : 깨닫다.

知 : 깨닫는 것. / 我 : 자신, 자기 자신. / 者 : 것. /
希 : 드물다, 희박하다, 별로 없다.

則 : ~하는 법이다. / 我 : 자신이라는. / 者 : 것. / 貴 : 귀하게 여기다.

是 : 이. / 以 : 때문에. (是以 : 그래서). / 聖 : 성스러운. / 人 : 사람. /

被 : 입다, 걸치다. / 褐 : 가난한 사람이 입는 거친 베옷. /
懷 : 품다, 마음속에 간직하다. / 玉 : 반드시 좇아서 행해야 할 깨우침.

　　내 말은 아주 이해하기도 쉽고 아주 행하기도 쉬운데,

　　세상 사람들이 이를 깨달으려 하지도 않고

　　이를 받들어 실행하려 들지도 않는다.

　　내가 하는 말에는 무위자연의 근본 진리가 들어 있고

　　이를 받아들여 실천하면 존경을 얻는데,

　　도대체 이러한 것을 깨닫지를 못하니,

　　그래서 그들 자신들이 별로 깨달은 것이 없다.

　　그들 스스로 깨달은 것이 없다 함은, 곧 자신들이 무식한 줄은 모르고 스스로 귀하게 여기게 된다는 의미이다.

　　성인은 귀중한 존재가 아니라는 티를 내기 위해서 천인이 입는 베옷을 걸치고 귀중한 옥과 같은 도를 가슴속에 간직한다.

第 71 章

●

知不知上

....

知不知上
지부지상

不知知病
부지지병

夫唯病病
부유병병

是以不病
시이불병

聖人不病
성인불병

以其病病
이기병병

是以不病
시이불병

知不知上

　모르고 있는 줄 깨닫고 있는 것은 훌륭한 것이고,

　　註 _ 上 : 훌륭한, 대단한.

不知知病

　알아야 할 것을 알지 못하고 있는 것은 걱정스러운 것이다.

　　註 _ 病 : 문제, 걱정, 부끄러운.

夫唯病病

　생각건대 걱정해야 할 것을 걱정하면,

　　註 _ 病 : 걱정,

是以不病

　그런 걱정(문제가)은 없어진다.

聖人不病

　성인은 문제가 없는데,

以其病病

　그와 같이 문제가 될 것을 걱정하기 때문에,

是以不病

　그래서 걱정할 일이 없는 것이다.

| 직역모듬 |

　모르고 있는 줄 깨닫고 있는 것은 훌륭한 것이고,

알아야 할 것을 알지 못하고 있는 것은 걱정스러운 것이다.

생각건대 걱정해야 할 것을 걱정하면,

그런 걱정(문제가)은 없어진다.

성인은 문제가 없는데,

그와 같이 문제가 될 것을 걱정하기 때문에,

그래서 걱정할 일이 없는 것이다.

│ 한자의 뜻 │

知 : 알다, 깨닫다. / 不 : 못하다. / 知 : 알다, 깨닫다. /
上 : 훌륭하다, 대단하다.

不 : 못하다. / 知 : 알다, 깨닫다. / 知 : 깨달아야 할. /
病 : 걱정, 문제, 부끄러운.

夫 : 생각해 보건대. / 唯 : 그저, 단지, 오로지. / 病 : 걱정, 문제, 부끄러운. /
病 : 걱정, 문제, 부끄러운.

是 : 이. / 以 : 때문에. / 不 : 없다. / 病 : 걱정, 문제, 부끄러운.

聖 : 성스런. / 人 : 사람. / 不 : 없다. / 病 : 걱정, 문제, 부끄러운.

以 : 때문에. / 其 : 지물지사. / 病 : 걱정, 문제, 부끄러운. /
病 : 걱정, 문제, 부끄러운.

是 : 이. / 以 : 때문에. / 不 : 없다, 행하지 않다. / 病 : 부끄러운 일.

의 역

깨닫지 못하고 있는 것을 스스로 깨닫고 있는 것은 대단한 것이고,

깨달아야 할 것을 깨닫지 못하고 있는 것은 부끄러운 일이다.

생각해 보건대 진심으로 부끄러운 일을 걱정하면,
그렇게 함으로써 부끄러울 일이 없어진다.
성인은 부끄러운 일을 행하지 않는데,
그런 잘못을 행하는 것을 부끄러워할 줄 알기 때문에,
그래서 부끄러운 일을 행하지 않는 것이다.

第 72 章

●

民不畏威

....

民不畏威 則大威至
민불외위 즉대위지

無狎其所居 無厭其所生
무압기소거 무염기소생

夫唯不厭 是以不厭
부유불염 시이불염

是以聖人自知 不自見
시이성인자지 부자현

自愛 不自貴
자애 부자귀

故去彼取此
고거피취차

民不畏威 則大威至

백성들이 권위를 두려워하지 않는 것은 곧 (통치자의) 권위가 최고도에 달한 것
이다.

註 _ 威 : 권위, 세력, 위세.

無狎其所居 無厭其所生

그들의 삶을 업신여기지 말고, 그들의 생활을 억누르지 마라.

註 _ 狎 : 업신여기다. 厭 : 억누르다, 진압하다.

夫唯不厭 是以不厭

생각해 보건대 엎드려 빌게 하지 않으면, 그런 이유로 증오하지 않을 것이다.

註 _ 厭 : 엎드려 빌게 하다. 厭 : 증오하다, 혐오하다.

是以聖人自知 不自見

그래서 성인은 자신을 깨닫고 스스로를 드러내 보이지 않으며,

自愛 不自貴

자신을 은밀히 감추고 스스로를 높이지 않는다.

註 _ 愛 : 은밀히 감추다. 貴 : 높이다, 귀히 여기다.

故去彼取此

그래서 성인은 멀리해야 할 행동은 버리고 가까이해야 할 행동만 취한다.

註 _ 去 : 제하다, 빼다. 彼 : 멀리 할. 此 : 가까이할, 친해야 할.

| 직역모듬 |

백성들이 권위를 두려워하지 않는 것은 곧 (통치자의) 권위가 최고도에 달한 것

이다.

　그들의 삶을 업신여기지 말고, 그들의 생활을 억누르지 마라.

　생각해 보건대 엎드려 빌게 하지 않으면, 그런 이유로 증오하지 않을 것이다.

　그래서 성인은 자신을 깨닫고 스스로를 드러내 보이지 않으며,

　자신을 은밀히 감추고 스스로를 높이지 않는다.

　그래서 성인은 멀리해야 할 행동은 제쳐 놓고 가까이해야 할 행동은 취한다.

| 한자의 뜻 |

民 : 백성. ／ 不 : 아니하다. ／ 畏 : 두려워하다. ／ 威 : 권위, 위세, 세력.

則 : 곧,~하는 법이다. ／ 大 : 대단한, 훌륭한. ／ 威 : 권위, 위세, 세력. ／
至 : 달하다,이르다.

無 : 말아라. ／ 狎 : 업신여기다. ／ 其 : 지물지사. ／ 所 : 것. ／ 居 : 사는, 삶.

無 : 말아라. ／ 厭 : 억압하다, 피곤하게 하다. ／ 其 : 지물지사. ／ 所 : 것. ／
生 : 삶, 생활.

夫 : 생각해 보건대. ／ 唯 : 단지, 그저. ／ 不 : 아니하다. ／
厭 : 힘들게, 피곤하게.

是 : 이. ／ 以 : 때문에. ／ 不 : 아니하다. ／ 厭 : 혐오하다.

是 : 이. ／ 以 : 때문에. (是以 : 그래서). ／ 聖 : 성스러운. ／ 人 : 사람.

自 : 자신, 자기 자신. ／ 知 : 깨닫다, 파악하다. ／ 不 : 아니하다. ／
自 : 자신, 자기 자신. ／ 見 : 내보이다, 과시하다.

自 : 자신, 자기 자신. ／ 愛 : 은밀히 감추다. ／ 不 : 아니하다. ／
自 : 자신, 자기 자신. ／ 貴 : 높이다, 귀하게 여기게 하다.

故 : 고로, ~이유로. / 去 : 버리다, 빼놓다, 포기하다. /
彼 : 제쳐 놓다, 잊다, 멀리할. / 取 : 취하다. / 此 : 가까이해야 할.

백성들이 통치자의 위세를 두려워하지 않을 때 곧 통치자의 위세가 절정에 이르는 것이다.

백성들을 업신여기지 말고, 그들의 삶을 힘들게 하지 말아라.

생각해 보건대 그저 백성들이 고개 숙이고 사정하지 않게 하면 그들이 통치자를 미워하지 않을 것이다.

그래서 성인은 먼저 자신의 실상을 파악하고 자신을 앞에 드러내 과시하지 않으며,

자기 자신을 은밀히 숨기고 높여서 귀하게 여기게 하지 않는다.

그런 연유로 성인은 잊고 제쳐 놓아야 할 일은 버리고 가까이해야 할 일은 택한다.

第73章

●

勇於敢則殺

......

勇於敢則殺
용어감즉쇄

勇於不敢則活
용어불감즉활

此兩者或利或害
차양자혹이혹해

天之所惡 孰知其故
천지소오숙지기고

是以聖人猶難之
시이성인유난지

天之道 不爭而善勝
천지도 부쟁이선승

不言而善應
불언이선응

不召而自來
불소이자래

繟然而善謀
선연이선모

天綱恢恢 疎而不失
천강회회 소이부실

勇於敢則殺

침략을 익혀서 좇으면 죽는 법이고,

註 _ 勇 : 좇아 익히다. 敢 : 쟁취하다, 침략하다. 殺 : 죽다, 쇠하다.

勇於不敢則活

침략을 행하지 않음을 익혀서 순종하면 생존하는 법이다.

此兩者或利或害

이 둘은 이로운 것인지 해로운 것인지 의심스러운데,

天之所惡 孰知其故

하늘이 꺼리는바 그 뜻을 어떻게 알 수 있느냐?

是以聖人猶難之

그래서 성인도 가히 어렵게 생각하는 바다.

天之道 不爭而善勝

하늘의 이치는 마찰 없이 잘 견디어 나가고,

不言而善應

법령이 없이도 잘 따르고,

註 _ 言 : 왕명, 법령.

不召而自來

변함없이 저절로 돌아가고,

註 _ 來 : 돌아가다.

襌然而善謀

바르게 응하면서 (모든 일을) 잘 거둔다.

註 _ 襌 : 바르게, 똑바로. 然 : 그렇다 하며 응하다. 謀 : 거두다.

天綱恢恢 疎而不失

자연의 법망은 넓어서 성기어 보이지만 유실하는 것이 없다.

註 _ 綱 : 그물, 법망. 恢 : 넓다. 疏 : 성기다, 뚫리다.

| 직역모듬 |

침략을 익혀서 좇으면 죽는 법이고,

침략을 행하지 않음을 익혀서 순종하면 생존하는 법이다.

이 둘은 이로운 것인지 해로운 것인지 의심스러운데,

하늘이 꺼리는바 그 뜻을 어떻게 알 수 있느냐?

그래서 성인도 가히 어렵게 생각하는 바다.

하늘의 이치는 마찰 없이 잘 견디어 나가고,

법령이 없이도 잘 따르고,

변함없이 잘 돌아가고,

바르게 응하면서 (모든 일을) 잘 거둔다.

자연의 법망은 넓어서 성기어 보이지만 유실하는 것이 없다.

| 한자의 뜻 |

勇 : 습득하다, 익히다. / 於 : 어조사, ~에(句讀干也) , ~을. /
敢 : 침략, 쟁취하다. / 則 : 곧, ~하는 법이다. / 殺 : 죽다, 멸하다, 망하다.

勇 : 습득하다, 익히다. / 於 : ~에, ~을. / 不 : 아니, 아니하다. /
敢 : 침략, 쟁취하다. / 則 : 곧, ~하는 법이다. / 活 : 살다.

此 : 이. / 兩 : 둘. / 者 : 자, 것. (此兩者 : 이 둘). /

或 : 혹, ~일까 하는 의심이 들다. / 利 : 이로운. /
或 : 혹, ~일까 하는 의심이 들다. / 害 : 해로운.

天 : 하늘, 자연의 이치. / 之 : 어조사. / 所 : 바, 것. /
惡 : 나쁜, 흠, 거슬리는.

孰 : 어찌, 누가 어떻게. / 知 : 깨닫다. / 其 : 지물지사, 그. / 故 : 연유, 뜻.

是 : 이, 옳은. / 以 : ~으로, 더불어. (是以 : 그래서). / 聖 : 성스러운. /
人 : 사람. / 猶 : 가히, 당연히. / 難 : 어렵게. / 之 : 어조사.

天 : 하늘, 자연의 이치. / 之 : 어조사. / 道 : 도, 이치.

不 : 아니하다. / 爭 : 마찰, 어긋나다. / 而 : ~하지만. / 善 : 잘. / 勝 : 견디다.

不 : 아니하다. / 言 : 법령, 왕명. / 而 : ~하지만. / 善 : 잘. /
應 : 응하다, 따르다.

不 : 아니하다. / 召 : 변하다, 바뀌다. / 而 : ~하지만. / 自 : 저절로. /
來 : 돌아가다.

襌 : 바르게, 똑바로. / 然 : 응하다, 따르다. / 而 : ~하지만. / 善 : 잘. /
謀 : 거두다.

天 : 하늘, 자연의 이치. / 綱 : 그물, 망. / 恢 : 넓은. / 恢 : 넓은.

疎 : 성기다, 뚫리다. / 而 : ~하지만. / 不 : 않는다.
失 : 유실하다, 빠뜨려 잃다.

의역

쟁취하는 것을 습득해서 그대로 시행하면 망하는 법이고,

도리에 따라 침략하지 않는 법을 습득해 따르면 멸망하지 않는 법이

404

다.

침략을 좇거나 침략하지 않는 쪽을 좇거나 이 둘은 다 이로운지 아니면 해로운지 의심스러워 판별이 서지 않는데,

흠인지 아닌지 어떻게 그 자연의 이치를 알 수 있느냐?

그래서 성인도 당연히 이러한 판별을 어렵게 여기는 것이다.

자연의 이치는 서로 어긋나지 않으면서 잘 유지되고,

억지로 강요하는 법령이 없이도 그 이치가 잘 적용이 되고.

바뀌지 않으면서 저절로 돌아가고,

이치에 따라 일이 바르게 이루어지도록 돌본다.

잘못을 걸러 가려내는 그물같은 자연의 이치는 너무나 광대해서 훤히 뚫린 것처럼 보이지만 빠뜨려서 놓치는 것이 없다.

第74章

●

民不畏死

·············

民不畏死 奈何以死懼之
민불외사 내하이사구지

若使民常畏死 而爲奇者
약사민상외사 이위기자

吾得執 而殺之孰敢
오득집 이살지숙감

常有司殺者殺 夫代司殺者殺
상유사살자쇄 부대사살자살

是謂代大匠斲
시위대대장착

夫代大匠斲者 希有不傷其手矣
부대애장착자 희유불상기수의

| 직역 |

民不畏死 奈何以死懼之

　백성이 죽음을 두려워하지 않으면, 누가 어떻게 죽음으로 (백성을) 두려워하게 할 수 있느냐?

若使民常畏死 而爲奇者

　만약 백성들이 죽음을 항상 두려워하게 한다면, 이는 기이한 짓을 하는 것이다.

吾得執 而殺之 孰敢

　자신이 (백성을) 맡아 가지고 있으면서 (그들을) 죽이는 짓을 어떻게 감히 행할 수 있느냐?

常有司殺者殺 夫代司殺者殺

　어리석게도 사직을 맡은 자가 (백성을) 죽이는 짓을 취하는 것은 생각해 보건대 오히려 사직을 맡은 자를 망하게 하는 것이다.

　　註 _ 常 : 어리석게. 司 : 사직. 殺 : 맡다. 有 : 취하다. 殺 : 망하다.

是謂代大匠斲

　이는 훌륭한 목수가 깎는 것을 (서투른 목수로) 바꾼다는 말이다.

　　註 _ 代 : 대치하다.

夫代大匠斲者 希有不傷其手矣

　생각해 보건대, 훌륭한 목수가 깎는 것을 대신하면 (훌륭한 목수를 대신하는 미숙한 목수는) 그의 손을 다치지 않는 법이 거의 없다.

　백성이 죽음을 두려워하지 않으면, 누가 어떻게 (백성을) 죽음으로 두려워하게 할 수 있느냐?

　만약 백성들이 죽음을 항상 두려워하게 한다면, 이는 기이한 짓을 하는 것이다.

　자신이 (백성을) 맡아 가지고 있으면서 (그들을) 죽이는 짓을 어떻게 감히 행할 수 있느냐?

　어리석게도 사직을 맡은 자가 (백성을) 죽이는 짓을 취하는 것은 생각해 보건대 오히려 사직을 맡은 자를 망하게 하는 것이다.

　이는 훌륭한 목수가 깎는 것을 대신 (서투른 목수로) 바꾼다는 말이다.

　생각해 보건대, 훌륭한 목수가 깎는 것을 바꾸면 (훌륭한 목수를 대신하는 미숙한 목수는) 그의 손을 다치지 않는 법이 거의 없다.

| 한자의 뜻 |

民 : 백성. / 不 : 아니하다. / 畏 : 두려워하다. / 死 : 죽음.

奈 : 어찌, 어떻게. / 何 : 누구, 누가. / 以 : ~으로. / 死 : 죽음. /
懼 : 두렵게 하다, 협박하다. / 之 : 어조사.

若 : 만약. / 使 : ~하게 하다. / 民 : 백성. / 常 : 늘, 항상. /
畏 : 두렵게 하다, 위협하다, 협박하다. / 死 : 죽음. /
而 : ~하면. / 爲 : 행하다. / 奇 : 기이한. / 者 : 것, 짓.

吾 : 자신. / 得 : 획득하다. / 執 : 집권. / 而 : ~하고 있으면서. /
殺 : 죽이다. / 之 : 어조사. / 孰 : 어떻게. / 敢 : 감히.

常 : 어리석게도. / 有 : 취하다. / 司 : 사직. / 殺 : 맡다. / 者 : 자, 사람. /
殺 : 살인하다. / 夫 : 생각해 보건대. / 代 : 대신, 오히려. / 司 : 사직. /
殺 : 맡다. / 者 : 자. (司殺者 : 집권자). / 殺 : 죽이다.

是 : 이는. / 謂 : 말이다. / 代 : 대신, 바꾸다. / 大 : 훌륭한. / 匠 : 목수. /
斲 : 깎다, 대패질을 하다.

夫 : 생각해 보건대. / 代 : 대신, 바꾸다. / 大 : 훌륭한. / 匠 : 목수. /
斲 : 깎다, 대패질하다. / 者 : 자.

希 : 드문, 별로. / 有 : 있다. (希有 : 드물다, 별로 없다). / 不 : 없다. /
傷 : 다치다. / 其 : 지물지사, 그. / 手 : 손. /
矣 : 어조사(語己辭 : 문장을 그칠 때 의미없이 쓰는 자).

의역

통치자의 폭정으로 백성들이 어차피 이판사판의 지경에 이르러 죽음
을 두려워하지 않게 되면, 누가 어떻게 죽음으로 그들을 위협할 수 있겠
느냐?

만약 통치자가 백성들이 죽음을 당할까 늘 두려워하게 협박한다면, 그
러한 통치자는 비정상적인 괴이한 행동을 하는 것이다.

자신이 맡아서 백성들을 돌보면서 그들을 죽이는 짓을 어찌 차마 행할
수 있느냐?

어리석게도 사직을 이어받아 통치를 하고 있는 왕이 자신의 백성을 죽
음으로 위협한다면, 오히려 사직을 이어 맡은 왕이 망한다.

이는 훌륭한 목수를 대신해서 깎으면 다치게 되는 것에 비유되는 말이다.

생각해 보건데, 훌륭한 통치자에 비유되는 훌륭한 목수를 바꾸어 능숙
치 못한 목수가 깎게 하면 예외없이 손을 다치는 것처럼,

훌륭한 통치자 대신 백성을 죽음으로 위협하는 현명하지 못한 통치자
가 나라를 다스리게 되면 그러한 통치자가 다치지 않는 경우는 거의 없
다.

第75章

●

民之餓以基上食税之多

....

民之饑 以其上食稅之多
민지기 이기상식세지다

是以饑
시이기

民之難治 以其上之有爲
민지난치 이기상지유위

是以難治
시이난치

民之輕死 以其求生之厚
민지경사 이기구생지후

是以輕死
시이경사

夫唯無以生爲者
부유무이생위자

是賢於貴生
시현어귀생

| 직역 |

民之餓 以其上食稅之多

백성들이 굶는 것은 위에서 세금을 많이 받아먹기 때문이다.

註 _ 食 : 받다, 받아먹다.

是以饑

그래서 굶주리는 것이다.

民之難治 以其上之有爲

백성들이 지배를 받는 것을 힘들어 하는 것은 위에 있는 통치자가 허위를 조작하는 거짓을 행하기 때문이다.

是以難治

그래서 이러한 정치는 비난을 받는 것이다.

民之輕死 以其求生之厚

백성들이 죽음을 경시하는 것은 그들이 삶을 추구하는 것이 어렵기 때문이다.

註 _ 求 : 추구(追求). 厚 : 어려운, 힘든.

是以輕死

그래서 (백성들이) 죽음을 경시하는 것이다.

夫唯無以生爲者

생각해 보건대 오직 (백성들의) 삶에 거짓을 행하지 않는 것이,

註 _ 爲 : 거짓을 행하다.

411

是賢於貴生

이것이 삶을 귀중하게 여기는 현명함이다.

註_是 : 이것이 올바른 ~이다. 於 : ~에 대한.

| 직역모음 |

백성들이 굶는 것은 위에서 세금을 많이 받아먹기 때문이다.

그래서 굶주리는 것이다.

백성들이 지배를 받는 것을 힘들어 하는 것은 위에 있는 통치자가 허위를 조작하는 거짓을 행하기 때문이다.

그래서 이러한 정치는 비난을 받는 것이다.

백성들이 죽음을 경시하는 것은 그들이 삶을 추구하는 것이 어렵기 때문이다.

그래서 (백성들이) 죽음을 경시하는 것이다.

생각해 보건대 오직 삶에 거짓을 행하지 않는 것,

이것이 (백성들의) 삶을 귀중하게 여기는 현명함이다.

| 한자의 뜻 |

民 : 백성들. / 之 : 어조사. / 饑 : 굶다, 굶주리다.

以 : ~하는 까닭은. / 其 : 지물지사, 그. 여기서는 앞의 '民之饑'를 지칭함. /
上 : 위의 통치자. / 食 : 받다, 받아먹다. / 稅 : 세금. / 之 : 어조사. /
多 : 많이, 너무 많이.

是 : 이. / 以 : 까닭. (是以 : 이래서). / 饑 : 굶다, 굶주리다.

民 : 백성들. / 之 : 어조사. / 難 : 어려워하다, 힘들어 하다. / 治 : 지배를 받다.

以 : ~때문이다. / 其 : 지물지사. 여기서는 앞의 '民之難治'를 지칭함. /
上 : 위의, 위에 있는 통치자. / 之 : 어조사. / 有 : 행하다. /
爲 : 허위조작, 거짓, 허위로 조작한 거짓.

412

是 : 이. / 以 : 까닭. (是以 : 이래서). / 難 : 어렵다, 힘들다. / 治 : 지배를 받다.

民 : 백성들. / 之 : 어조사. / 輕 : 경시하다, 가벼이 여기다. / 死 : 죽음.

以 : 까닭. / 其 : 지물지사, 그. 앞의 '民之輕死'를 지칭함. / 求 : 추구하다. / 生 : 삶. / 之 : 어조사. / 厚 : 어렵다, 힘들다.

是 : 이. / 以 : 까닭. (是以 : 이래서). / 輕 : 경시하다, 가벼이 여기다. / 死 : 죽음.

夫 : 생각해 보건대. / 唯 : 오직, 오로지. / 無 : 않는. / 以 : ~에. / 生 : 삶, 생. / 爲 : 거짓을 행하다. / 者 : 것.

是 : 이것이 올바른 ~이다. / 賢 : 현명함. / 於 : ~을 대신하는, ~에 대한. / 貴 : 귀중히 여기는. / 生 : 삶.

`의역`

백성들이 굶주리게 되는 것은 최고위직에 있는 통치자가 세금을 너무 많이 거두어들이기 때문이다.

그래서 백성들이 굶주리는 것이다.

백성들이 통치자의 다스림을 힘들어하는 것은 통치자가 너무 거두어들이면서 허위에 찬 거짓을 행하기 때문이다.

때문에 그러한 지배를 받는 것이 힘드는 것이다.

백성들이 죽음을 두려워하지 않는 것은 무거운 세금 때문에 그들이 삶을 추구하는 것이 힘들기 때문이다.

이것이 백성들이 죽음을 두려워하지 않는 까닭이다.

생각해 보건대, 오로지 백성들의 삶을 힘들게 하는 조작을 행하지 않는 것, 이것이 백성들의 삶을 중히 생각하는 현명함이다.

第 76 章

●

人地生也柔弱

....

人之生也柔弱
인지생야유약

其死也 堅强
기사야 견강

萬物草木之生也柔脆
만물초목지생야유취

其死也枯槁
기사야고고

故堅强者 死之徒
고견강자 사지도

柔弱者 生之徒
유약자 생지도

是以兵强則不勝
시이병강즉불승

木强則兵
목강즉병

强大處下 柔弱處上
강대처하 유약처상

| 직역 |

人之生也柔弱

　사람이 살아 있으면 몸이 부드럽고 연약하지만,

其死也 堅强

　사람이 죽으면 몸이 굳어져 뻣뻣하다.

萬物草木之生也柔脆

　세상의 온갖 초목이 살아 있으면 부드럽고 연약하고,

其死也枯槁

　세상의 온갖 초목들은 죽으면 굳어져서 단단하다.

故堅强者死之徒

　그러므로 건강한 자들은 쓸데없는 무리들이고,

　註 _ 死 : 쓰이지 않는.

柔弱者生之徒

　유연한 사람들은 많은 좋은 일을 행하는 무리들이다.

　註 _ 生 : 많은 좋은 일을 행하는.

是以兵强則不勝

　그래서 강한 군사로는 이기지 못하는 법이고,

木强則兵

　막강한 군사로 격돌하면 재앙을 가져오는 법이어서,

　註 _ 木 : 부딪치다, 격돌하다. 兵 : 재난을 불러오다.

强大處下 柔弱處上

강대한 것은 천하게 생각하고 유연한 것을 중히 여기는 것이다.

註 _ 處 : 생각하다, 여기다.

| 직역모음 |

사람이 살아 있으면 몸이 부드럽고 연약하지만,

사람이 죽으면 몸이 굳어져 뻣뻣하다.

세상의 온갖 초목이 살아 있으면 연하고 부드럽지만,

그것들은 죽으면 굳어져서 단단해진다.

그러므로 견강한 자들은 쓸데없는 무리들이고,

유연한 사람들은 많은 좋은 일을 행하는 무리들이다.

그래서 강한 군사로는 이기지 못하는 법이고,

막강한 군사로 격돌하면 재앙을 가져오는 법이어서,

강대한 것은 천하게 생각하고 유연한 것을 중히 여기는 것이다.

| 한자의 뜻 |

人 : 사람. / 之 : 어조사. / 生 : 살아 있는. / 也 : 결정사(決定辭 : 말 맺을 야). /
柔 : 부드러운, 유연한. / 弱 : 연약한.

其 : 지물지사, 위의 '人'을 지칭함. / 死 : 죽어 있는. /
也 : 결정사(決定辭 : 말 맺을 야). / 堅 : 견고한, 뻣뻣한. / 强 : 굳센.

萬 : 많은, 온갖. / 物 : 만물. (萬物 : 우주에 존재하는 모든). / 草 : 풀. /
木 : 나무. (草木 : 초목). / 之 : 어조사.

生 : 살아 있는. / 也 : 결정사(決定辭 : 말 맺을 야). / 柔 : 부드러운, 유연한. /
脆 : 연한.

其 : 지물지사. / 死 : 죽다. / 也 : 결정사(決定辭 : 말 맺을 야). /

枯 : 마른, 쇠잔해지다. / 槁 : 마른 나무.

故 : 고로, 그런 까닭에. / 堅 : 견고한, 뻣뻣한. / 强 : 굳센. / 者 : 자, 것. /
死 : 쓰지 못할, 쓸데없는. / 之 : 어조사. / 徒 : 무리.

柔 : 유연한. / 弱 : 연약한. / 者 : 자, 것.

生 : 많은 좋은 일을 행하는. / 之 : 어조사. / 徒 : 무리.

是 : 이, 이러한. / 以 : 까닭으로, 이유로. / 兵 : 군사. / 强 : 강한. /
則 : 곧 ~ 하는 법이다. / 不 : 못하는. / 勝 : 이기다, 이기지.

木 : 격돌, 부딪치다. / 强 : 막강한 힘, 폭력. / 則 : 곧 ~ 하는 법이다. /
兵 : 재앙을 입다.

强 : 막강한 힘. / 大 : 대단한. / 處 : 분류하다, 생각하다, 여기다. /
下 : 천하게. / 柔 : 부드러운. / 弱 : 온화한. /
處 : 분류하다, 생각하다, 여기다. / 上 : 귀중하게.

의 역

살아 있는 사람은 몸이 유연하고,

목숨이 끊어진 사람은 몸이 굳어서 뻣뻣하다.

세상의 온갖 초목들은 살아 있으면 유연하고,

세상의 온갖 초목들은 죽어 있으면 말라서 단단해진다.

고로 견고하고 강한 자들은 쓰일 데가 없는 무리들이고.

부드럽고 연약한 사람들은 좋은 일을 행할 수 있는 쓰일 데가 많은 무리들이다.

그래서 강력한 군사를 갖고서는 승리하지 못하는 법이고,

힘으로 격돌하면 재앙을 가져오는 법이어서,

막강한 군사는 천하게 여기고 온화한 정치를 귀중하게 생각하는 것이다.

第 77 章

●

天之道基猶張弓與

. . . .

天之道 其猶張弓與
천지도 기유장궁유

高者抑之 下者擧之
고자억지 하자거지

有餘者損之 不足者補之
유여자손지 부족자보지

天之道 損柔餘 而補不足
천지도 손유여 이보부족

人之道則不然
인지도즉불연

損不足 以奉有餘
손부족 이봉유여

孰能有餘 以奉天下
숙능유여 이봉천하

唯有道者
유유도자

是以聖人 爲而不恃
시이성인 위이불시

功成而不處
공성이불처

其不欲見賢
기불욕견현

天之道 其猶張弓與

하늘의 도는 그것이 마치 활줄을 당기는 것과 같구나!

註 _ 張 : 활줄을 당기다.

高者抑之 下者擧之

높은 것은 누르고 낮은 것은 끌어올려 주고,

註 _ 擧 : 끌어올리다.

有餘者損之 不足者補之

남는 것은 덜어주고 모자라는 것은 채워 준다.

天之道損有餘 而補不足

하늘의 도는 남는 것은 덜어서 모자라는 것을 채워 주는데,

人之道則不然

인간의 마음은 그렇지 못한 법이어서,

註 _ 然 : 그러하다.

損不足以奉有餘

부족한 데서 빼다가 여유가 있는 데다 바친다.

孰能有餘以奉天下

누가 여유가 있는 것을 취해서 백성들에게 줄 수 있느냐?

唯有道者

오직 도를 간직하고 있는 자뿐이다.

是以聖人 爲 而不恃

그래서 성인은 거짓이면 의지하지 않고

註 _ 恃 : 의지하다.

功成而不處

공을 이르고도 차지하지 않고,

其不欲見賢

그런 욕심을 부리지 않으면서 현명하게 생각한다.

| 직역모듬 |

하늘의 도는 그것이 마치 활줄을 당기는 것과 같구나!

높은 것은 누르고 낮은 것은 끌어올려 주고,

남는 것은 덜어주고 모자라는 것은 채워 준다.

하늘의 도는 남는 것은 덜어서 모자라는 것을 채워 주는데,

인간의 마음은 그렇지 못한 법이어서,

부족한 데서 빼다가 여유가 있는 데다 바친다.

누가 여유가 있는 것을 취해서 백성들에게 줄 수 있느냐?

오직 도를 간직하고 있는 자뿐이다.

그래서 성인은 거짓이면 의지하지 않고

공을 이르고도 차지하지 않고,

그런 욕심을 부리지 않으면서 현명하게 생각한다.

| 한자의 뜻 |

天 : 하늘. / 之 : 어조사. / 道 : 도, 자연의 이치. /

其 : 지물지사. 앞의 '天'을 지칭. / 猶 : 거의. / 張 : 활줄을 당기다. /

弓 : 활. / 與 : 같다.

高 : 높은. / 者 : 것. / 抑 : 누르다. / 之 : 어조사. / 下 : 낮은. / 者 : 것. /
擧 : 세우다, 올리다. / 之 : 어조사.

有 : 있다. / 餘 : 여유. / 者 : 것, 자. / 損 : 빼다, 덜다. / 之 : 어조사. /
不 : 못한, 않은. / 足 : 넉넉하다, 풍족하다. / 者 : 것, 자. /
補 : 보충하다, 보태다. / 之 : 어조사.

天 : 하늘, 자연. / 之 : 어조사. / 道 : 도, 자연의 이치. / 損 : 빼다, 덜다. /
有 : 있다. / 餘 : 여유. / 而 : ~하면. / 補 : 보충하다, 보태다. /
不 : 못한, 않은. / 足 : 넉넉하다, 풍족하다.

人 : 사람, 인간. / 之 : 어조사. / 道 : 도, 자연의 이치. / 則 : ~한 법이다. /
不 : 못하다, 않다. / 然 : 그러하다. (不然 : 그렇지 못하다).

損 : 빼다, 덜다. / 不 : 못하다, 않다. / 足 : 족하다, 넉넉하다, 넘치다. /
以 : ~이다, ~한다, ~을 좇다. / 奉 : 바치다. / 有 : 있다. / 餘 : 여유.

孰 : 누구, 누가. / 能 : 할 수 있다. / 有 : 취하다, 거두다, 빼앗다. /
餘 : 여유, 남는 것. / 以 : ~이다, ~한다, ~을 좇다. / 奉 : 드리다, 주다. /
天 : 하늘. / 下 : 밑, 아래. (天下 : 백성).

唯 : 오직. / 有 : 갖고 있다, 상득하다, 뜻을 같이하다. /
道 : 도, 자연의 이치. / 者 : 자.

是 : 이. / 以 : 까닭. / 聖 : 성스런. / 人 : 사람. /
爲 : 거짓을 행하다, 옳지 않은 짓을 하다.

而 : ~하면서. / 不 : 아니하다. / 恃 : 의지하다.

功 : 공, 업적. / 成 : 이루다. / 而 : ~해도. / 不 : 아니하다. / 處 : 차지하다.

其 : 지물지사. / 不 : 아니하다. / 欲 : 욕심을 부리다. / 見 : 생각하다. /
賢 : 현명하게.

의역

　자연의 이치는 그것이 활줄을 벌려서 당기는 것과 같구나!

　높은 것은 눌러서 낮추고 낮은 것은 끌어올려 높여 주고,

　여유가 있어서 남는 것을 덜어서 모자란 데다 보충해 준다.

　자연의 이치는 여유가 있는 것을 덜어서 부족한 것을 보충해 주는데,

　인간의 마음은 그렇지가 못한 법이어서,

　모자라는 데서 갖다가 충분히 있는 데다 더해 준다.

　누가 풍족하게 갖고 있는 사람들로부터 거두어서 가난한 백성들에게 나누어 줄 수 있느냐?

　오직 수양을 한 마음을 갖고 있는 사람뿐이다.

　그래서 성인은 가난한 백성들로부터 거두어들이는 것 같은 조작하는 거짓을 행하지 않고,

　업적을 성취해도 자신의 공으로 내세우지 않고, 욕심을 부리지 않으면서 현명한 마음을 간직한다.

第 78 章

●

天下莫柔弱於水

....

天下莫柔弱於水
천하막유약어수

而攻堅强者 莫之能勝
이공견강자 막지능승

以其無以易之
이기무이이지

弱之勝强 柔之勝剛
약지승강 유지승강

天下莫不知 莫能行
천하막부지 막능행

是以聖人云
시이성인운

受國之垢 是謂社稷主
수국지구 시위사직주

受國不祥 是謂天下王
수국불상 시위천하왕

正言若反
정언약반

| 직역 |

天下莫柔弱於水

천하에 물을 대신할 만큼 연약한 것이 없지만,

而攻堅强者莫之能勝

굳고 강한 것을 다스리는 데 (물보다) 더 나은 것이 없다.

<small>註 _ 攻 : 다스리다.</small>

以其無以易之

그것(물)은 부리지 않고 화합하기 때문이다.

<small>註 _ 以 : 까닭이다. 易 : 화합하다. 以 : 부리다.</small>

弱之勝强 柔之勝剛

약한 것이 강한 것을 이기고 부드러운 것이 단단한 것을 이긴다는 것을,

天下莫不知 莫能行

천하가 못 깨닫고 있지 않은데 잘 행하지 않는다.

<small>註 _ 能 : 잘하다.</small>

是以聖人云

그래서 성인은 말하기를,

受國之垢 是謂社稷主

나라를 떠맡는 것은 구차한 일인데 나라의 어른이 되는 거라 하고,

受國不祥 是謂天下王

나라를 떠맡는 것은 상서롭지 못한 것을, 이를 한 나라의 왕이 되었다고 하는데,

正言若反

　반대로 하는 말 같지만 맞는 말이다.

| 직역모듬 |

　천하에 물을 대신할 만큼 연약한 것이 없지만,

　굳고 강한 것을 다스리는 데 (물보다) 더 나은 것이 없다.

　그것(물)은 부리지 않고 화합하기 때문이다.

　약한 것이 강한 것을 이기고 부드러운 것이 단단한 것을 이긴다는 것을,

　천하가 못 깨닫고 있지 않은데 잘 행하지 않는다.

　그래서 성인은 말하기를,

　나라를 떠맡는 것은 구차한 일인데, 나라의 어른(주인)이 되는 거라 하고,

　나라를 떠맡는 것은 상서롭지 못한 것을, 이를 한 나라의 왕이 되었다고 하는데,

　반대로 하는 말 같지만 맞는 말이다.

| 한자의 뜻 |

　天 : 하늘. / 下 : 아래, 밑. (天下 : 천하, 온 세상). / 莫 : 없다. /
　柔 : 부드러운, 유연한. / 弱 : 약한, 나약한. / 於 : ~을 대신하는. / 水 : 물.

　而 : ~하지만. / 攻 : 다스리다. / 堅 : 단단한, 견고한. / 强 : 강한, 굳센. /
　者 : 자, 것. / 莫 : 없다. / 之 : 어조사. / 能 : 능가하는. / 勝 : 더 낳은.

　以 : 까닭은. / 其 : 지물지사, 그. / 無 : 않다. /
　以 : 부리다, 이래라저래라 시키다. / 易 : 화합하다. / 之 : 어조사.

　弱 : 약한, 연약한. / 之 : 어조사. / 勝 : 이기다, 더 낳은. / 强 : 강한, 굳센. /
　柔 : 부드러운, 유연한. / 之 : 어조사. / 勝 : 이기다, 더 낳은. /
　剛 : 단단한, 굳은.

　天 : 하늘. / 下 : 아래, 밑. (天下 : 천하, 온 세상). / 莫 : 없다, 않다.

不 : 못하다. / 知 : 알다. (不知 : 알지 못하다, 모르다). / 莫 : 없다, 않다. /
能 : 잘. / 行 : 행하다.

是 : 이, 이런. / 以 : 까닭에. (是以 : 그래서). / 聖 : 성스런. / 人 : 사람. /
云 : 말하다, 이르다.

受 : 떠맡다, 책임지고 다스리다. / 國 : 나라, 국가. / 之 : 어조사. /
垢 : 구차한, 힘들어서 꺼리는.

是 : 이를. / 謂 : 이르다, ~이라 말하다. / 社 : 땅귀신. /
稷 : 나라, 조정. (社稷 : 조상들이 대대로 이어 다스려 온 나라). / 主 : 임금.

受 : 떠맡다, 책임지고 다스리다. / 國 : 나라, 국가. / 不 : 아니다. /
祥 : 상서로운, 복받는 좋은. / 是 : 이것을. / 謂 : 이르다, ~라 말하다. /
天 : 하늘. / 下 : 아래. (天下 : 백성, 세상, 나라). / 王 : 왕.

正 : 바른. / 言 : 말. / 若 : ~인 듯하다. / 反 : 반대, 어긋나다, 틀리다.

의 역

세상에 물보다 부드럽고 연약한 것이 없지만,

단단하고 강한 것을 다스리는 데는 물을 능가하는 것이 없다.

그 까닭은 물은 남을 이래라저래라 하며 부리지 않고 더불어 화합하기 때문이다.

연약한 것이 강한 것보다 더 낫고 유연한 것이 굳센 것보다 더 낫다는 것을,

온 세상 사람들은 알고 있으면서 잘 실행하지 못한다.

그래서 성인은 말하기를,

사직을 주관한다는 것은 나라를 책임지는 힘들고 꺼리는 일이고,

나라의 왕이 된다고 말하는 것은 국가를 책임지고 다스려야 하는 불쌍한 일인데

실제에 어긋나는 틀린 말 같지만 바른 말이다.

第79章

●

和大怨 必有餘怨

....

和大怨 必有餘怨
화대원 필유여원

安可以爲善
안가이위선

是以聖人 執左契
시이성인 집좌계

而不責於人
이불책어인

有德司契 無德司徹
유덕사계 무덕사철

天道無親 常與善人
천도무친 상여선인

和大怨 必有餘怨

　큰 원한은 화해를 한다 해도 꼭 원한이 남아 있게 마련이어서,

安可以爲善

　편안함은 선을 행함으로서만 가능하다.

是以聖人執左契

　그래서 성인은 약속을 어긴 사람을 다루더라도,

　註 _ 執 : 맡아서 행하다, 다루다.

而不責於人

　(계약을 어긴) 사람에 대해서 책망하지 않는다.

有德司契 無德司徹

　덕이 있으면 계약을 떠맡고, 덕이 없으면 계약을 관철시킨다.

　註 _ 司 : 맡다, 떠맡다. 司 : 주장하다. 徹 : 관철.

天道無親 常與善人

　타고난 마음은 선이나 악 어느 쪽으로도 기울어져 있지 않아서 착한 사람을 좇아
　순화해야 한다.

　註 _ 天 : 타고난, 선천적. 親 : 기울다, 치우치다. 與 : 좇아서 순화하다.

| 직역모듬 |

　큰 원한은 화해를 한다 해도 꼭 원한이 남아 있게 마련이어서,
　편안함은 선을 행함으로서만 가능하다.
　그래서 성인은 약속을 어긴 사람을 다루더라도,

(계약을 어긴) 사람에 대해서 책망하지 않는다.

덕이 있으면 계약을 떠맡고, 덕이 없으면 계약을 관철시킨다.

타고난 마음은 선이나 악 어느 쪽으로도 기울어져 있지 않아서

착한 사람을 좇아 순화해야 한다.

| 한자의 뜻 |

和 : 화해하다. / 大 : 큰. / 怨 : 원한.

必 : 필히, 꼭. / 有 : 있다. / 餘 : 남다. / 怨 : 원한.

安 : 편안, 함께 화목하게 편안함. / 可 : 가하다, 가능하다. / 以 : ~것이. /
爲 : 행하다. / 善 : 선, 선한 일.

是 : 이, 이런. / 以 : 까닭에. (是以 : 그래서). / 聖 : 성스런. / 人 : 사람. /
執 : 맡아서 행하다, 다루다. / 左 : 어기다, 지키지 않다. / 契 : 계약.

而 : ~하면. / 不 : 아니하다. / 責 : 질책, 책망. / 於 : ~에게. /
人 : 사람, 계약을 어긴 당사자.

有 : 갖고 있는. / 德 : 덕, 은혜. / 司 : 맡다, 떠맡다. / 契 : 계약.
無 : 없는, 갖고 있지 않은. / 德 : 덕, 은혜. / 司 : 주관하다, 맡아서 행하다. /
徹 : 관철, 맡아서 관철하다.

天 : 타고난. / 道 : 도, 마음. / 無 : 않다. / 親 : 기울다, 치우치다. /
常 : 하게 하다. / 與 : 좇아서 같이 되도록 하다. / 善 : 착한. / 人 : 사람.

의 역

크게 맺힌 원한은 비록 화해를 이루어도

원한의 앙금이 꼭 남아 있게 돼 있어서,

남을 해치지 않아 원한을 사지 않고 잘해 줌으로써 화목해야만 편안한 관계를 유지할 수 있다.

　그래서 성인은 비록 계약을 못 지킨 사람을 다루더라도,

　계약을 지키지 못한 사람을 질책하지 않는다.

　은혜를 베푸는 사람은 빚을 면해 주고,

　덕을 베풀 줄 모르는 사람은 빚을 끝내 받아 낸다.

　인간이 선천적으로 타고나는 마음이라는 것은

　선악 어느 쪽으로도 치우쳐 있지 않아서,

　그 타고난 마음을 착한 사람의 마음과 같이 순화되도록 노력해야 한다.

第80章

●

小國寡民

....

小國寡民
소국과민

使有什伯之 器而不用
사유십백지 기이불용

使民重死 而不遠徙
사민중사 이불원사

雖有舟輿 無所乘之
수유주여 무소승지

雖有甲兵 無所陣之
수두갑병 무소진지

使人復結繩而用之
사인복결승이용지

甘其食 美其服 安其居 樂其俗
감기식 미기복 안기거 악기속

鄰國相望
인국상망

雞犬之聲相聞
계견지성상문

民至老死不相往來
민지노사불상왕래

| 직역 |

小國寡民

잘못된 나라는 백성이 줄어서,

註 _ 小 : 결점이 있는, 잘못된.

使有什伯之 器而不用

설사 많은 훌륭한 기구들이 있어도 쓰질 못하고,

註 _ 使 : 설사. 什 : 많은, 충분한. 伯 : 대단히 훌륭한.

使民重死 而不遠徙

백성들은 위태롭게 하면 멀리 떨어져 벗어나 (통치자에) 의지하지 않아서,

註 _ 重 : 매우. 死 : 위태롭게 하다. 遠 : 멀리 떨어져 벗어나다. 徙 : 의지하다.

雖有舟輿 無所乘之

아무리 많은 배들이 있어도 태울 것(병사)이 없고,

註 _ 雖 : 아무리~하여도. 有 : 얻어서 이기다, 구해서 이기다.

雖有甲兵 無所陣之

아무리 갑옷 입은 병사를 얻어서 진을 치려 해도 병사가 없다.

註 _ 甲 : 갑옷 입은.

使人復結繩而用之

그러나 만약 (나라를 잘 다스려서) 백성들이 줄을 이어서 돌아와 서로 화합하며 따르게 하고,

甘其食

맛있는 음식을 먹게 하고,

美其服

좋은 옷을 입게 하고,

安其居

편안한 곳에 살게 하면서,

樂其俗

풍속을 즐기게 하면,

鄰國相望

이웃 나라가 바라다 보이고,

註 _ 相 : 보다, 보이다. 望 : 바라볼.

雞犬之聲相聞

닭과 개소리가 다 들려도,

註 _ 相 : 다.

民至老死不相往來

백성들이 늙어서 죽을 때까지 마음을 바꿔서 왔다갔다 하지 않는다.

註 _ 相 : 바꾸다.

| 직역모듬 |

잘못된 나라는 백성이 줄어서,

설사 많은 훌륭한 기구들이 있어도 쓰질 못하고,

백성들은 심히 위태롭게 하면 멀리 떨어져 벗어나 (통치자에) 의지하지 않아서,

아무리 많은 배들이 있어도 태울 것(병사)이 없고,

아무리 갑옷 입은 병사를 얻어서 진을 치려 해도 병사가 없다.

그러나 만약 (통치자가 나라를 잘 다스려서) 백성들이 줄을 이어서 돌아와

서로 화합하며 따르게 하고,

맛있는 음식을 먹게 하고,

좋은 옷을 입게 하고,

편안한 곳에 살게 하면서,

풍속을 즐기게 하면,

이웃 나라가 바라다 보이고,

닭과 개소리가 다 들려도,

백성들이 늙어서 죽을 때까지 마음을 바꿔서 왔다갔다 하지 않는다.

| 한자의 뜻 |

小 : 잘못된, 결점이 있는, 잘못 다스리는. / 國 : 나라, 국가. /
寡 : 줄어들다, 작아지다. / 民 : 백성.

使 : 설사. / 有 : 있다. / 什 : 많은, 충분한. / 伯 : 대단히 훌륭한. /
之 : 어조사. / 器 : 기구, 병기. / 而 : ~해도. / 不 : 없다, 못하다. / 用 : 사용.

使 : 만일. / 民 : 백성. / 重 : 매우 심하게. / 死 : 위태하다, 위협하다.

而 : ~하면. / 不 : 아니하다. / 遠 : 멀리 떨어져 벗어나다. / 徙 : 의지하다.

雖 : 비록 ~해도. / 有 : 있다. / 舟 : 배. / 輿 : 무리, 떼. (舟輿 : 선단)

無 : 없다. / 所 : 지물지사(것,~할 일). / 乘 : 타다. / 之 : 어조사.

雖 : 비록 ~해도. / 有 : 있다. / 甲 : 갑옷 입은. / 兵 : 병사.

無 : 없다. / 所 : 지물지사(것,~할 수). / 陣 : 진열하다, 진을 치다. /
之 : 어조사.

使 : 만일. / 人 : 백성. / 復 : 돌아오다. / 結 : 이어서. /
繩 : 끊이지 않고 계속. / 而 : ~하면서. / 用 : 화합하며 따르다. /
之 : 어조사.

甘 : 맛있게. / 其 : 지물지사. / 食 : 음식을 먹다.

美 : 아름다운. / 其 : 지물지사. / 服 : 옷을 입다.

安 : 편안하게. / 其 : 지물지사. / 居 : 살다.

樂 : 안락하게. / 其 : 지물지사. / 俗 : 풍속을 따르다, 풍속을 지키다.

鄰 : 인접한. / 國 : 나라. / 相 : 보이다. / 望 : 바라다 보이다.

雞 : 닭. / 犬 : 개. / 之 : 어조사. / 聲 : 소리. / 相 : 다. / 聞 : 들리다.

民 : 백성들. / 至 : ~할 때까지. / 老 : 늙어서. / 死 : 죽다. / 不 : 아니하다. /
相 : 바꾸다. / 往 : 가다. / 來 : 오다. (往來 : 왔다 갔다 하다).

의역

잘못된 나라는 백성들의 숫자가 줄어들어서.

설령 대단히 훌륭한 충분한 병기들이 있어도 쓸 데가 없고,

백성들은 통치자가 매우 심하게 죽음으로 위협해 위태롭다 느끼게 되면 멀리 피해서 숨어 버려.

아무리 많은 배들이 있어도 태울 병사가 없고

아무리 찾아보아도 장정이 없어 갑옷 입힌 병사들을 못 구해 진을 칠 수가 없지만.

그러나 만약 통치자가 나라를 잘 다스려서 백성들이 꼬리를 물고 줄을 이어서 돌아와

서로 화합하게 하고,

좋은 음식을 맛있게 먹을 수 있게 하고,

아름다운 옷을 잘 입을 수 있게 하고,

집에서 편안하게 잘 살 수 있게 하면서,

풍속을 즐길 수 있게 하면,

이웃 나라가 빤히 바라다 보이고,

닭이 울고 개가 짖는 소리가 전부 다 들릴 정도로 가까워도,

백성들이 늙어 죽을 때까지 마음을 바꾸면서 이웃 나라로 가지 않을 것
이다.

第81章

●

信言不美

....

信言不美
신언불미

美言不信
미언불신

善者不辯
선자불변

辯者不善
변자불선

知者不博
지자불박

博者不知
박자부지

聖人不積
성인불적

旣以爲人己愈有
기이위인기유유

旣以與人己愈多
기이여인기유다

天之道 利而不害
천지도 이이불해

聖人之道 爲而不爭
성인지도 위이부쟁

| 직역 |

信言不美

　믿을 수 있는 말은 달콤하지 않고,

美言不信

　달콤한 말은 믿을 수 없다.

善者不辯

　훌륭한 사람은 말다툼을 하지 않고,

辯者不善

　말다툼을 하는 사람은 훌륭하지 못하다.

知者不博

　깨달은 사람이 박식한 것은 아니어서,

博者不知

　많이 아는 사람이 깨닫고 있는 사람은 아니다.

聖人不積

　성인은 쌓아두지 않고,

旣以爲人 己愈有

　백성들을 위해 (곡식과 물품을) 보내므로 자신이 어진 덕을 더 얻고 ,

　註_ 旣 : 곡식을 보내다, 베풀다. 愈 : 어진, 어진 덕.

440

既以與人 己愈多

　　백성들과 친히 지내며 (곡식과 물품을) 보냄으로 자신에게 어진 덕이 많아진다.

天之道 利而不害

　　하늘의 도는 이롭게 하면서 해치지 않는데,

聖人之道 爲而不爭

　　성인의 마음도 (백성을) 위하면서 그들과 다투지 않는다.

| 직역모듬 |

　　믿을 수 있는 말은 달콤하지 않아서,
　　달콤한 말은 믿을 수 없다.
　　훌륭한 사람은 말다툼을 하지 않아서,
　　말다툼을 하는 사람은 훌륭하지 못하다.
　　깨달은 사람이 박식한 것은 아니어서,
　　많이 아는 사람이 깨닫고 있는 사람은 아니다.
　　성인은 쌓아두지 않고,
　　백성들을 위해 (곡식과 물품을) 보냄으로
　　자신이 어진 덕을 더 얻고 ,
　　백성들과 친히 지내며 (곡식과 물품을) 보냄으로
　　자신에게 어진 덕이 많아진다.
　　하늘의 도는 이롭게 하면서 해치지 않고,
　　성인의 마음도 (백성을) 위하면서 그들과 다투지 않는다.

| 한자의 뜻 |

　　信 : 믿는, 믿을 수 있는, 미더운. / 言 : 말. / 不 : 않다. /

美 : 맛있는, 아름다운, 예쁜.

美 : 맛있는, 달콤한, 아름다운, 예쁜. / 言 : 말. / 不 : 없다. /
信 : 믿는, 믿을 수 있는, 미더운.

善 : 훌륭한, 잘 하는. / 者 : 자. / 不 : 않다. / 辯 : 말다툼하다, 다투다.

辯 : 말다툼하다, 다투다. / 者 : 자. / 不 : 아니다. / 善 : 훌륭한, 선한.

知 : 깨닫다. / 者 : 자. / 不 : 않다, 아니다. / 博 : 박식하다.

博 : 박식한. / 者 : 자. / 不 : 아니다. / 知 : 깨닫다.

聖 : 성스런. / 人 : 사람. (聖人 : 성인). / 不 : 않다. / 積 : 쌓다, 축적하다.

旣 : 곡식을 보내다, 곡식을 베풀다. / 以 : ~해서. / 爲 : 위하다. /
人 : 백성. / 己 : 자신. / 愈 : 어진, 어진 덕. / 有 : 얻다.

旣 : 곡식을 보내다, 곡식을 베풀다. / 以 : ~해서. / 與 : 친하게 지내다. /
人 : 백성. / 己 : 자신. / 愈 : 어진, 어진 덕. / 多 : 많아지다.

天 : 하늘, 무위자연. / 之 : 어조사. / 道 : 도, 이치. / 利 : 이롭게 하다. /
而 : ~하면서. / 不 : 않는다. / 害 : 해치다.

聖 : 성스런. / 人 : 사람. (聖人 : 성인). / 之 : 어조사. / 道 : 도, 이치. /
爲 : 위하다, (백성을) 위하다. / 而 : ~하면서. / 不 : 아니한다. /
爭 : 다투다.

믿음직한 말은 듣기 좋게 이쁘게 하는 것이 아니어서,
듣기 좋게 이쁘게 하는 말은 미덥지가 않은 것이다.

442

훌륭한 사람은 다른 사람과 언쟁을 피해서,

그래서 언쟁을 하는 사람은 훌륭한 사람이라 할 수 없는 것이다.

깊이 생각하고 깨닫고 있는 사람이 세상 일을 많이 알고 있는 것은 아니기 때문에,

세상 일을 많이 알고 있는 사람이 꼭 세상의 이치를 깨닫고 있는 것은 아니다.

성인은 자기만을 생각해서 잔뜩 쌓아 놓고 있지 않고,

곡식과 물품을 백성들을 위해서 하사함으로 자신이 어진 덕을 쌓게 되고,

백성들과 가까이 지내면서 곡식과 물품을 하사함으로 자신에게 어진 덕이 더 많아진다.

무위자연의 이치는 세상을 이롭게 하면서 해치지 않고,

성인의 마음도 백성들을 이롭게 하지 그들과 다투지 않는다.

• 《도덕경》의 번역을 시작한 지 벌써 15년이 되었고 그사이 역자의 나이도 80을 넘어섰습니다.

몇 년 전부터 내가 생전에 이것을 끝내고 죽을 수 있을까 하는 회의가 생기기 시작했고 80이 넘으면서는 조바심까지 느끼기 시작했습니다.

무슨 예기치 않은 일이 내게 생기기 전에 이 작품을 꼭 세상에 내놓고 싶은 마음에 제대로 마무리도 하지 못하고 출간을 하게 되는 것 같습니다.

이 책을 내놓으면서 꼭 하고 싶은 말은 《도덕경》을 번역하면서 글의 뜻만을 그대로 옮겨 놓으려고 노력을 했다는 말입니다. 바꾸어서 말하면, 역자의 생각 같은 것은 철저히 배제하고 순전히 노자의 뜻을 반영하기 위해서 온갖 노력을 다했다는 말입니다.

가까운 장래에 기회가 있을 때 노자의 철학사상이라든지 또 역자가 어떻게 노자가 사용한 고유의 뜻을 찾아냈는지와 같은 것을 내용으로 별도의 책을 냈으면 하는 생각입니다.

아울러 변변치 못한 이 책이 빛을 보았으면 하고 바랍니다. _

도/덕/경

....

발행일 : 2015년 11월 30일 초판 1쇄

펴낸이 : 이명재

편집·기획 : 자연과사람들

펴낸곳 : 자연과사람들

주소 : 경기도 고양시 일산동구 장항로 139-21

전화 : 070_4122_9338

팩스 : 031_932_7554

ISBN : 979-11-956695-0-9

....

「이 도서의 국립중앙도서관 출판예정도서목록(CIP)은 서지정보유통지원시스템
홈페이지(http://seoji.nl.go.kr)와 국가자료공동목록시스템(http://www.nl.go.kr/kolisnet)에서
이용하실 수 있습니다.(CIP제어번호: CIP2015031731)」